D1719602

CULTURA TEDESCA
Rivista semestrale

Direttore: Marino Freschi

Comitato scientifico: Giorgio Agamben, Roberta Ascarelli, Remo Bodei, Lucio d'Alessandro, Paolo D'Angelo, Massimo Ferrari Zumbini, Werner Frick, Sergio Givone, Claudio Magris, Christine Maillard, Giacomo Marramao, Paola Paumgardhen, Terence James Reed

Comitato di redazione: Angelica Giammattei, Micaela Latini, Gianluca Paolucci, Paola Paumgardhen, Eriberto Russo, Isolde Schiffermüller, Ute Weidenhiller

Redazione Unisob: Paola Paumgardhen (Responsabile), Angelica Giammattei, Eriberto Russo

Università degli Studi Suor Orsola Benincasa, via Suor Orsola 10, 80135 Napoli

tel. 081-2522279 / 081-2522549; e-mail: culturatedesca@unisob.na.it

Acquisti e abbonamenti:

Prezzo del volume singolo per l'Italia: 22 €
Prezzo del volume singolo per l'estero: 30 €
Abbonamento annuale per due volumi in Italia: 40 €
Abbonamento annuale per due volumi all'estero: 55 €

Per gli ordini e gli abbonamenti rivolgersi a:

ordini@mimesisedizioni.it
L'acquisto avviene per bonifico intestato a:
MIM Edizioni Srl, Via Monfalcone 17/19
20099 - Sesto San Giovanni (MI)
Unicredit Banca - Milano
IBAN: IT 59 B 02008 01634 000101289368
BIC/SWIFT: UNCRITM1234

ISBN 9788857554419
ISSN 1720-514X

«Cultura Tedesca» è *peer reviewed* (ANVUR; CLASSE A)

CULTURA TEDESCA
dicembre 2018

55

Distorsioni percettive nella *Moderne*

a cura di Elena Agazzi e Raul Calzoni

UNIVERSITÀ DEGLI STUDI
SUOR ORSOLA
BENINCASA

Questo volume è stato realizzato con il contributo del «Dipartimento di Lingue, Letterature e Culture Straniere» dell'Università degli Studi di Bergamo.

In copertina: Franz Marc, *Versöhnung* (1912).

Indice

Saggi

Recensioni   267

Abstracts   271

Distorsioni percettive e avanguardie nel Novecento

di Elena Agazzi e Raul Calzoni

Questo fascicolo di «Cultura Tedesca» indaga le diverse declinazioni della prismatica fase letteraria della *Moderne*, concentrandosi sulle sue manifestazioni nei quattro grandi centri di irradiazione del Modernismo e delle avanguardie tedesche del XX secolo (Monaco, Vienna, Praga e Berlino)[1], senza dimenticarne il rilievo nella scrittura sperimentale e postmoderna del secondo dopoguerra tedesco[2].

Nella *Moderne*, è noto, convergono l'esperienza del *George-Kreis*, l'Impressionismo viennese dello *Jung-Wien*, animato da Hermann Bahr con Hugo von Hofmannsthal e Arthur Schnitzler, il Simbolismo di Rainer Maria Rilke, il *Frühexpressionismus*, lo *Spätexpressionismus* e la *Neue Sachlichkeit* berlinesi, entro i quali si sono mossi Gottfried Benn, Alfred Lichtenstein, Jakob van Hoddis, Georg Heym, Kurt Tucholsky, Alfred Döblin e Siegfried Kracauer. Riconducibili all'«età del

---

1   Canonici su Praga e Vienna sono, in questo senso, gli studi di M. Freschi: *La Praga di Kafka. Letteratura tedesca a Praga*, Guida, Napoli 1990, *Praga. Viaggio letterario nella città di Kafka*, Editori riuniti, Roma 2000 e *La Vienna di fine secolo*, Editori riuniti, Roma 1997. Sulla Berlino della Moderne, cfr. P. Chiarini, *L'Espressionismo tedesco*, Silvy, Scurelle (TN) 2011; P. Chiarini, A. Gargano, *La Berlino dell'Espressionismo*, Editori riuniti, Roma 1997; A. Gargano, *Progetto metropoli. La Berlino dell'Espressionismo*, Silvy, Scurelle (TN) 2012. Sui grandi poli di irradiazione della Moderne, cfr. i contributi dedicati a Berlino, Vienna, Praga e Monaco dell'epoca in G. Sampaolo, F. Fiorentino (a cura di), *Atlante della letteratura tedesca*, Quodlibet, Macerata 2009.

2   Definire i confini fra 'moderno' e 'postmoderno' è compito a tal punto arduo che, sul finire del secondo millennio, le differenze tra le due categorie tendono persino a sfumare; esse indicano piuttosto una comune genesi, che conduce verso nuove prospettive di pensiero, come emerge dal recente studio di E. Franzini, *Moderno e postmoderno. Un bilancio*, Raffaello Cortina, Milano 2018.

moderno»[3] sono, inoltre, la 'Scuola fantastica di Praga' di Gustav Meyrink, Leo Perutz, Max Brod e Alfred Kubin, la scrittura di Franz Kafka, sostanziata da una «degenerazione patologica della tradizione»[4], come sostenne Walter Benjamin in una lettera a Gershom Scholem del 1938, ma pure il Dada di Hugo Ball e diverse altre meno canoniche forme avanguardistiche del primo Novecento[5]. Comune a queste diverse declinazioni della *Moderne* è l'insistenza su una percezione soggettiva del reale, mediata da una stimolazione nervosa e cerebrale che non di rado è sconfinata nella patologia e ha dato luogo a rappresentazioni dissonanti e distorte del mondo.

Non a caso, infatti, le parole d'ordine dell'Impressionismo viennese sono state *Nervenkunst* e *Seelenzustände*, mentre l'Espressionismo berlinese ha fatto proprie le teorie sulla stimolazione nervosa del soggetto da parte della metropoli, esposte da Georg Simmel in *Die Großstädte und das Geistesleben* (1903). Proprio nella Berlino guglielmina, durante una conferenza del settembre 1886 presso l'associazione letteraria *Durch!*, Eugen Wolff aveva utilizzato per la prima volta il termine *Moderne*. Con il titolo *Die Moderne. Zur Revolution und Reformation der Literatur*, il testo della conferenza di Wolff sarebbe stato accolto, prima, nelle *Thesen zur literarischen Moderne* (1887), in cui si legge che «il nostro massimo ideale artistico non è più l'antichità, ma la modernità»[6], e più tardi, in una prospettiva allegorizzante della *Moderne*, nel fondamentale saggio *Die jüngste deutsche Literaturströmung und das Prinzip der Moderne* (1888). Solo quattro anni più tardi, Hermann Bahr discuteva le tesi di Wolff in *Zur Kritik der Moderne* (1890), in cui esponeva una duplice concezione del termine, sospesa fra «modernità» e «decadenza», grazie alla quale la *Moderne* si configurava come espressione di una *Überwindung des Naturalismus*.

---

3   Cfr. A. Venturelli, *L'età del moderno*, Carocci, Roma 2017². Sulla fase letteraria della *Moderne*, si veda anche M. Pirro, *Piani del moderno. Vita e forme nella letteratura tedesca del fine secolo*, Mimesis, Milano 2016.

4   W. Benjamin, *Briefe*, hrsg. von G. Scholem und Th. W. Adorno, Suhrkamp, Frankfurt am Main 1978, p. 763.

5   Cfr. W. Fähnders, *Avantgarde und Moderne 1890–1933*, Metzler, Stuttgart 2010.

6   E. Wolff, *Thesen zur literarischen Moderne*, in *Die literarische Moderne. Dokumente zum Selbstverständnis der Literatur um die Jahrhundertwende*, hrsg. von C. Wunberg, Suhrkamp, Frankfurt am Main 1971, p. 2.

Nel saggio di Bahr che porta questo titolo, pubblicato nel 1891, il critico sosteneva la rivoluzionaria argomentazione secondo la quale, già all'inizio dell'ultimo decennio del XIX secolo, il Naturalismo era stato superato da una nuova e 'moderna' sensibilità artistico-letteraria[7]. Le tesi dell'autore rivelano la loro attualità e urgenza per la Germania e l'Austria dell'epoca se, da un lato, si ricorda che uno dei drammi teatrali più importanti del Naturalismo, *Die Weber* di Gerhart Hauptmann, risale al 1892 e, dall'altro, se si rileva che l'anno prima, a Vienna, era avvenuto un evento destinato a confermare l'intuizione del critico: il 27 aprile 1891 può essere indicata come la data di fondazione della *Moderne* austriaca. In quel giorno, il diciassettenne Hugo von Hofmannsthal entrava nel mitico Café Griensteidl, rivelando così la vera identità di Loris, lo pseudonimo sotto il quale aveva composto alcune liriche poi apparse nelle *Terzinen über Vergänglichkeit*, che aveva spedito per partecipare a un concorso letterario bandito dallo stesso Bahr. Stefan Zweig ci ha consegnato, nella sua autobiografia *Die Welt von Gestern* (1942), una delle descrizioni più suggestive dell'ingresso di Hofmannsthal al Café Griensteidl, riconoscendovi l'atto fondativo dello *Jung-Wien*, la più vivace scuola poetica dell'epoca.

Se l'esperienza dello *Jung-Wien* durò al massimo un decennio, ovvero si concluse con la pubblicazione di *Ein Brief* (1902) di Hofmannsthal e forse persino prima, come sostenne Karl Kraus con il suo satirico pamphlet *Die demolierte Literatur* (1897), quando cioè chiuse il Café Griensteidl, la sua importanza per la sedimentazione della *Moderne* è già testimoniata dal fatto che Stefan George cercò subito di instaurare una collaborazione con il giovane Loris/Hofmannsthal. Questi, tuttavia, declinò l'invito del vate tedesco, affermando con ciò l'autonomia dell'Impressionismo viennese dal Simbolismo tedesco.

Non stupisce, quindi, che un ambito di particolare interesse per i contributi raccolti in questo fascicolo sia l'analisi delle relazioni fra il Simbolismo di George e del suo *Kreis* ispirato alla *Lebensphilosophie,* che iniziò a riunirsi a Monaco dal 1892, e l'Impressionismo dello *Jung-Wien*. La *Moderne* non può, tuttavia, essere ricondotta alle esclusive

---

7   Cfr., a tale proposito, G. Wunberg, *Hermann Bahr e il progetto del moderno degli anni Novanta nel contesto contemporaneo*, in P. Chiarini, A. Venturelli, R. Venuti (a cura di), *La città delle parole. Lo sviluppo del moderno nella letteratura tedesca*, Guida, Napoli 1993, pp. 165-183.

esperienze dello *Jung-Wien* e del *George-Kreis*, che peraltro durò sino alla morte del suo fondatore, avvenuta nel 1933. Infatti, come ebbe a scrivere Walter Benjamin in una lettera del 1940 indirizzata a Theodor W. Adorno, «la lingua di cui Hofmannsthal si è privato, potrebbe essere proprio quella che all'incirca nello stesso momento venne data a Kafka. Kafka si è assunto, infatti, il compito di cui Hofmannsthal si è mostrato moralmente e anche poeticamente incapace»[8]. Conclusosi nel «contegno del silenzio»[9] di *Ein Brief* (1902), l'Impressionismo dello *Jung-Wien* trovò, secondo Benjamin, una sua originale evoluzione nell'opera di Franz Kafka, in particolare nella sua particolare lingua, ovvero nel *Mauscheln* che, secondo quando l'autore ha scritto in una sua lettera a Max Brod risalente al 1921, designa «una combinazione organica di tedesco cartaceo e linguaggio dei segni» del teatro jiddish[10]. Il 'tedesco cartaceo', che a Praga era allora la lingua del diritto e della burocrazia, fornì anche il punto di partenza della *Moderne* della cosiddetta 'Scuola fantastica di Praga', come André Breton definì in una celebre conferenza l'esperienza letteraria – coeva a quella kafkiana – di Gustav Meyrink, Leo Perutz, Max Brod e Alfred Kubin, caratterizzata dalla volontà di

> arricchire artificialmente questo tedesco di carta, di gonfiarlo di tutte le risorse di un simbolismo, di un onirismo, di un senso esoterico, di un significante nascosto. […] Ma questo tentativo implica uno sforzo disperato di riterritorializzazione simbolica, a base di archetipi, di Kabbala e di alchimia, che accentua il distacco dal popolo e non può trovare altro sbocco politico che il sionismo come 'sogno di Sion'. Kafka prenderà presto l'altra via, anzi l'inventerà[11].

---

8   W. Benjamin, *Lettere 1913-1940*, trad. it. di A. Muletti e G. Backhaus, Einaudi, Torino 1978, p. 402.

9   Cfr. A. Härter, *Der Anstand des Schweigens. Bedingungen des Redens in Hofmannsthals "Brief"*, Bouvier, Bonn 1989.

10   F. Kafka, *Briefe 1902-1924*, hrsg. von M. Brod, Frankfurt am Main, S. Fischer Verlag, 1983, p. 338. Si veda, a proposito del «*Mauscheln*» kafkiano e del suo valore corrosivo nei confronti della tradizione ebraica occidentale, H. P. Althaus, *Mauscheln. Ein Wort als Waffe*, de Gruyter, Berlin-New York 2002.

11   G. Deleuze, F. Guattari, *Kafka. Per una letteratura minore*, trad. it. di A. Serra, Feltrinelli, Milano 1975, p. 27.

All'apertura kafkiana di una nuova, personale, via nella *Moderne*, avrebbero presto fatto eco altre avanguardie e movimenti artistici. Per questo motivo, questo fascicolo di «Cultura Tedesca» affronta anche le declinazioni che il concetto della *Moderne* ha assunto nella scrittura dell'Espressionismo e della *Neue Sachlichkeit* berlinesi, ma pure nel Dada, come nel caso di Hugo Ball, e nelle meno studiate e canoniche forme avanguardistiche in lingua tedesca del primo Novecento. Queste hanno contribuito al definitivo «superamento del Naturalismo», annunciato da Bahr già nel 1891, e alla nascita di una «modernità» che non si lascia definire in modo univoco e i cui stilemi sarebbero stati destinati a sopravvivere al primo Novecento per riemergere, dopo il *Bruch* del nazismo, nella letteratura del secondo dopoguerra.

In un suo studio pubblicato in Germania nel 1961, Walter Jens sottolineava lo sgomento della scrittura dinanzi alla devastazione causata dal nazismo e dalla seconda guerra mondiale, rilevando l'importanza per la letteratura tedesca del 1945 come un anno di discrimine fra la creatività, ormai irrecuperabile, dell'avanguardia e della *Moderne* primo-novecentesca e la prostrazione del secondo dopoguerra che, malgrado tutto, a essa ancora cercava di ispirarsi:

> Nel 1945, […] in una situazione di tabula rasa, si era letteralmente abbandonati a se stessi: non c'era assolutamente più nulla di positivo, nessun valore da rigettare – persino il linguaggio era profanato. In tale situazione, la posa avanguardistica poteva apparire, tutt'al più, una mascherata inoffensiva, un cinismo da burattino. Dov'era, ormai, il borghese contro cui si potesse scendere in campo, dove si erano rifugiati i padri, di fronte ai quali si dovesse propugnare la causa dei figli? Invece di misurarsi con gli avi, si cercava il loro aiuto e il loro appoggio; sintesi, sembrava la grande parola del tempo; che rimaneva da fare, del resto, poiché le mani erano vuote, se non andare a scuola dai maestri, imparare dall'estero, fare propria la posizione degli emigrati?[12]

Anche alla luce delle relazioni intermediali con le altri arti, i contributi di questo numero di «Cultura Tedesca» intendono, perciò, interrogare l'origine e il significato delle distorte rappresentazioni visuali e

---

12   W. Jens, *Quattro tesi sulla letteratura tedesca oggi*, trad. it. di L. Secci, Bompiani, Milano 1965, pp. 30-31.

sonore della realtà nella letteratura del primo Novecento tedesco che, mediate dai 'nervi' e da una 'patologia' reale o metaforica, hanno contribuito alla nascita e alla sedimentazione di una *Moderne* le cui modalità espressive sono diventate, nel secondo Novecento, stilemi retorici per rappresentare il trauma e la degenerazione patologica dell'individuo e dell'intera umanità dopo il nazismo. Con questo intento, già fra il 1949 e il 1950, uscirono i primi due romanzi della trilogia *Fluß ohne Ufer* di Hans Henny Jahnn, che si prefiggevano di fornire alla scrittura del dopoguerra una nuova modalità rappresentativa del personaggio, fondata sulla sua riduzione da carattere a espressione di una fisiologica attività secretiva che ricorda la poesia e la prosa espressionista di Gottfried Benn e di Alfred Döblin. Se la corporeità deformata assume un ruolo di primo piano nei romanzi di Jahnn, le opere di Hans Erich Nossack, Hermann Kasack e Peter de Mendelssohn degli stessi anni[13] sono ambientate in «*mondi lemurici*», in cui «i traumi, iscrivendosi nel corpo e così pregiudicando la verbalizzazione dell'esperienza fisica e mnemonica, riemergono nell'individuo come risultato della rimozione del dolore in sintomi come l'insonnia, le allucinazioni, gli stati di trance, la depressione, ma anche la cecità e la sordità»[14]. I romanzi dei «mondi lemurici», pur 'mitizzando' la realtà, hanno avuto il merito di porre a protagonista delle vicende narrate un personaggio, che è «in primo luogo un traumatizzato psichico della guerra»[15], per rappresentare il quale è stato fondamentale richiamarsi alla lingua e all'immaginario visuale e acustico offerto dalle distorsioni percettive della *Moderne*. Nel Realismo magico e nella 'drammaturgia delle macerie' di Wolfgang Borchert non sono, perciò, casuali un evidente richiamo al cromatismo dell'Espressionismo, una sperimentazione linguistica di matrice avanguardistica e una costante percezione sensoriale distorta del reale. È, in particolare, quest'ultimo tratto distintivo delle avanguardie novecentesche a riemergere dopo la barbarie nazista dalla cosiddetta *Postmoderne*, una 'sensibilità' forse ancor più complessa da

---

13   Si vedano su queste opere e sulla loro sperimentazione avanguardistica che si ispira alla *Moderne*, i contributi ad esse dedicati in E. Agazzi, E. Schütz (Hrsg.), *Handbuch Nachkriegskultur. Literatur, Sachbuch und Film in Deutschland (1945–1962)*, De Gruyter, Berlin-New York, 2013 (2. ed. 2016).

14   L. Mittner, *Storia della letteratura tedesca*, Einaudi, Torino 1977, vol. III/3, p. 1566.

15   *Ivi*, pp. 1566-1567.

definire rispetto alla stessa *Moderne*, ma in cui il germe dell'instabilità del segno linguistico, letterario e artistico gettato all'inizio del secolo è definitivamente deflagrato nella resa estetica di un mondo segnata da una (ap)percezione, soprattutto sensoriale, irrimediabilmente «offesa» – per ricordare il sottotitolo dei celebri *Minima Moralia* di Th. W. Adorno – dalla storia. Ancora in esilio negli Stati Uniti, Th. W. Adorno si richiamava, perciò non casualmente, alla *Moderne* viennese di Karl Kraus e nello specifico alla sua commedia satirica *Die letzten Tage der Menschheit: Tragödie in fünf Akten mit Vorspiel und Epilog* (1922), per decretare l'impossibilità di narrare e di rappresentare la realtà successiva al secondo conflitto mondiale, da un lato, per motivi contingenti all'incapacità di articolare il ricordo da parte di chi aveva vissuto il secondo conflitto mondiale e, dall'altro, a causa delle annichilenti ricadute della Shoah sulla cultura tedesca:

> Ma la seconda guerra mondiale è sottratta altrettanto radicalmente all'esperienza quanto il funzionamento di una macchina ai movimenti del corpo, che si assimila a quello solo in stato di malattia. Come questa guerra non possiede continuità, storia, l'elemento «epico», così non lascia dietro di sé un ricordo resistente e inconsciamente conservato. Dovunque, ad ogni esplosione, essa ha infranto la pellicola protettiva sotto cui si forma l'esperienza che è la durata tra l'oblio salutare e il salutare ricordo. La vita si è trasformata in una successione atemporale di choc, separati da intervalli vuoti, paralizzati. Ma forse nulla è più fatale per l'avvenire del fatto che, letteralmente, presto nessuno sarà più in grado di ripensarci, perché ogni trauma, ogni choc non superato di coloro che torneranno è un fermento di prossima distruzione. Karl Kraus fece bene a intitolare il suo dramma *Gli ultimi giorni dell'umanità*. Ciò che accade oggi dovrebbe intitolarsi «Dopo la fine del mondo»[16].

L'impossibilità di articolare il ricordo dell'esperienza bellica si sarebbe ripercossa sull'arte e sulla letteratura che non avrebbe potuto confrontarsi realisticamente con la '*Welt nach Auschwitz*', anche perché «nelle forme estetiche tradizionali, nella lingua tradizionale, nel materiale tramandato della musica, ma anche nello stesso universo concettuale filosofico del periodo compreso fra le due guerre, non ri-

---

16   Th. W. Adorno, *Minima moralia. Riflessioni dalla vita offesa*, trad. it. di E. Solmi, Einaudi, Torino 1994, p. 56.

siede più alcuna forza autentica. Diventano tutte menzogne condan-
nate dalla catastrofe di quella società da cui sono provenute»[17]. Le
considerazioni di Adorno, sancendo l'irreversibilità di un processo
storico che, con il nazismo, aveva «offeso» e danneggiato l'esistenza
umana in ogni sua manifestazione, insistevano, perciò, sulla necessità
della riflessione attorno alla storia e alla memoria per combattere, nella Germania postbellica, la dominante cultura della rimozione e dell'o-
blio. Questa operazione sarebbe stata possibile richiamandosi alla
Moderne e alle sue 'instabilità e irradiazioni espressive', come testimoniano anche i contributi raccolti in questo fascicolo.

Instabilità e irradiazioni espressive

L'arte sancisce un visibile punto di contatto tra mondo interno e
mondo esterno e si estrinseca grazie alla creatività e all'immaginazione. Le deviazioni rispetto a un rapporto equilibrato tra le due parti
possono scaturire da un vero e proprio progetto culturale, che implica una rottura con la normalità ed evidenzia un'aspirazione alla revi-
sione e al superamento di codici e stilemi formali noti, oppure da una
proiezione del disagio psico-fisico del soggetto. In questo secondo
caso diventano particolarmente visibili i tentativi di fuga dalla quotidianità e da una dimensione epocale nella quale risulta ormai impossibile riconoscersi, sebbene anche un'evasione volontaria dal presente
possa in ogni momento assumere tratti patologici. Accompagnati da
una incessante ricerca di forme alternative al linguaggio convenzionale, atte ad esprimere le consonanze e le dissonanze della sfera intima,
gli artisti si allontanano dall'«ottusità della vita contemporanea»,
come scrive Wassily Kandinsky in *Über das Geistige in der Kunst,
insbesondere in der Malerei* (1910, pubbl. 1912), cercano di rendere
conto nell'opera solo dell'essenziale dell'interiorità[18] e proiettano altresì l'energia intima su una ricomposizione delle opposizioni non in

---

17   Th. W. Adorno, *Die auferstandene Kultur*, in Id., *Gesammelte Schriften*, vol.
xx/2, *Vermischte Schriften*, hrsg. von R. Tiedemann, Suhrkamp, Frankfurt am Main
1986, p. 453.
18   Cfr. W. Kandinsky, *Lo spirituale nell'arte*, a cura di E. Pontiggia, SE, Milano
1993, pp. 39-40. Cfr., inoltre, G. Pulvirenti, *Lo «sguardo interiore». Sconfinamenti nella sperimentazione delle avanguardie primonovecentesche*, in E. Agazzi, M. Lorandi (a

quanto sintesi, ma come una forma di apertura a mutevoli combinazioni[19]. Le opzioni di cui si è detto possono essere correlate tra loro, in una sorta di ciclotimia creatrice in cui, allo stato di turbamento, si alternano momenti di energico vitalismo (troviamo il riferimento al termine *energia* variamente declinato anche nei contributi di questo fascicolo) e di affermazione dell'identità altrimenti soffocata dal disagio della vita quotidiana e dalla patologia comportamentale.

Nel punto di incontro tra linguaggi dell'arte e modernità, lo scrittore e l'artista inscenano o interpretano una ridefinizione creativa della realtà, assorbendo contemporaneamente le onde d'urto di un mondo che cambia storicamente e socialmente e lasciando emergere potenziali interrogativi nei confronti del mutamento storico. Si può, dunque, parlare di *Ausnahmezustand* quando, dal disagio destabilizzante del momento di transito, si delinea un'opportunità per cogliere l'aspetto eccezionale del momento e per trasformarlo in progetto artistico.

Se in ambito filosofico si rileva all'inizio del Novecento una crisi del pensiero metafisico e di quello logico-razionalista, nella prospettiva della filosofia neokantiana si afferma la convinzione che la conoscenza non risponda a dei 'fondamenti', ma a delle 'impostazioni', che includono la dimensione etico-morale ed estetica del soggetto[20].

Nella *Lettera di Lord Chandos*, che segna un momento liminale nello sviluppo del pensiero letterario tra fine dell'Ottocento e i primi albori del nuovo secolo, il punto di fuga dalle tensioni del dibattito tra Naturalismo e anti-Naturalismo è individuato da Hofmannsthal in

---

cura di), in collaborazione con S. Mamprin, *Il tradimento del Bello. Le trans-figurazioni tra avanguardia e postmodernità*, Bruno Mondadori, Milano 2007, pp. 13-26, qui p. 17.

19 W. Hofmann, *Das gespaltene Pathos der Moderne* (cap. III, par. 3), in Id., *Die gespaltene Moderne. Aufsätze zur Kunst*, Beck, München 2004, pp. 160-181, qui pp. 174-178.

20 M. Soboleva, *Erkenntniskritik als Reform der Logik*, in *Visionen der Zukunft um 1900. Deutschland, Österreich, Russland*, hrsg. von S. Taškenov und D. Kemper in Zusammenarbeit mit V. Kantor, Fink, München 2014, pp. 171-186, qui p. 173. La Soboleva cita a p. 173 a questo proposito la considerazione di Hermann Cohen (1842-1918), esponente di spicco della scuola di Marburg der Neokantismo, che in *Ethik des reinen Willens* afferma: «Sappiamo dalla dottrina della logica che i fondamenti ultimi della conoscenza sono piuttosto delle impostazioni, le cui formulazioni devono mutare in relazione allo sviluppo dei problemi e delle forme di conoscenza acquisita»; H. Cohen, *Ethik des reinen Willens*, in Id., *Werke*, Bd. 7, Olms, Hildesheim-New York 1981, p. 85.

una dimensione profetica e poetica giacché, coltivando la speranza di superare la sventura della crisi del linguaggio, egli intravede la possibilità di ritrovare nella valorizzazione del significato figurale dell'esistente un antidoto alla paralisi della volontà creatrice. E, tuttavia, lo sguardo che giunge a compensare il muto sgomento, fatto di «singoli occhi che [...] fissano» il poeta e che lo costringono a fissare a sua volta lo sguardo[21], è espressione di una vertigine esistenziale che impone la ricerca di nuove modalità di significazione.

Da queste semplici considerazioni generali sui sintomi di un'epoca che si definisce *Moderne* si può giungere a constatare alcune forme di recente ripensamento, da parte della critica, del rapporto tra le espressioni poetiche e i prodotti artistici delle avanguardie e i manifesti programmatici dei vari movimenti, come per esempio l'Espressionismo e il Dada.

Se oggi si fatica maggiormente a rilevare uno stretto nesso logico-causale tra correnti e opere della sperimentazione primonovecentesca è perché sembra più problematico prescindere da una rinegoziazione della poetica e dell'arte espressa dal soggetto rispetto ad altri ambiti cognitivi ed espressivi che ne abbiano interessato l'esperienza di vita. Infatti, solo raramente un autore o un artista resta fedele per tutto l'arco della sua evoluzione culturale a un documento programmatico, così come raramente esprime strategie formali di valenza univoca[22]. Hans Ulrich Gumbrecht scrive per questo motivo, optando per il concetto di *Stimmung* piuttosto che di *Bewegung*, che

> è propria delle principali letterature europee dei primi trent'anni del XX secolo [...] una proliferazione di concetti programmatici come *Avanguardia, Futurismo, Creazionismo, Dadaismo* o *Surrealismo*. Considerando

---

21   Cfr. S. Schneider, *Occhi sbarrati, sguardi fissi: crisi e epifanie del vedere come strumento della riflessione linguistica in Hofmannstahl e Rilke*, in *Klassische Moderne. Un paradigma del Novecento*, Mimesis, Milano 2009, pp. 225-239, qui p. 226: «La scena originaria dell'atto di illuminazione, l'improvviso vedere del nato cieco, viene qui nuovamente messa in scena sotto il segno opposto: il punto di fuga è l'evidenza di ciò che è confuso, non di ciò che è chiaro e distinto. Non lo sguardo sovrano, identificatore diviene la possibilità euristica del nuovo inizio, bensì quello sopraffatto e sommerso, al quale non resta alcuna scelta».

22   Cfr. R. Calzoni, M. Salgaro, *»Ein in der Phantasie durchgeführtes Experiment«. Literatur und Wissenschaft nach Neunzehnhundert*, V&R unipress, Göttingen 2010.

queste esplosioni verbali, la maggior parte degli storici della letteratura si sono sentiti perlopiù in dovere di prendere in seria considerazione tutti i concetti che possono esservi ascritti nelle loro pretese accezioni e di individuarne le loro presunte conversioni in numerose opere – quasi che la prassi artistica e letteraria si fossero attenute ogni volta, effettivamente, al profluvio di manifesti e di scritti programmatici. Crediamo che sia storicamente più opportuno e più rilevante cogliere in primis in modo puntuale la *spinta energetica centrale* che può aver covato dietro le dichiarazioni programmatiche delle diverse culture nazionali europee e americana e, in secondo luogo, identificarne di volta in volta le sue specifiche rifrazioni[23].

Uno degli aspetti più evidenti dell'animazione culturale che fa capo alle avanguardie è l'aspirazione a incidere in modo rivoluzionario sugli stilemi tradizionali dell'arte e a dichiarare guerra alla mistificazione della cultura umanistico-borghese di fine Ottocento.

Considerando il fondamentale contributo fornito da Hermann Bahr alla definizione della *Moderne* maturata tra Berlino e Vienna, è noto come l'autore di *Zur Kritik der Moderne* avesse posto già l'accento, nell'ultimo decennio del secolo precedente, sulla «perenne trasformazione della realtà», sulla necessità di mutare impulsi e desideri, sul bisogno di attivare sensi e psiche per recepire la realtà esterna allo scopo di fondare una psicologia nuova, «trasferita dall'intelletto ai nervi»[24].

Il deciso gesto anti-mimetico, volto a cogliere il turbamento dell'artista moderno che deve darsi conto del suo rapporto con il mondo esterno, è comune a molte riflessioni intrecciate alla *Moderne* e si traduce in una lotta senza quartiere al Naturalismo e al Realismo della seconda metà del XIX secolo. Nella citata *Lettera di Lord Chandos* di Hofmannsthal, nonché nel colloquio *Sui caratteri nel romanzo e nel dramma* e in *Il dialogo su poesie*, l'autore si pone questi quesiti:

23   H.U. Gumbrecht, *Surrealismus als Stimmung*, in F. Reents (Hrsg.) unter Mitarbeit v. A. Meier, *Surrealismus in der deutschsprachigen Literatur*, De Gruyter, Berlin-New York 2009, pp. 23-34, qui p. 24.

24   G. Tateo, *Nella fucina della "Wiener Moderne". Il contributo di Hermann Bahr*, in M. Ponzi (a cura di), *Klassische Moderne*, cit., pp. 167-183, qui, p. 168 e p. 172.

che significato assume la poesia nella vita di una persona? Le immagini ereditate dell'arte costituiscono qualcosa di estraneo e sono dunque d'ostacolo nella ricerca di un'esistenza più vera e genuina? Oppure l'animo umano è necessariamente rimesso a suggestioni esterne, ed è vano voler pervenire a un nucleo di assoluta autenticità individuale? E dunque, in termini più generali, che rapporto si dà tra l'io e il mondo esterno?[25]

È dirimente, perciò, in questo volume, in cui si studiano principalmente le sintomatologie della *Moderne*, l'aspetto patologico e allo stesso tempo propositivo di una lettura alternativa della realtà condotta attraverso un occhio interno, una lettura cioè fatta di atmosfere visionarie, sperimentazioni sinestetiche, toni disforici, vibratili empatie nei confronti del mondo esterno. Si tratta di un'emersione di forme di devianza dalla norma e di distorsione delle percezioni in opere o progetti culturali specifici, che ne evidenziano il *Gesicht* performativo.

Se si considera la carica rivoluzionaria in cui si inscrive l'opera del singolo artista nella *Umbruchszeit*, variamente declinata in forme di scrittura sperimentale o di esperienze di applicazione sulla forma e sul colore, sul suono e sulla parola, balza subito all'occhio la complessità di un'avventura culturale che, ben diversamente da ciò che appare a prima vista, seppur correlata a un manifesto poetico o artistico, è fatta di solitudine intellettuale e di incessanti interrogativi.

Non solo questo fatto si presenta come un valido motivo per non vincolare uno scrittore a un movimento, che comunque varia a seconda che ci si posizioni in un bacino culturale o in un altro dell'Europa della *Jahrhundertwende*, come già rilevava Bahr affermando che «c'è naturalismo e naturalismo»[26]. Il criterio generalizzante con cui si defi-

---

25   M. Rispoli, *Introduzione*, in H. von Hofmannsthal, *Lettera di Lord Chandos e altri scritti*, a cura di M. Rispoli, Marsilio, Venezia 2017, p. 12.

26   H. Bahr, *Il superamento del Naturalismo*, a cura di G. Tateo, SE, Milano 1994, pp. 27-31, qui p. 31: «Il naturalismo tedesco vuole la realtà, la realtà non contraffatta e completa, vale a dire la realtà nuda e cruda. Mentre il naturalismo tedesco è caratterizzato dallo sforzo di rinunciare alla figura dell'artista soffocandolo nella ricchezza dei fatti reali, quello francese è invece caratterizzato dallo sforzo di affermare ancora di più l'artista nella realtà viva e di confermarlo in essa. Il primo annulla la personalità poetica interamente nell'argomento, attraverso il quale, al contrario, il secondo rafforza la personalità poetica facendole acquistare una validità ancora maggiore. Per il primo tipo di naturalismo la realtà è il fine ultimo al quale si sottomette il tem-

nisce, ad esempio, 'espressionista' un autore mette in ombra le forme di discontinuità del suo percorso, ma anche una presenza complementare di altri aspetti della sua personalità che non siano quelle artistici e poetici. Mettere in scena le contraddizioni interiori dell'artista permette di cogliere, tra l'altro, la fruttuosa dominanza del principio associativo su quello logico-causale, come si vede nel Benn autore di *Gehirne*, affascinato dalle lezioni sul panpsichismo di Theodor Ziehen, o come si rileva nella crisi della percezione che si manifesta in Franz Kafka sotto forma di varie *Entstellungen*: i ritratti degli individui descritti nei suoi diari diventano perciò la superficie su cui si irradia un generale disagio del soggetto che osserva, mettendo in mostra la sua assurda relazione con il mondo esterno.

In questi aspetti trionfa a tratti il principio regressivo, segnale di una resistenza conservatrice al cambiamento[27], che fa da inciampo a quello progressivo con il quale si è inclini ad associare la Moderne nel suo rapporto con le Avanguardie.

Confini incerti

Che le 'percezioni distorte' legate al mezzo espressivo costituiscano importanti vettori di un dibattito sulla potenziale affiliazione di un artista o di uno scrittore a una *Stimmung* estetica piuttosto che a un'altra è dimostrato dai risultati cui sono pervenuti in tempi piuttosto recenti alcuni studi che hanno cercato di dar corpo all'ipotesi di un filone surrealista nell'alveo della letteratura tedesca della *Moderne*. Un caso è rappresentato dai saggi contenuti nel volume miscellaneo *Surrealismus in der deutschsprachigen Literatur*, curato da Friedrike Reents in cui, accanto al menzionato saggio di Gumbrecht, che evidenzia tra l'altro l'attraversamento del Surrealismo da parte di una 'rivoluzione conservatrice' di stampo heideggeriano che ne blocca lo

peramento dell'artista; per l'altro tipo ogni sforzo che tenda alla realtà è solo un mezzo al servizio del temperamento artistico».

27   K. Mannheim, *Das konservative Denken*, in Id., *Wissenssoziologie. Eine Auswahl aus dem Werk*, hrsg. von K. H. Wolff, Luchterhand, Berlin 1964, pp. 408-508, qui, p. 439: «Il soggetto progressivo esperisce di volta in volta il presente come l'inizio del futuro, mentre quello conservatore [vale a dire regressivo', n.d.A.] esperisce il presente come ultima tappa del passato».

sviluppo in Germania, se ne trova uno della Reents dedicato principalmente a *Der Garten von Arles* (1920) di Gottfried Benn. In questo
prodotto benniano, che «ha spinto gli specialisti a vari tentativi di
classificarlo come novella, saggio, poesia in forma di prosa, 'prosa assoluta' o semplicemente come un 'pezzo di prosa poetica [...]'»[28], Reents rileva segnali di un'inconsapevole aderenza del testo al formato
surrealista, chiamando in causa la successiva *Akademie-Rede* del 1932,
in cui Benn «aveva menzionato in un sol fiato [i surrealisti] con gli
espressionisti e con la 'formula di van Gogh', 'io mi confronto solo
con l'eccitazione di specifici istanti', per dichiarare chiusa la partita
con la monotonia apollinea e aperta la fase del 'concetto e dell'allucinazione'»[29]. L'affinità tra le visioni evocate da Breton in relazione alla
écriture automatique, – sviluppate tra sospensione della ragione e flusso di coscienza – e la situazione in cui si trova il docente di filosofia
protagonista del benniano *Der Garten in Arles*, che oscilla tra la ricerca di un punto di partenza per formulare le sue tesi e l'abbandono
all'assoluto, non lascia trapelare in nessun modo se la sua esperienza
sia frutto di una scelta o di una condizione involontaria. Poche pagine
dopo, in un contributo che reca nel titolo il forte dubbio della presenza di una corrente surrealista su suolo tedesco, Karl-Heinz Bohrer
menziona come condizioni necessarie dello stile surrealista «non soltanto l'intensità di rappresentazioni immaginative fantastiche, ma anche la sovversione provocatrice delle nostre aspettative
immaginifiche»[30]; d'altra parte, del programma surrealista non fareb-
be parte la «dissoluzione dell'Io», come dimostrano i testi di Breton e
di Aragon, ma piuttosto la percezione di una dimensione meraviglio-
sa come 'realtà altra' che non mortifica l'Io, ma ne espande il potenziale visionario. Questa speciale qualità di «meraviglioso-Altro» non
sarebbe a parere di Bohrer presente né in Kafka, né in Hans Arp e
neppure in Robert Walser, benché siano stati loro variamente attribu-
iti alla loro poetica tratti surrealisti.

28   F. Reents, »*Der Garten von Arles*« *(1920)*, in C.M. Hanna, F. Reents
(Hrsg.), *Benn-Handbuch. Leben – Werk – Wirkung*, Metzler, Stuttgart 2016, pp.
138-139, qui p. 138.
29   F. Reents, *"Vom absolutem Traum" zum "verbalen Alptraum". Benn und Breton*, in Id. (Hrsg.) unter Mitarbeit v. A. Meier, *Surrealismus in der deutschsprachigen
Literatur*, cit., pp. 71-86, qui p. 73.
30   K. H. Bohrer, *Deutscher Surrealismus?*, in *ivi*, pp. 241-248, qui p. 244.

Si potrebbe concludere che la natura 'unheimlich' di una dimensione del 'fantastico' che si accompagna alla poetica di alcuni scrittori moderni, che insistono maggiormente su concatenazioni di parole che si sottraggono a un senso logico, va ben distinta dalla provocazione 'enfatica' di un'avanguardia – quella del Surrealismo – che si colloca nel solco di una *mitologia moderna*, fatta di immagini in continua mutazione, e che scaturisce da categorie estetiche strutturatesi in seno alla *Frühromantik* di Jena e al progetto di una poesia universale progressiva[31].

Denkbilder, Visionen, Gesicht: alcuni snodi cruciali della modernità

Nel primo saggio contenuto in questo fascicolo di «Cultura Tedesca», **Francesco Rossi** pone l'accento sul gesto «moderno nonostante la *Moderne*» di Stefan George, dedicandosi al rapporto tra *Traum e Gesicht* come concetti di riferimento di *Tage und Taten* (I. ed. 1903, succ. 1925 e 1933), una raccolta di annotazioni e di abbozzi di carattere molto eterogeneo. La condizione dell'esperienza interiore, che assorbe suggestioni dei simbolisti francesi (in particolare Stéphane Mallarmé e Aloysius Bertrand), ma le declina in forma di *Denkbild*[32], si proietta sulla dimensione del *Gesicht* come vagare dello sguardo su oggetti che si richiamano a paesaggi famigliari o a immagini passate, amplificandosi in un rapporto fisiognomico con lo spazio. Rossi coglie un'inquietudine della *Stimmung* georgeiana tra sogno e veglia, che evidenzia il debito di George nei confronti di Jean Paul, maestro di immagini visionarie destabilizzanti, sconfinanti persino nell'orrore[33].

---

31   Ivi, p. 243.
32   Cfr. R. Calzoni, F. Rossi (eds.), *Denkbilder. «Thought-Images» in 20th-Century German Prose* [= «Odradek. Studies in Philosophy of Literature, Aesthetics and New Media Theories», 2 (2016), 2, http://zetesis.cfs.unipi.it/Rivista/index.php/odradek/issue/view/4], con particolare riguardo all'introduzione dei curatori, *Instead of an Introduction: Towards a Definition of the Denkbild*, pp. 7-25 e al saggio di G. Lacchin, *Denkbild; storia, arte e filosofia. George, Platone e la "poetica delle idee"*, pp. 27-55.
33   H. Pfotenhauer, *Bild-Schriftbild-Schrift: Jean Paul*, in Id., *Sprachbilder. Untersuchungen zur Literatur seit dem achtzehnten Jahrhundert*, Königshausen & Neumann, Würzbug 2000, pp. 123-136.

L'analisi di quadri di paesaggio forieri di atmosfere surreali e sinistre culmina in una interpretazione di *Der redende Kopf*[34], in cui la percezione simbolica della realtà trova il proprio tratto archetipico nell'incontro con la morte.

Un'utile premessa al successivo saggio di **Maurizio Pirro** può essere trovata nell'introduzione e in alcune prospettive che si legano alla sperimentazione intorno al ritmo presenti nel volume curato da Massimo Salgaro e da Michele Vangi nel 2016, *Mythos Rhytmus. Wissenschaft, Kunst und Literatur um 1900*[35]. Vi si sottolinea come l'esperienza totalizzante di stampo olistico prodotta dalla sonorità ritmica riesca a stabilire relazioni associative tra gli elementi riconducibili alla teoria della *Gestalt* di Christian von Ehrenfels; infatti, il ritmo, in quanto aspetto particolare della *Gestalt*, «non si limita ad associare semplicemente le parole con elementi nominati propri del mondo, ma anche il parlante con la propria sfera interiore»[36]. Pirro si concentra su Richard Dehmel, autore tra l'altro di *Kunstform und Rhytmus. Grundzüge zu einer Kritik des Kunstwertes* (1904) e di *Natur, Symbol und Kunst* (1908) per registrare – tra i picchi della sua esperienza autobiografica di teorico di un'«accezione vitalistica ed assertiva» dell'esperienza della forma – quegli attimi allucinatori forieri del dispiegamento dei campi metaforici che interpreta come un'opportunità per una superiore risoluzione estetica dell'arte. Come Gottfried Benn, che poi si allontanerà da questa prospettiva, anche Dehmel ha ricavato i presupposti dell'azione di ribaltamento del Realismo nel saggio di Wilhelm Bölsche del 1887, *Die naturwissenschaftlichen Grundlagen der Poesie*, abbracciando l'idea di una fisiologia dei processi creativi in cui la poesia guadagna slancio nell'eccitazione della percezione, che in Dehmel resta pur sempre assoggettata a una tecnica di controllo consapevole dell'occhio sul suono.

Il saggio di **Alessandro Fambrini** si occupa di una particolare temperie di inizio Novecento che segnala nello *Schauerroman* di autori

---

34   S. George, *La testa parlante*, in Id., *Giorni e opere. Prose d'arte e di letteratura. Introduzioni ai «Fogli per l'arte» e Giorni e opere*, a cura di G. Lacchin, trad. it. di G. Lacchin e M.L. Roli, Agorà & Co., Lugano 2016, p. 156.

35   M. Salgaro, M. Vangi (Hrsg.), *Mythos Rhytmus. Wissenschaft, Kunst und Literatur um 1900*, Franz Steiner Verlag, Stuttgart 2016 [= Aurora. Schriften der Villa Vigoni, Bd. 3].

36   *Ivi*, p. 15.

come Hanns Heinz Ewers e Karl Hans Strobl l'incontro tra innovazione tecnica e interesse per fenomeni di carattere esoterico ed occultistico[37]. Dunque, nella collisione tra il moderno e il 'premoderno' si celebra una consapevole violazione del mondo sovrasensibile sul quale si affaccia l'individuo gravato di un'ansia tipicamente scaturita dai climi incerti di inizio secolo, ma anche dalle acquisite capacità di penetrare con lo sguardo l'*ignota facies* di ciò che si trova nel sostrato dei fenomeni immediatamente riconoscibili grazie alle più recenti scoperte scientifiche. Fambrini concentra la propria attenzione su un aspetto particolare di questo problema, osservando come l'elaborazione narrativa degli esperimenti in campo elettromagnetico nutra la letteratura fantastica austro-tedesca di primo Novecento (i raggi X di Röntgen piuttosto che il fluoroscopio di Edison), puntando a minare le basi di un rapporto sicuro tra soggetto e mondo circostante. La vista potenziata da dispositivi tecnologici giunge a sfondare le barriere del sensibile a prezzo della scoperta di indicibili distorsioni e di situazioni perturbanti. «Der Orchideengarten. Phantastische Blätter», la rivista dedicata alla letteratura fantastica pubblicata in 55 numeri da Strobl e Czibulka tra il 1919 e il 1921, assegnò al numero 23 dal titolo *Elektrodämonen* spazio per «fornire una risposta artistica all'incommensurabile successo conseguito dall'impresa industriale tedesca in campo elettrotecnico».

Più concettualmente problematico e politicamente impegnativo è il rapporto che il maestro del Dada, Hugo Ball, instaura con il proprio tempo, quando i demoni da combattere sono la teoria kantiana della conoscenza e la *Realpolitik* prussiana. **Lorella Bosco** si addentra negli anfratti delle reazioni dell'artista tedesco sprigionate da una mostra sul Futurismo italiano e poi protocollate nell'articolo *Die Reise nach Dresden* (pubbl. 15 novembre 1912 nella rivista «Revolution»). Uno «smisurato dinamismo», una «gloria della potenza di irradiazione», nonché una «vibrazione elettrica» sono i fattori che Ball elabora emozionalmente alla vista delle opere futuriste, proiettandosi nell'assoluto presente di una rivoluzione creatrice che già Kandinsky aveva annunciato in *Lo spirituale nell'arte*. Kandinsky

---

37   Cfr. anche il cap. II (*Tra grottesco, orrore e fantastico: i racconti di Meyrink, Strobl e Ewers*) di M. Cottone, *La letteratura fantastica in Austria e Germania (1900-1930). Gustav Meyrink e dintorni*, Sellerio, Palermo 2009, pp. 37-59.

mostra a Ball la via regia per compiere una parabola intellettuale che chiuderà il cerchio del rapporto creato tra dimensione mistico-spirituale e commistione vibratile di varie forme espressive, che concorrono tutte a celebrare l'arte in quanto tale. È soprattutto al punto di congiunzione tra la proiezione di Ball sull'artista come sciamano e il concetto di liberazione performativa dell'arte, che Bosco individua nella recitazione e nella danza ulteriori potenziali di sviluppo del concetto di *Gesamtkunstwerk*.

Con **Isabella Ferron** si penetra nella personalità del pittore e drammaturgo Oskar Kokoschka, che ha sempre considerato il ritratto come la più alta espressione artistica figurale, in quanto forma che fissa con vividezza il ricordo del soggetto e non si propone mai come mera natura morta. Perciò, i vibratili contorni delle sue figure umane rappresentano la soglia tra il senso dell'impotenza umana e lo sforzo di reagire alla fissità nell'immagine, valorizzando così la centralità dell'esperienza dell'individuo. Questa prospettiva si riflette anche nella strategia scenica di *Mörder, Hoffnung der Frauen* (1907). Passando attraverso il rapporto perturbante tra il mondo sessuale maschile e femminile, che interessa a più riprese l'immaginario dell'artista e che registra una tappa importante nel quadro *Windsbraut* (1914), Ferron conferma in una lettura di *Von der Natur der Geschichte* (1912) la dimensione visionaria della sua creatività formale, che afferra in diversi attimi della manifestazione dell'interiorità umana – filtrata dal *Gesicht* visibile nel quadro o nella gestualità della recitazione teatrale – il modo per riprodurre i bagliori della propria stessa coscienza.

Anche **Isolde Schiffermüller** si confronta con i temi della gestualità e delle distorsioni del volto, pure in rapporto alla pittura di Kokoschka, nel suo contributo dedicato al ritratto nell'opera di Franz Kafka. L'articolo si occupa della rappresentazione del volto nei racconti e, soprattutto, nei diari dell'autore praghese, confrontandosi con lo studio di P. von Matt ...*fertig ist das Angesicht. Zur Literaturgeschichte des menschlichen Gesichts* (1983), che nelle annotazioni di Kafka rinviene una rivoluzione visiva, paragonabile a quella della pittura moderna di Picasso, Braque o, appunto, del primo Kokoschka, che testimonia una radicale crisi della percezione e della *mimesis* realistica. I ritratti distorti tratteggiati da Kafka nei suoi diari, che si risalgono in particolare agli anni compresi fra il 1910 e il 1912, costituiscono uno degli impulsi principali della scrittura di

Kafka, in cui un dettaglio mimico può farsi cifra epocale, ovvero espressione di quella *Entstellung* che Walter Benjamin riconosce come cardine della poetica di Kafka.

Anche il fulminante atto unico *Ithaka* (1914) di Gottfried Benn, indagato in profondità da **Marco Castellari**, si fonda su una poetica della *Entstellung*, perché partendo dall'iniziale piano realistico e razionalistico di una lezione universitaria di patologia si sviluppa *ex abrupto* in una rappresentazione doppiamente distorta del rapporto tra 'cervello' e 'vita'. L'agone drammatico, in cui debutta il personaggio benniano del Dr. Werff Rönne e in cui risuonano potenti i repertori metaforici e simbolici della prima produzione del poeta, saggista e medico tedesco, sfocia nell'inusitata esecuzione verbale e performativa di una rivincita violenta del mito sulla scienza, anche se nella chiave tipicamente espressionista del conflitto tra generazioni. Il contributo rilegge, perciò, la complessa strategia testuale di *Ithaka* nel contesto culturale di matrice nietzschiana del dibattito scientifico tra Ottocento e Novecento. Nelle battute dell'opera, che si affidano quasi interamente alla *Figurenrede* e a pochissime didascalie, l'indagine rileva una progressiva distorsione del linguaggio, dal micro-livello acustico e morfosintattico, attraverso la dimensione lessicale, fino al piano delle immagini, dei riferimenti discorsivi e del sistema metaforico e simbolico.

Ancora il medico Rönne è protagonsita dell'opera indagata da **Stefania Sbarra** nel suo contributo, dedicato al ciclo di novelle *Gehirne* (1916) di Gottfried Benn, in cui il dottore incarna un camminatore solitario attraverso la Bruxelles occupata del primo conflitto mondiale. Rönne si muove sul fondale metropolitano incapace di cogliere con lo sguardo e di problematizzare la molteplicità della realtà che lo circonda, cosicché la città diventa il fondale dinanzi al quale Benn mette in scena uno stato mentale distorto del protagonsita del ciclo di racconti. Così, il medico, che non è in grado di assurgere al ruolo del *blasé* di simmeliana memoria, pare possedere più 'cervelli' attraverso i quali percepisce in modo sempre differente il mondo nelle novelle della silloge. Dall'analisi emerge il prospettivismo benniano, che caratterizza lo sviluppo di Rönne già in opere precedenti, come *Gespräch e Unter der Großhirnrinde*, e in cui convergono scienza, filosofia nietzscheana e ricerca di nuove forme espressive, ma soprattutto ermerge una nuova sintassi letteraria, fondata sullo 'sconfinamento' fra le arti, ovvero sulla *Entgrenzung*.

Attorno allo 'sconfinamento' formale e alla sinergia fra le arti, si sviluppa anche il contributo di **Micaela Latini** che indaga, all'interno delle coordinate offerte dalla corrente espressionista *Der blaue Reiter*, la poetica artistica di Franz Marc (1880-1916), in un costante e significativo confronto tra la dimensione visuale e quella teorica della sua opera. In linea con le posizioni del capogruppo Vasilij Kandinskij, anche per Franz Marc ogni forma possiede un suo 'contenuto-forza' che, ben lungi dal darsi come elemento oggettivo, si lascia piuttosto identificare con una capacità di agire come stimolo psicologico. A cogliere questo contenuto non è l'occhio normale, ma la 'seconda vista', che mette in connessione *Umwelt* e *Innenwelt* e che è più vicina al cuore della natura. A differenza dell'Astrattismo, però, Marc rimane legato alla figura, che viene tradotta nella forma della *Nervenkunst*, di cui è metafora l'animale, ovvero il protagonista indiscusso della sua arte.

Dall'esperienza del *Blauer Reiter* e della pittura espressionista, ma pure dalla *Nervenkunst*, muove il contributo di **Raul Calzoni**, dedicato alla distorsione percettiva nel *Frühexpressionismus* di Alfred Döblin e, in particolare, nel racconto *Die Ermordung einer Butterblume* (1913). Coevo per pubblicazione al *Berliner Programm*, il racconto ne rappresenta per diversi aspetti una trasposizione narrativa, nella quale convergono pure gli studi medici condotti da Döblin per conseguire nel 1905 la laurea in psichiatria. Dall'analisi emerge come le allucinazioni visive offerte dall'autore nel racconto siano frutto della trasposizione letteraria degli studi di neurologia e di psichiatria condotti dall'autore, in particolare sulla sindrome di Korsakoff. Prospettiva letteraria e scientifica convergono, così, nell'analisi delle distorsioni visive presenti in *Die Ermordung einer Butterblume* in un'argomentazione che indaga anche l'insorgenza del «Döblinismo», inteso come metodo epistemologico, critico e letterario che ha reso possibile una rappresentazione alogica della realtà nel nel racconto.

Nonsense e alogicità del reale rappresentano i cardini di quella sperimentazione feconda e provocatoria tipica del poeta e artista di Hannover, vicino alla corrente Dada, Kurt Schwitters, al quale **Giulia Disanto** dedica il suo contributo. Se già la lirica *An Anna Blume* aveva attirato su Schwitters l'attenzione del pubblico e della critica, assieme alle accuse che il gioco col *nonsense* del componimento altro non fosse che il frutto della labilità dell'autore, in alcune prose gli esperimenti letterari dello scrittore hanno sviluppato vere e proprie narrazioni a partire dalla concreta messa in scena di una percezione alogica del mondo. Personaggi come Auguste Bolte o Franz Müller si muovono in uno spazio cittadino che, definito attraverso il concetto matematico di oggetto frattale, si dilata per riprodurre la ripetizione delle medesime sembianze di partenza. La distorsione, che si manifesta innanzitutto nelle forme linguistiche attraverso giochi di parole, slittamenti semantici, analogie e contaminazioni, tematizza in forme inusitate aspetti nevralgici della realtà primo novecentesca: la dispersione estraniante dello spazio metropolitano, la psicosi di massa, la messa in discussione del patrimonio culturale ereditato, la possibilità ricompositiva delle arti.

Queste grandi tematiche della scrittura del primo Novecento sono indagate, infine, da **Elena Agazzi** nel suo contributo dedicato all'opera di Unica Zürn, artista e scrittrice di matrice surrealista che, nel secondo dopoguerra, si è ispirata alla distorsione del reale tipica non solo di Benn e di Döblin, mediata dalla metaforica della malattia, ma anche dai giochi di parole e della sperimentazione di Schwitters. In quella che Agazzi definisce una '*Moderne* prolungata', le opere della Zürn sono, infatti, un vero e proprio 'poetico bollettino medico', che riattiva l'avanguardismo del primo Novecento per esprimere un io e un mondo offesi dalla società e dalla storia. Ciò avviene in particolare nelle *Schriftbilder/Bilderschriften* della Zürn, che rispecchiano forse nel modo più evidente la natura della patologia da cui fu afflitta nel corso della vita, ovvero una grave forma di schizofrenia che la portò al suicidio. Simbolismi numerici ed esperienze oniriche, effetti sinestetici e percettivi di varia natura si compongono a costruire un viaggio alla scoperta di un'interiorità 'danneggiata', che il contributo sonda, ricostruendo la personalità artistico-letteraria di Unica Zürn, lavorando tra testi e immagini e ritessendo la trama dei suoi rapporti con il Surrealismo francese, al quale fu introdotta soprattutto da Hans Bellmer e Henri Michaux.

«*Traum*» e «*Gesicht*» in *Giorni e opere* di Stefan George

di Francesco Rossi

Non è semplice determinare con precisione il grado di modernità dell'opera poetica di Stefan George, in primo luogo perché essa si delinea, per molti versi, in opposizione al moderno, attingendo a canoni formali e sistemi valoriali di natura diversa e perfino divergente rispetto a una letteratura che si consideri specchio o avanguardia del proprio tempo, e in secondo luogo a causa di una lunga tradizione interpretativa che, nell'intento di porre in rilievo gli elementi antimoderni oppure classico-moderni della poetica georgiana, ne ha offuscato i tratti specificamente modernisti. Eppure questi tratti non sfuggivano a un attento lettore di George come Max Weber, il quale già nel 1910 poneva in rilievo il nesso specifico tra la concezione assoluta della forma poetica dell'autore di Büdesheim e la sua esperienza della modernità, affermando che «un tale livello di riflessione sulle ultime roccaforti del contenuto formale puramente artistico, non espugnabili dal vortice creato dalla *tecnica* della nostra vita, non poteva essere raggiunto senza che il poeta lirico si lasciasse attraversare da cima a fondo dalle impressioni della metropoli moderna, la quale – per quanto lui la condanni all'abisso – lo vuole divorare, parcellizzare, dividendo la sua anima in pezzi»[1]. Quella peculiare alla lirica di George sarebbe dunque una modernità 'nonostante' il moderno, derivante da una 'reazione' alla piega assunta dalla cultura del proprio tempo, e, ciononondimeno, di modernità si tratterebbe. Se vi è un'opera che più di ogni altra incarna quest'ambivalenza ineren-

---

1   M. Weber, *Diskussionsrede zu W. Sombarts Vortrag über Technik und Kultur. Erste Soziologentagung Frankfurt 1910*, in Id., *Gesammelte Aufsätze zur Soziologie und Sozialpolitik*, hrsg. von M. Weber, Mohr (Paul Siebeck), Tübingen 1988[2] [1924[1]], pp. 449-456, qui p. 453. Qualora non diversamente indicato, le traduzioni dei brani citati sono di chi scrive.

te al posizionamento dell'io poetico nei confronti del suo presente, questa è la raccolta di prose brevi intitolata *Giorni e opere* (*Tage und Taten*), la cui analisi consente di aggredire la questione della modernità della poetica di George dal lato della messa in forma della percezione e delle sue distorsioni.

1. *Giorni e opere* e la prosa breve otto-novecentesca

Giorni e opere, si diceva, incarna l'ambivalenza costitutiva della poetica georgiana nei confronti del moderno, e lo fa sin dal titolo, di probabile ispirazione esiodea, accompagnato da un sottotitolo, *Annotazioni e abbozzi* (*Aufzeichnungen und Skizzen*), di ascendenza invece impressionista. È questa l'unica raccolta di prose brevi di George, pubblicata in prima edizione nel 1903, comprendente testi perlopiù risalenti al suo primo decennio creativo, cui seguono significative aggiunte nelle due edizioni in vita successive del 1925 e del 1933[2].

Collocare *Giorni e opere* all'interno della storia della prosa breve otto-novecentesca non è impresa facile, considerato il carattere composito e per molti versi eterogeneo della silloge che raccoglie, nell'ordine, schizzi, annotazioni diaristiche, brevi descrizioni paesaggistiche e di interni, resoconti di sogni, lettere fittizie, visioni, ecfrasi di opere d'arte figurativa ed elogi, a cui si aggiungono nelle edizioni successive delle meditazioni o considerazioni di carattere gnomico (*Betrachtungen*) e traduzioni di prose brevi, tra le quali spiccano la versione tedesca di *Frisson d'hiver* di Stéphane Mallarmé e di alcuni brani tratti da

---

2   L'edizione critica di riferimento è S. George, *Tage und Taten Aufzeichnungen und Skizzen*, Klett-Cotta, Stuttgart 1998 (*Sämtliche Werke in 18 Bänden*, Bd. 17), con appendice storico-critica a cura di U. Oelmann (pp. 93-130). Si rimanda inoltre alle edizioni italiane: S. George, *Giorni e opere Annotazioni e abbozzi*, a cura di G. Schiavoni, SE, Milano 2015; S. George, *Giorni e opere*, in Id., *Prose d'arte e di letteratura, Introduzioni ai "Fogli per l'arte" e Giorni e opere*, a cura di G. Lacchin, trad. it. di G. Lacchin e M.L. Roli, Agorà, Lugano 2016, pp. 141-216, da cui si cita. Si vedano infine tra i commenti più recenti: L. van Laak, *Tage und Taten. Aufzeichnungen und Skizzen (SW XVII)*, in A. Aurnhammer, W. Braungart, S. Breuer, U. Oelmann (Hrsg.), *Stefan George und sein Kreis. Ein Handbuch*, De Gruyter, Berlin-Boston 2012, pp. 290-300; J. Egyptien, *Tage und Taten*, in Id. (Hrsg.), *Stefan George-Werkkommentar*, De Gruyter, Berlin-Boston 2017, pp. 797-816.

Gaspard de la nuit di Aloysius Bertrand[3]. I nomi di questi ultimi maestri del poema in prosa ottocentesco, assieme a quelli di Baudelaire e
Nietzsche, basterebbero forse a fornire le coordinate intertestuali
dell'opera in questione, sennonché vi sono diversi elementi da tenere
in considerazione. La pubblicazione di *Giorni e opere* cade in un periodo di intensa attività editoriale da parte di George e dei membri
della sua cerchia, il cui obiettivo è riformare il gusto letterario dei contemporanei mediante la pubblicazione di antologie poetiche e traduzioni di opere eccellenti[4]. Collocare la raccolta di prose brevi in un
rapporto troppo diretto con la tradizione francese può dunque risultare fuorviante, tanto più che lo stesso George dimostra di non apprezzare il lato «boulevardier» dei maggiori prosatori francesi[5]. Il tratto comune con questi ultimi – e con Nietzsche – andrà piuttosto
ricercato nella reazione all'invasione della prosa da parte del romanzo
e del *feuilleton*, i generi 'di consumo' per eccellenza nel *Fin de siècle*,
attraverso il ricorso a una scrittura studiatissima, tutt'altro che meramente impressionistica, che arriva, nei suoi momenti più alti, a tema-
tizzare se stessa per mezzo di una riflessione cripto- e metapoetica su
cui torneremo in seguito[6].

3   Sugli influssi del Simbolismo francese nell'opera di George si vedano S.
George-S. Mallarmé, *Briefwechsel und Übertragungen*, hrsg. von E. De Angelis, Wallstein, Göttingen 2013; M. Di Taranto, *Il maestro e l'apostolo. Presenze del simbolismo
francese nell'opera giovanile di Stefan George*, Pacini, Pisa 2014; M. Zanucchi, *Transfer
und Modifikation. Die französischen Symbolisten in der deutschsprachigen Lyrik der
Moderne (1890-1923)*, De Gruyter, Berlin-Boston 2016; M. Bozza, *Genealogie des An-
fangs Stefan Georges poetologischer Selbstentwurf um 1890*, Wallstein, Göttingen 2016.
4   Tra il 1900 e il 1905, a breve distanza temporale, cadono la pubblicazione,
con Karl Wolfskehl, dei tre volumi antologici dedicati alla *Poesia tedesca* (*Deutsche
Dichtung* 1900-1902), l'uscita in volume delle libere traduzioni poetiche (*Umdichtun-
gen*) dei *Fiori del Male* di Baudelaire (1901), le sillogi di traduzioni dai *Poeti contemporanei* europei (*Zeitgenössische Dichter*, 1905), nonché le prime versioni dalla *Commedia* di Dante.
5   Ci tiene tuttavia a precisare che la sua non sia affatto disistima nei confronti dei prosatori francesi, ritenuti comunque superiori ai loro omologhi tedeschi: cfr. S.
George a M. Lechter, Bingen 1.1.1900, in M. Lechter-S. George, *Briefe*, hrsg. von G.
Heinz, Hauswedell, Stuttgart 1991, pp. 102-103.
6   Cornelia Ortlieb parla in proposito di un'«auto-tematizzazione dell'atto di
scrittura» [«Selbstthematisierung des Schreibaktes»], in Ead., *Poetische Prosa Beiträge zur modernen Poetik von Charles Baudelaire bis Georg Trakl*, Metzler, Stuttgart-
Weimar 2001, p. 259.

Si è già accennato al carattere composito della raccolta. La notevole varietà di approcci all'immagine che la caratterizza si riflette nella molteplicità di generi testuali in essa presenti. In essi, la scrittura si configura come una ricerca sull'esperienza volta a cogliere, nelle singole modificazioni percettive, momenti o atmosfere di particolare pregnanza. Nelle considerazioni *Sulla poesia* (*Über Dichtung*), i luoghi esclusivi di tale esperienza sono individuati nella poesia e nel sogno:

> L'essenza della poesia come del sogno è che Io e Tu, Qui e Là, Un tempo e Adesso esistono uno accanto all'altro e diventano un'identica cosa. Una profondissima impressione e un sentimento fortissimo non sono ancora la garanzia di una buona poesia. Entrambi devono come prima cosa trasformarsi in quell'atmosfera sonora che richiede una certa calma, anzi giocondità. Ciò spiega perché non sia autentica ogni poesia che porti oscurità senza un raggio di luce. Qualcosa di simile si intendeva un tempo con il termine «ideale»[7].

Più che costituire una fonte o repertorio motivico per la scrittura, il sogno rappresenta qui un modello percettivo imperniato su una logica dell'indifferenza, considerata imprescindibile nella resa dell'immagine poetica. L'accenno conclusivo all'«ideale» implica il riferimento alla sfera della visualità, oltre che a quella noetica: esso richiama alla mente il concetto di *Denkbild*, l'immagine-pensiero che combina visione e riflessione[8]. Questo nederlandismo ricorre per ben due volte all'interno della raccolta[9], e merita di essere qui menzionato perché gode di una fortuna tutt'altro che casuale nella storia della prosa breve modernista tedesca, in quanto Theodor W. Adorno lo utilizza per definire le prose di *Strada a senso unico* di

---

7   S. George, *Considerazioni*, in Id., *Giorni e opere*, cit., p. 196.

8   Sul dibattito intorno al termine si veda R. Calzoni, F. Rossi (a cura di), *Denkbilder. «Thought-Images» in 20th-Century German Prose*, «Odradek», 2 (2016), 2, in particolare l'articolo di G. Lacchin, *Denkbild: storia arte e filosofia George, Platone e la "poetica delle idee"*, pp. 27-55.

9   Ossia nell'elogio di Verlaine, dove si parla dell'«ardente dedizione a un'idea [*glühende hingabe an ein denkbild*]», cfr. S. George, *Panegirici*, in Id., *Giorni e opere*, cit., p. 173 e la ricca nota relativa del curatore, e nella Premessa al «Maximin», in cui si legge: «Quanto più da vicino lo conoscevamo tanto più egli ci faceva ricordare la nostra idea [*denkbild*]», *ivi*, pp. 187-188.

Walter Benjamin, stabilendo così un paradigma critico[10]. La questione sulla valenza definitoria di questo sostantivo cessa dunque di essere meramente terminologica, nel momento in cui lo si consideri nel quadro generale dei dispositivi di visione peculiari alla *Moderne* tedesca e ai paradigmi percettivi a essa riconducibili. Ed è per questo motivo che, a dispetto del carattere sovente anti-presentistico che la caratterizza, la poetica dell'immagine che si dispiega in *Giorni e opere* potrebbe rivelarsi più moderna di quanto non si creda, purché si disponga di chiavi di lettura adatte a dimostrarlo. Queste andranno ricercate nei concetti di *Traum* e *Gesicht*, a cui sono dedicati i paragrafi seguenti.

2. Gesicht

Nel rimarcare la polisemia che questo termine assume nell'idioma poetico georgiano, Ernst Morwitz, membro del George-Kreis e tra i primissimi commentatori dell'opera di George, pone accanto alle accezioni di 'vista', 'viso' e 'visione' proprie del tedesco, quella di 'veduta' (*Ansicht*) caratteristica dell'olandese *gezicht*[11]. Il senso del tutto peculiare che George conferisce a 'Gesicht', infatti, risulta dalla compresenza di molteplici piani di significato, muovendo da un grado puramente fisico o fisiognomico per giungere a comprendere diversi tipi di descrizione (paesaggistica o di interni), il cui correlato soggettivo è dato dall'*inneres Gesicht*, vista interiore che, sempre sulla falsariga di Morwitz, si potrebbe definire «la percezione della visione attraverso lo speciale occhio interiore»[12]. Talmente profondo è l'intreccio tra il piano oggettivo e quello soggettivo del *Ge-*

---

10   T. W. Adorno, *Benjamins "Einbahnstraße"*, in «Texte und Zeichen» 1 (1955), pp. 518-522, trad. it. di F. Volpi, *«Einbahnstraße» di Benjamin*, in «Nuova Corrente», 71 (1976), pp. 303-309.

11   E. Morwitz, *Kommentar zu dem Werk Stefan Georges*, Küpper, Düsseldorf-München 1969², p. 478. Morwitz adduce qui come esempio il verso «avvolgilo lieve nella veduta autunnale (*verwinde leicht im herbstlichen Gesicht*)» tratto dalla poesia *[Vieni nel parco che dicono morto e guarda]* (*Komm in den totgesagten park und schau*) da *L'anno dell'anima*.

12   Ossia «das gewahrwerden der Vision durch das besondere innere Auge», *ibidem*.

sicht nell'universo poetico georgiano, tanto coessenziali e interscambiabili risultano esserne i diversi livelli di senso da consentire al poeta di giocare talvolta sull'ambivalenza derivante dalla loro sovrapposizione.

Il passo che consente a George di estendere questo concetto dal piano antropologico alla realtà nella sua interezza, dal *Gesicht* come 'viso' al *Gesicht* come 'visione', è breve. In virtù del principio olistico che improntà la poetica dell'immagine georgiana (su cui ritorneremo nelle conclusioni del presente contributo) la ricerca di una forma che, attraverso la scrittura, porti a configurazione l'esperienza interiore non può riguardare soltanto la persona, ma anche e soprattutto il suo rapporto nei confronti del tempo e dell'ambiente circostante (*Umwelt*). È quanto emerge nelle sequenze prevalentemente descrittive contenute nelle prime tre parti di *Giorni e opere*, omogenee tra loro per temi, situazioni e atmosfere. Le sequenze descrittive ivi contenute si strutturano intorno a quella corrispondenza tra l'anima e il paesaggio che costituisce il nucleo poetologico della raccolta e che lo stesso George delinea chiaramente in una considerazione intitolata *Consiglio ai creatori* (*Rat für Schaffende*):

> Perché utilizzare le solite formulazioni avverse alla bellezza come «Sì, disse X», «No, rispose Y», «era il giorno…», e così via, per riversare all'esterno il tuo intimo? Perché è soltanto questo, in effetti, ciò che vuoi tu? Non puoi profondere tutto il tuo lieve desiderio nel sussurro dei fiori o in una sottile pioggia di maggio? O tutti i tuoi desideri irrefrenabili in una notte di tempesta, nel mormorio del mare durante la risacca, in un acuto ululato che giunge da boschi selvaggi? O portare la lotta per l'impossibile su cime di montagna che danno le vertigini e che rimangono ancor sempre abbastanza lontane dalle nubi? O l'inutilità dell'essere e del creare in quella strada nebbiosa e senza meta, e le superbe e inevitabili disperazioni nel sangue e nella porpora di un tramonto? [13]

Passando dal piano denotativo a quello connotativo della comunicazione, il soggetto poetico si costruisce sullo sfondo degli spazi che percorre – a passo d'uomo. L'andatura è quella del *flâneur* che,

---

13   S. George, *Considerazioni*, cit., p. 193.

nell'assecondare la *Stimmung* del momento, è in grado di instaurare un rapporto dialettico tra il paesaggio e la sua interiorità: nella sezione intitolata *Domeniche al mio paese*, l'ambientazione rurale, i sentieri tra i campi, i ruderi, le cascine, le borgate e i numerosi riferimenti al mondo dell'infanzia sono indizi della componente memore-affettiva del punto di vista adottato[14]; componente rafforzata nella sezione successiva, *Il calendario dell'infanzia*, vicina forse più di ogni altra al modello esiodeo che traspare dal titolo generale della raccolta per l'adozione di una scansione spazio-temporale improntata all'anno liturgico e ai suoi riti.

Queste prime due sezioni contrastano con la terza, intitolata, come la raccolta, *Giorni e opere*, contenente alcuni tra i testi più antichi dell'intera silloge[15]. Il rapporto simbiotico del soggetto con la sua *Umwelt* va qui incontro a uno sviluppo: l'esperienza, prima saldamente fondata su festività improntate al ritmo delle stagioni, conosce un'improvvisa saturazione. Il testo di apertura, *Dimora*, si apre con la descrizione dello «stretto quadrilatero»[16] di un interno, probabilmente lo studio del poeta, nel quale trapelano gli elementi visivi e sonori di un contesto cittadino (come il fracasso delle vetture e un artificiale profumo di mughetti). Il raffinato processo di simbiosi tra il soggetto e la *Umwelt* messo in atto nella prosa poetica di George sfocia qui in una vera e propria antropomorfizzazione dello spazio, ad esempio attraverso la personificazione di agenti atmosferici in *Parlare con il vento*, dove il sole protende le sue «calde mani» e il vento viene sorpreso a dialogare direttamente con il soggetto poetico[17]. Questa rilettura antropomorfa dello spazio può procedere altresì per via allegorica, come mostra esemplarmente il secondo brano delle *Domeniche*: «Al mio paese ci sono quattro strade dome-

14   A indicare un tale rapporto dialettico e memore-affettivo tra il soggetto e il paesaggio si trovano le seguenti frasi: «L'anima si carica di questo guizzare e sfavillare dei dolori domenicali, con un evidente senso di benessere»; «Sarebbe possibile in questo paesaggio pacifico e puro ritrovare la propria anima?». S. George, *Domeniche al mio paese*, in Id., *Giorni e opere*, cit., pp. 145 e 146.

15   Il titolo originario di alcuni testi redatti nel 1891, *Lagen*, richiama il concetto centrale nella poesia simbolista europea di *états d'âme*, cfr. in proposito le note di U. Oelmann in appendice a S. George, *Tage und Taten*, cit., p. 94.

16   S. George, *Giorni e opere*, in Id., *Giorni e opere*, cit., p. 149.

17   *Ivi*, p. 150.

nicali, la strada dei pallidi ricordi, la strada dell'azione ripresa, la
strada delle disperazioni ineluttabili e la strada della felicità
possibile»[18], oppure per via simbolica o emblematica: nel brano intitolato *Pentecoste*, i papaveri che crescono sul bordo dei giardini diventano «gocce di sangue» che traghettano simbolicamente il lettore verso il sogno e l'ebbrezza[19].

Nel complesso prevale il tono disforico di un paesaggio autunnale
o invernale, nel quale l'io avverte in sé «un lento morire»[20]. Pur essendo il motivo funebre già presente nelle *Domeniche*, caratterizzate almeno in parte da ambientazioni cimiteriali, il tema della morte diventa predominante nella sezione successiva, associato al torpore e uno
stato di attesa febbrile. Ed è conformemente a questo particolare stato d'animo che George delinea la propria poetica dello sguardo:

> In questa combinazione di stanchezza e di inquietudine riunisco, spesso
> con gioia stravagante, i dettagli di tipo più diverso in un solo paesaggio e
> quando, all'improvviso, una farfalla giallo-limone vola attraverso i campi
> spogli e senza colore, mi sembra come se una decisione improvvisa sor-
> gesse in mezzo a desideri e impulsi indefiniti[21].

La farfalla dai colori sgargianti fornisce una precisa indicazione
criptopoetica: essa non sta tanto a simboleggiare l'ispirazione, quanto piuttosto l'illuminazione repentina del *Kairos*, che consente di ri-
collegare singole percezioni in una visione unitaria. Com'è già emer-
so in precedenza, non può esservi alcuna poesia autentica «senza un
raggio di luce»[22]. Là dove la durata dei fenomeni viene colta a partire da un'intermittenza o da un contrasto sul piano visivo, l'esperienza del mondo da parte del soggetto non può che assumere una
qualità cairologica.

18   S. George, *Domeniche al mio paese*, cit., p. 145.
19   S. George, *Giorni e opere*, in Id., *Giorni e opere*, cit., p. 153. Sulla funzione
e il carattere ricorrente del simbolo del papavero nella lirica georgiana cfr. J. Egyptien, *Tage und Taten*, cit., p. 805sg.
20   S. George, *Giorni e opere*, in Id., *Giorni e opere*, cit., p. 151.
21   *Ivi*, p. 152.
22   S. George, *Considerazioni*, cit., p. 196.

3. Traum

Le prose brevi raccolte nella sezione intitolata *Sogni* (*Träume*) meritano qui particolare attenzione perché rappresentano un caso atipico nell'opera di George. Esse, infatti, esulano dal perimetro entro cui solitamente prende forma l'esperienza onirica del poeta, che trova espressione ad esempio nei *Canti del sogno e della morte* del *Tappeto della vita* (1899), nei quali prevale un senso di rimpianto per la perdita dello stato di ebbrezza che rende possibile la visione, o nei componimenti raccolti nella sezione del *Settimo Anello* intitolata *Oscurità di sogno* (*Traumdunkel*), dove invece prevale una figuralità tesa a rimuovere i vincoli referenziali nelle sottili transizioni tra le impressione visive e gli stati d'animo. In queste liriche l'incubo non viene contemplato. Sulla materia onirica si impone il controllo assoluto e costante della forma. Nelle brevi prose oniriche di *Giorni e opere*, invece, è proprio il lato incubico, ossessivo e angoscioso a emergere in primo piano. Adorno definisce i brani in questione «protocolli di sogni cui si è data una forma completa», descrizioni di sogni «quantomai bui», nelle quali «momenti mitici e momenti moderni entrano in costellazione, come a volte in Proust e poi nel surrealismo»[23].

Del resto, quello della *rêverie* è uno dei motivi costitutivi del poema in prosa moderno[24], e il 'sogno' è un genere testuale tutt'altro che raro intorno al 1900[25]. Il riferimento più importante di poetica onirica per George rimane tuttavia Jean Paul, considerato senza mezzi termini «padre di tutto l'odierno impressionismo»[26]. La maestria nel «raffigurare la magia dei sogni [*Träume*] e delle visioni [*Gesichte*]»[27]

---

23   T. W. Adorno, *George*, in Id., *Note per la letteratura 1961-1968*, trad. it. di E. De Angelis, Einaudi, Torino 1979, pp. 200-212, qui p. 211.

24   Di «ondulamenti della fantasticheria [*Ondulations de la rêverie*]» parla Charles Baudelaire nella sua prefazione *À Arsène Houssaye* allo *Spleen di Parigi*, testo fondamentale per la poetica della prosa breve moderna. Cfr. C. Baudelaire, *Lo spleen di Parigi*, in Id., *Opere*, trad. it di G. Raboni e G. Montesano, Mondadori, Milano 1996, p. 386.

25   Su quest'aspetto si rimanda al commento di J. Egyptien, *Tage und Taten*, cit., p. 807.

26   S. George, *Panegirici*, cit., p. 175.

27   *Ibidem*, trad. it. leggermente modificata, nell'originale: «den Zauber der Träume und Gesichte zu verbildlichen», S. George, *Tage und Taten*, cit., p. 52. L'elogio di Jean Paul risale al 1896.

è una qualità di Jean Paul che George, nei suoi scritti, pone più volte in evidenza[28]. Perciò, la prosa jeanpauliana rappresenta senz'altro un paradigma formale fondamentale durante la gestazione di *Giorni e opere*[29], coincidente in buona parte con quella dell'antologia *Poesia tedesca* (*Deutsche Dichtung*), il cui primo volume, interamente dedicato all'autore di Wunsiedel, raccoglie a sua volta estratti per lo più brevi da romanzi, in prevalenza sogni e visioni di diverso genere, tra cui spiccano diverse sequenze oniriche tratte dall' *Invisibile Loggia*, dal *Titan* (iniziando dal *Sogno di Albano*) e dal *Siebenkäs* (*Discorso del Cristo morto*).

La stesura dei primi quattro brani, pubblicati nei *Fogli per l'arte* con il titolo *Night-Mare*[30], cade tra il 1892 e il 1894, dunque in un momento in cui la poetica georgiana si trova ancora in fase di progressiva definizione. Il primo, *La barca* (*Die Barke*), rappresenta un naufragio raccontato dalla prospettiva del timoniere, allegoria abbastanza scoperta della perdita di controllo razionale sui sensi, dietro a cui vi è forse il riferimento a un passo dello *Zarathustra* nietzscheano[31]. Non bisogna però dimenticare che il motivo del naufragio, come agonia di un soggetto che affonda nell'indistinto, richiama il sonetto mallarméano *À la nue accablante tu*[32]. La narrazione si interrompe improvvisamente dopo poche righe con una brusca virata dal preterito al futuro: «e noi moriremo tutti»[33]. Un analogo cambio di tempo repentino, questa volta dal preterito al presente, si trova nel brano intitolato *Fine del tempo* (*Zeit-Ende*), in cui, in uno scenario apocalittico, si descrive

---

28   Con una formula del tutto simile, nella prefazione dei curatori alla prima edizione della *Deutsche Dichtung* dedicato a Jean Paul (1900) si legge che l'attualità della prosa di quest'ultimo risiede nell' «intramontabile magia dei suoi sogni, visioni e finali [*der unvergängliche zauber seiner träume, gesichte und abschlüsse*]». *Deutsche Dichtung. Erster Band. Jean Paul*, hrsg. von S. George u. K. Wolfskehl, G. Bondi, Berlin 1910, p. 7.

29   Ute Oelmann parla in proposito di precise annotazioni su testi jeanpauliani, cfr. S. George, *Tage und Taten*, cit., p. 96.

30   Ossia nel terzo fascicolo della prima serie dei *Fogli* (marzo 1893) e nel terzo della seconda serie (agosto 1894), cfr. l'apparato critico a cura di Oelmann in S. George, *Tage und Taten*, cit., p.102.

31   Cfr. C. Ortlieb, *Poetische Prosa*, cit., p. 260.

32   Il sonetto, comparso per la prima volta nel maggio 1894 sulla rivista «L'Obole littéraire», ma risalente a qualche anno prima, fu ripubblicato nel 1895 nel primo volume della rivista tedesca «Pan».

33   S. George, *Sogni*, in Id., *Giorni e opere*, cit., p. 155.

il viaggio di un treno verso imprecisati monti: «il colpo finale giungerà già forse prima dell'arrivo in montagna»[34], recita anche qui, in tono
sibillino, l'ultima frase. La situazione appena descritta prelude all'ambientazione infernale del testo successivo, d'ispirazione dantesca, intitolato *Tiholu* in riferimento al grido periodicamente ripetuto di una
voce sconosciuta, proveniente dall'alto ma priva di attribuzione divina, tale da gettare ogni volta i dannati nel panico[35]. Quest'atmosfera
surreale e apocalittica si ripete nel quarto protocollo onirico della serie, *Il lago morto* (*Der tote See*): si vede una pianura desertica su cui si
staglia un colle piatto avvolto dalla nebbia, in cima il cosiddetto lago
morto, forse il cratere di un vulcano o un lago d'asfalto, la cui presenza viene indicata da un cartello consunto dalle intemperie fissato a un
palo. Il brano si conclude così: «Uno dei miei piedi è spinto a salire,
ma un doloroso terrore trattiene l'altro dal passare davanti a quel
palo»[36]. La scissione interiore del soggetto, da cui traspare un'orrore
primordiale, sembra qui preludere a un atto mancato.

4. Teste parlanti

Il quinto sogno, *La testa parlante* (*Der redende Kopf*), pubblicato
nella prima edizione di *Giorni e opere* del 1903, si distingue dai precedenti per l'ambientazione realistica. Più che un protocollo onirico,
esso ricorda il resoconto di una seduta spiritica:

> Mi avevano dato una maschera d'argilla che era stata appesa a una parete
> della mia stanza. Invitai i miei amici affinché vedessero come sarei riusci-
> to a farla parlare. In modo chiaro le ordinai di dire il nome di colui che in-
> dicavo e, dal momento che rimase in silenzio, cercai di aprire le sue lab-
> bra con un dito. Dopo di ciò, essa contrasse il viso e morse il mio dito.

---

34   *Ibidem*. Oelmann considera il poema in prosa di Turgenev intitolato *La
fine del mondo un sogno* una possibile fonte del brano, cfr. S. George, *Tage und Taten*, cit., p. 96.

35   *Tiholu* non ha un significato proprio: esso è parola poetica per eccellenza, la
cui funzione demiurgica, nel testo, rispecchia quella dell'ente soprannaturale nella
finzione, cfr. A. Schäfer, *Die Intensität der Form Stefan Georges Lyrik*, Böhlau, Köln-
Weimar-Wien 2005, p. 75.

36   S. George, *Sogni*, in Id., *Giorni e opere*, cit., p. 156.

Ripetei l'ordine ad alta voce e con la massima tensione, ma indicandone un altro. Allora essa ne pronunciò il nome. Lasciammo tutti la stanza, spaventati, e mi resi conto che non vi sarei mai più rientrato[37].

Il brano in questione contiene la configurazione poetica di uno choc, analogamente alla riscrittura della fiaba della *Bella addormentata* concepita da Walter Benjamin come premessa al suo libro sul *Trauerspiel*: «Che nessun Bel Principe adorno dall'armatura lucente della scienza si avvicini troppo, perché se abbraccerà la sua fidanzata per baciarla lei gli darà un morso»[38]. In entrambi i casi abbiamo di fronte rappresentazioni di un'epifania mancata, tramite le quali si intende dimostrare come l'affiorare alla coscienza dell'espressione non possa risultare da una costrizione, né tantomeno da un atto volontaristico. Nel brano di George l'orrore ancestrale ridestato dal morso di un'entità che si suppone inanimata, dalla smorfia e dalla voce che improvvisamente vi fuoriesce, genera un turbamento improvviso, a cui corrisponde un punto cieco dell'esperienza. Quest'immagine costituisce per molti versi un'antitesi al bacio che nella lirica *Iniziazione* (*Weihe*) la «Herrin» concede al soggetto contemplante in segno di consacrazione, accompagnandolo per giunta con l'apposizione di un dito al labbro del beneficiato[39].

I commentatori sono concordi nel riferire l'immagine della misteriosa maschera di argilla alle pratiche esoteriche dei cosiddetti 'cosmici' di Monaco[40]. Ed è questa l'ipotesi più plausibile, la quale può essere ulteriormente corroborata dalla seguente nota di contesto: il ritrattista Karl Bauer, appartenente alla cerchia dei cosmici e amico di lunga data di George, collezionava maschere mortuarie di letterati e

---

37   *Ibidem*.

38   Cfr. W. Benjamin, *Il dramma barocco tedesco*, trad. it. di F. Cuniberto, introduzione di G. Schiavoni, Einaudi, Torino 1999, p. VIII.

39   S. George, *Hymnen Pilgerfahrten Algabal*, in Id., *Sämtliche Werke*, Bd. 2, Klett-Cotta, Stuttgart 1987, p. 10. Sulla discussione critica intorno a questa configurazione rituale cfr. Pirro, *Come corda troppo tesa. Stile e ideologia in Stefan George*, Quodlibet, Macerata 2011, pp. 35 ss.; Zanucchi, *Transfer und Modifikation*, cit., pp. 323 ss.

40   L'ipotesi non del tutto verificabile risale a E. Morwitz, *Kommentar zu den Prosa- Drama- und Jugend-Dichtungen Stefan Georges*, Küpper, München-Düsseldorf 1962, p. 26. Meno convincente pare a chi scrive il rinvio di Ortlieb alla celeberrima Bocca della verità nella chiesa romana di Santa Maria in Cosmedin, cfr. C. Ortlieb, *Poetische Prosa*, cit., p. 248.

artisti celebri, di cui si serviva come base per i suoi ritratti[41]. Nell'atelier monacense di Bauer George ne avrà potuto vedere e toccare sicuramente più d'una. Ne deriva l'ipotesi che il *redender Kopf* sia, in realtà, una maschera mortuaria, una *Totenmaske*. Ciò consente la formulazione di una congettura che apre la via a una rilettura del testo in questione: la maschera d'argilla sarebbe il calco di un viso immortalato nell'espressione assunta *post mortem*, la cui vista ingenera nel soggetto uno *choc* non negoziabile sul piano della volontà individuale. L'espressione sciocante della maschera risulterebbe veicolata dalle tracce impresse sulla fisionomia di quel viso, attraverso cui si profilerebbe un ritorno del passato, in una sorta di memoria involontaria *ante litteram*.

A ben vedere, quello dell''interrogazione della testa' può essere considerato un motivo conduttore in *Giorni e opere*, già presente nelle *Domeniche al mio paese* nella descrizione, chiaramente ispirata a *Frisson d'hiver* di Mallarmé[42], di un interno ricco di oggetti desueti, tra i quali spicca il busto in gesso di un bimbo morto prematuramente, realizzato sulla base della maschera funebre e recante «intorno alla bocca una ruga incipiente […] chiamata la ruga del dolore»[43]. Anche in questo caso siamo di fronte a una traccia fisiognomica. Il *pathos* relativo a questa traccia, che la vita ha lasciato dietro di sé, risulta tuttavia anestetizzato dalla forma classica del busto, senza per questo oltrepassare la soglia del *kitsch*. In quest'immagine si incrociano i temi dell'infanzia, della bellezza, dell'arte, della fisiognomica e della morte, ibridati in una declinazione del *Gesicht* che prelude all'epifania del dio fanciullo Maximin illustrata nella relativa *Premessa*[44]. Centrale è, in questo contesto, l'idea di

---

41   Cfr. F. Rossi, *Karl Bauers Stefan George. Autorenporträts im Kultur- und Medienkontext von der Jahrhundertwende bis zu den 1920er Jahren*, in «George-Jahrbuch», 10 (2014/2015), pp. 143-167. Sull'importanza del busto scultoreo nel Kreis si veda U. Raulff, L. Näfelt, *Das geheime Deutschland Eine Ausgrabung Köpfe aus dem George-Kreis*, Deutsche Schillergesellschaft, Marbach 2008 [Marbacher Magazin 121].

42   *Winter-Schauer* è inserita in traduzione nell'appendice dell'ultima edizione di *Giorni e opere* del 1933.

43   S. George, *Domeniche al mio paese*, cit., p. 146.

44   S. George, *Premessa al «Maximin»*, in Id., *Giorni e opere*, cit., pp. 186-193. La premessa è inclusa nella raccolta soltanto a partire dalla seconda edizione del 1925.

una trasfigurazione del dolore attraverso l'arte che emerge, in particolar modo, nell'*ecfrasi* della *Pietà di Böcklin*[45].

Nella prosa breve di George il motivo della 'testa' assume quindi una specifica valenza ermeneutica, che consente di creare un ponte sottile con la sezione dei *Panegirici* (*Lobreden*), nei quali la descrizione della 'testa poetica' (*Dichterkopf*)[46] ottiene, non a caso, un rilievo del tutto particolare, in quanto via che consente di cogliere l'essenza del carattere poetico. Nei brevi testi dedicati a Mallarmé e a Verlaine l'assimilazione del gesto grafico al «caratteristico ricciolo dei capelli»[47], nel primo, e il «capo socratico con la smisurata fronte ricurva»[48] nel secondo, danno l'abbrivio a un'interpretazione complessiva dell'opera, delineata dal commentatore-poeta per mezzo di un libero montaggio di citazioni; un'operazione, quest'ultima, ripetuta da George in riferimento agli altri due modelli paradigmatici posti sulla propria linea genealogica, Jean Paul e Hölderlin[49]. Tutto ciò conduce a una prospettiva letteraria in cui la poetica di un autore e la sua fisiognomica sono due facce della stessa medaglia. L'interferenza tra queste due sfere è del resto nota negli studi sul George-Kreis, suffragata dall'affermazione del poeta di Büdesheim che, «se uno è un poeta, lo stabilisce indubbiamente e per via diretta il suo volto quanto la sua poesia»[50]. Ad ogni modo, il *Gesicht* rientra a pieno titolo nella sfera semantica della *Gestalt*, intesa dai georgiani come totalità di senso comprendente in sé il poeta e l'opera, nonché ideale a cui tendere sotto il profilo poetologico, conoscitivo e formativo[51].

---

45   In essa si legge che Dio «disapprova il dolore troppo grande», da cui la necessità del contenimento della forma bella. S. George, *Quadri*, in Id., *Giorni e opere*, cit., p. 165 (trad. modificata).

46   L'elogio di Mallarmé compare per la prima volta nel quinto fascicolo della prima serie dei *Fogli per l'arte* sotto la rubrica «Dichterköpfe», accompagnato dal numero romano «III», cfr. in proposito l'appendice critica a cura di Oelmann a S. George, *Tage und Taten*, cit., pp. 102 e 116 s.

47   S. George, *Panegirici*, cit., p. 166.

48   *Ivi*, p. 170.

49   Il testo su Friedrich Wasmann esula dal discorso in quanto si tratta di una semplice recensione.

50   *Briefwechsel zwischen George und Hofmannsthal*, hrsg. von R. Boehringer, Küpper, München-Düsseldorf 1953, p. 251.

51   Si vedano in merito F. Rossi, *Gesamterkennen zur Wissenschaftskritik und Gestalttheorie im George-Kreis*, Königshausen und Neumann, Würzburg 2011; M. Pirro,

5. Conclusioni

In quanto cristallizzazioni dell'esperienza del soggetto (quest'ultimo complemento si intenda sia in senso oggettivo sia soggettivo), il *Traum* e il *Gesicht* riassumono entrambi, ciascuno da una diversa angolatura, la prospettiva olistica entro cui si colloca la poetica dell'immagine georgiana. La percezione simbolica della realtà in cui essi convergono assume tratti addirittura archetipici nell'aforisma intitolato *Arte e archetipo umano*, compreso tra le *Considerazioni* immediatamente successive alla *Premessa al «Maximin»*:

> Lo scorrere della nostra vita (il ritmo) richiede, al di fuori di noi, l'archetipo [*Urbild*], che nelle molte forme umane spesso trova un'incarnazione per singoli tratti e solo temporaneamente e in modo approssimativo. Non vi è altra spiegazione né per l'Amata dantesca, né per l'Amico shakespeariano. Ricercare la Beatrice reale e il W. H. reale è un gioco degli interpreti[52].

Ora, questo attacco alla convenzionalità di un referenzialismo fine a se stesso va ben al di là di una critica al «gioco degli interpreti». La percezione dell'insufficienza degli schemi interpretativi tradizionali di fronte al «ritmo» della vita conduce il poeta a portare in primo piano il contenuto immaginale e persino archetipico dell'esperienza, riattingendo alla dimensione intuitiva e prelogica della conoscenza. Questo genere di poetiche dell'immagine – come 'simbolo', come parto di una 'memoria involontaria', come 'immagine dialettica' – caratterizza i maggiori autori dell'Età del moderno, un'età in cui ci si trova a dover far fronte continuamente a *choc* e a traumi la cui elaborazione successiva non è più garantita dai mezzi cognitivi di cui si dispone.

Non essendo più in grado né di anticipare né di rielaborare compiutamente ciò di cui fa esperienza, l'autore della *Moderne* si limita alla registrazione (*Aufzeichnung*) dei fenomeni che entrano in risonanza con l'io, laddove ciò che viene registrato diviene 'simbolo' o 'emblema' in grado di mettere in moto il pensiero, bloccandolo sull'im-

---

Per una lettura "begriffsgeschichtlich" della categoria di Gestalt. Le traduzioni di Stefan George dalla "Divina Commedia", in «Studia Theodisca», 19 (2012), pp. 93-111.
52   S. George, *Considerazioni*, cit., pp. 197-198.

magine. L'innesco di un tale processo è dato dalla trasmissione di senso dalle parti all'intero in base a relazioni di analogia, di contiguità, di estensione o anche semplicemente di vicinanza, quindi da un procedimento di tipo metonimico, favorito dalla reciproca compenetrazione della componente intuitiva, riflessiva e figurale dell'enunciazione. Tale percezione emblematica del reale presuppone un processo di significazione a intermittenze, nel quale i singoli dettagli assumono la funzione di segni che rimandano a una totalità di senso – senza che peraltro tale totalità venga mai completamente colta o enunciata – un processo che conduce dal particolare al generale, dalla parte alla totalità, dall'esteriorità all'interiorità e che, pertanto, risulta assimilabile alla fisiognomica, in quanto prassi conoscitiva – talvolta considerata un'arte – che pretende di risalire all'essenza partendo dall'apparenza.

Che la riattivazione di questo modello conoscitivo arcaico conduca tra il 1910 e il 1935 a una vera e propria 'rinascita della fisiognomica' (*Physiognomik-Renaissance*) è una tesi sostenuta da autorevoli studiosi[53]. Il ricorso al paradigma fisiognomico consente di considerare gli sviluppi superficiali come espressioni di movimenti profondi o 'fisionomie' della realtà, consentendo loro di riacquisirne il controllo a livello rappresentativo. In questo modo, l'ermeneutica dello sguardo diviene per molti di loro strumento privilegiato dell'indagine critica sulla propria epoca. Non è un caso che uno dei massimi studiosi contemporanei della prosa breve tedesca, Dirk Göttsche, consideri questo genere ibrido un ambito privilegiato di sviluppo per il «metodo di una fenomenologia letteraria della realtà moderna»[54]. L'obiettivo della migliore prosa breve otto-novecentesca – entro cui si situa a pieno titolo la raccolta *Giorni e opere* – sembra essere quello di superare la convenzionalità legata allo schematismo percettivo per riattingere a una dimensione aurorale del rapporto tra il soggetto e la sua *Umwelt*.

---

53   Cfr. G. Mattenklott, *Der übersinnliche Leib Beiträge zur Metaphysik des Körpers*, Rowohlt, Reinbek bei Hamburg 1983; H. Christians, *Gesicht, Gestalt, Ornament. Überlegungen zum Epistemologischen Ort der Physiognomik zwischen Hermeneutik und Mediengeschichte*, in «Deutsche Vierteljahrsschrift für Literaturwissenschaft und Geistesgeschichte», 74 (2000), pp. 84-110.

54   D. Göttsche, *Prosaskizzen als Denkbilder. Zum Zusammenspiel der Schreibweisen in der Kleinen Prosa der Gegenwart*, in T. Althaus, W. Bunzel, D. Göttsche (Hrsg.), *Kleine Prosa Theorie und Geschichte eines Textfeldes im Literatursystem der Moderne*, Niemeyer, Tübingen 2007, pp. 283-302, qui p. 287.

Tuttavia, essendo preclusa, di tale *Umwelt*, la piena riconoscibilità, ciò che resta è soltanto una lettura statica, e per l'appunto 'a intermittenze' della realtà, che però non perde mai del tutto la speranza di risalire, in qualche modo, a una qualche verità parziale. L'insistenza sulle figure retoriche legate all'evidenza dell'immagine ha la funzione di mettere in moto un pensiero, assai più che dialettico, paradossale. Paradossale perché, pur avvalendosi di quel meccanismo di illuminazione reciproca tra dettaglio e totalità tipico della fisiognomica e dell'ermeneutica, esso mira alla contraddizione e all'incongruenza, piuttosto che alla ricomposizione e alla sintesi. Quel pensiero, che segue da vicino l'immagine, vincolandosi al suo profilo, raggiunge così quel punto di saturazione in cui diviene 'dialettica in stasi' – rimettendo alla lettura l'onere di inferire, di seguire le tracce e di riempire le lacune.

Soggettività e ibridazioni percettive nella scrittura di Richard Dehmel

di Maurizio Pirro

Della classica ambivalenza della cultura estetica nel Moderno – in base alla quale la denuncia di un *deficit* nella rappresentazione finzionale della realtà, di una crisi di senso, è sempre accompagnata da uno scatto inteso a porre rimedio a quella stessa crisi mediante l'intensificazione delle capacità espressive della lingua letteraria – Richard Dehmel costituisce una variante assai singolare. La sua lirica ora magniloquente e fluviale, ora incline a raccogliersi su una misura minima e prossima alla soglia del silenzio[1], appare infatti percorsa da una spinta inesausta alla metaforizzazione del reale, nel segno di una capacità iperconnotativa chiamata a esercitarsi su uno spettro particolarmente ampio di oggetti, radicati sia nell'esperienza quotidiana del soggetto poetante, sia in una mitopoiesi onnivora e visionaria. Questa costante tensione alla semantizzazione dell'ordinario, se da una parte espone Dehmel fin troppo spesso al rischio del cattivo gusto e di una banale enfasi declamatoria, dall'altra conferisce alla sua scrittura un carattere di radicalità tutto incentrato sull'acutezza delle facoltà percettive del poeta. Il principio eminentemente simbolistico per cui ciascun oggetto si rispecchia e si rifrange in tutti gli altri, in una relazione di corrispondenza priva di soluzione di continuità, non porta in Dehmel all'idea che la soggettività sia destinata a disperdersi in una miriade di impressioni divergenti e incomponibili, secondo uno dei paradigmi tipici della poetologia del 'fine secolo', a partire dalle celebri indagini di Ernst Mach e dalla loro ricezione in alcune influenti pagine critiche di Hermann Bahr. Dehmel proietta invece sulla capacità sensitiva dell'in-

---

1 Cfr. F. Salvan-Renucci, *Lautes und leises Sprechen bei Richard Dehmel*, in «Cahiers d'études germaniques», n. 25 (1993), pp. 47-67.

dividuo estetico un potere di metaforizzazione alimentato dal presupposto che il simbolo, con la fecondità delle connessioni associative che a esso fanno capo, sia il dispositivo più congeniale alla rappresentazione estetica della totalità.

Nel saggio *Natur, Symbol und Kunst* (1908), volto a realizzare – come recita il suo sottotitolo – una «limpida distinzione concettuale»[2] in ambito estetico, Dehmel lavora a un'interpretazione antimimetica dei procedimenti figurativi che, se è evidentemente vicina a un'ottica di derivazione positivistica[3], si spinge in ogni caso verso esiti conformi alla discussione sulla fisiologia degli atti creativi che, per lo più da posizioni monistiche, presidia un segmento significativo dell'estetica nei primi anni del Novecento[4]. Il tradizionale principio aristotelico imperniato sull'imitazione della natura viene sì ridimensionato sulla base di una mistica della formatività di stampo idealistico, per la quale l'artista «non intende affatto imitare, bensì creare, e sempre per la prima volta; nel mondo in divenire delle nostre visioni egli intende generare un incremento delle rappresentazioni, un aumento delle connessioni tra oggetti e sensazioni che prima erano divisi»[5]. Là dove, tuttavia, Dehmel passa a chiarire la natura della sensitività chiamata in causa da tale capacità connettiva, la sua analisi finisce per abbracciare un panorama concettuale oltremodo esteso, solidamente ancorato a una raffinata consapevolezza degli aspetti percettivi che sono in gioco nei sistemi finzionali.

---

2   R. Dehmel, *Natur, Symbol und Kunst. Ein Beitrag zur reinlichen Scheidung der Begriffe*, in *Gesammelte Werke in zehn Bänden*, Fischer, Berlin 1909, vol. VIII, pp. 57-74, qui p. 57.

3   Una panoramica sull'ascendenza positivistica di alcuni aspetti della poetica di Dehmel, nella prospettiva del suo legame con una delle figure più impegnate in Germania, sulla soglia fra Otto e Novecento, nella fondazione di un'estetica parallela al pensiero scientifico, in G. Cepl-Kaufmann, *Wilhelm Bölsche und Richard Dehmel. Eine Freundschaft?*, in G.-H. Susen, E. Wack (Hrsg.), *"Was wir im Verstande ausjäten, kommt im Träume wieder". Wilhelm Bölsche 1861-1939*, Königshausen & Neumann, Würzburg 2011, pp. 137-158.

4   Ci si può sempre riferire con profitto, per tali questioni, alle indagini di M. Fick, *Sinnenwelt und Weltseele. Der psychophysische Monismus in der Literatur der Jahrhundertwende*, Niemeyer, Tübingen 1993 e W. Riedel, *"Homo natura". Literarische Anthropologie um 1900*, De Gruyter, Berlin-New York 1996.

5   R. Dehmel, *Natur, Symbol und Kunst*, cit., p. 58.

Se la finalità generale dell'arte, così Dehmel, consiste nella moltiplicazione delle strutture di collegamento tra campi disparati e nell'attivazione di strutture di senso destinate a rimanere occulte fino a quando le si consideri al vaglio della ragione, questo presuppone necessariamente nell'artista un potenziamento dell'attitudine a cogliere intuitivamente legami nascosti, a stabilire relazioni associative fra oggetti che a tutta prima appaiono privi di qualunque vincolo reciproco. Tale accresciuta intensità percettiva viene presentata nei termini di una sia pure rudimentale teoria cognitiva, basata sull'accertamento della corrispondenza fra le sollecitazioni sensibili prodotte dalla realtà e la disposizione dell'individuo a reagire a queste stesse sollecitazioni con una rapida ed efficace risposta neuronale. L'artista espliciterebbe il proprio talento formativo mediante la distensione di un campo energetico, abbracciando in un sistema sempre più ramificato ed esteso i fenomeni compresi nel proprio ambito percettivo, sprigionando un dinamismo irrefrenabile che prenderebbe corpo, tra l'altro, nella capacità di permanere il più a lungo possibile in uno stato di vibratile empatia nei confronti di tutto ciò che esiste. Dehmel adombra una specie di affinità segreta fra la psiche dell'artista e la struttura profonda delle cose, spingendosi per questa via a rappresentare l'estetico come una traduzione in senso formale di un *primum* biologico che nell'opera d'arte si rende riconoscibile innanzi tutto in termini di coerenza ritmica, ancora al di qua di qualunque corrispondenza referenziale fra l'oggetto della finzione e il segno addetto alla sua raffigurazione[6]. Con uno scatto teorico che lo induce a rivitalizzare alcuni paradigmi oramai inservibili della speculazione positivistica, ponendoli al servizio di un'analisi spregiudicata dei fondamenti fisiologici alla base delle procedure di rappresentazione e ricezione estetica, Dehmel identifica il cardine della finzionalità nella «dinamica ritmica delle funzioni nervose psicomotorie, che si applica alle sollecitazioni immaginali di ordine estetico tramite l'appropriatezza delle tecniche specifiche di rappresentazione»[7].

L'autore argomenta ipotizzando una sostanziale omogeneità dei requisiti richiesti dal lavoro creativo dell'artista e dalla capacità di ap-

---

6   Sul complesso di tali questioni cfr. B. Spiekermann, *Literarische Lebensreform um 1900. Studien zum Frühwerk Richard Dehmels*, Ergon, Würzburg 2007, pp. 89 ss.

7   R. Dehmel, *Natur, Symbol und Kunst*, cit., p. 71.

prezzamento del lettore. In entrambi i casi sarebbe all'opera una sensitività accentuata, in grado di leggere il mondo sulla base non di relazioni logico-razionali, ma di associazioni intuitive, stabilite e consolidate per mezzo di una disposizione che è fondamentalmente di natura musicale, basata com'è sull'attitudine dei soggetti coinvolti a percepire l'emissione sonora, la vibrazione ritmica di un oggetto e della sua rappresentazione estetica. Dehmel punta all'evocazione di una dimensione organica operante al fondo di tutte le pratiche finzionali, mettendola in rapporto a una sorta di eccedenza sensibile che sarebbe incardinata nel corpo stesso della formatività e si manifesterebbe in una pronunciata eccitabilità, nell'innesco di un contagio emotivo privo di mediazioni fra l'opera d'arte e il sistema neuronale del suo destinatario. Su questo punto le osservazioni di Dehmel sono particolarmente interessanti perché rivelano il tentativo di annettere allo studio dei meccanismi dell'effetto estetico campi del sapere eterogenei[8], e si configurano come una vera e propria biopoetica[9] *in nuce*:

> L'individuo posto in una istintiva condizione dinamica per opera delle vibrazioni psichiche collegate agli atti estetici e attivate da una certa opera, e il cui sistema nervoso, per affinità genetica o per acquisizione successiva, sia dotato di una struttura ritmica parallela, tenderà naturalmente a estendere questa simpatia elettrochimica anche all'opera stessa, la troverà suggestiva, vale a dire 'bella'; se poi l'opera disponga di una forza tale da attirare nel proprio spettro ritmico anche funzioni nervose di segno

---

8   Questa intersezione fra discorsi e discipline di diverso orientamento è in Dehmel alla radice di un disegno di storia della cultura che, se per lo più è certamente assimilabile al monismo proprio del 'fine secolo', in alcuni frangenti presenta nondimeno dei rilevanti aspetti di originalità. Colpisce per esempio, nel diario del 1893-94, una teoria biologica della civilizzazione non limitata, come sarà per esempio in Spengler, al mero parallelismo fra il costituirsi di una civiltà e i corrispondenti stazioni della filogenesi, ma estesa a una considerazione del modo in cui, al contrario, nella vita organica del singolo individuo, lungo le varie tappe della sua crescita anatomica e neuronale, prendono corpo e si manifestano una dopo l'altra specifiche acquisizioni culturali maturate dalla specie: «nell'individuo si ripete la storia culturale della specie, prima in modo spontaneo, poi mediante la cultura» (R. Dehmel, *Tagebuch 1893-94*, in *Bekenntnisse*, Fischer, Berlin 1926, pp. 9-79, qui p. 34).

9   Per una dettagliata rassegna del lavoro svolto negli ultimi due decenni su questa categoria, nonché per la proposta di originali direzioni di sviluppo critico e teoretico, cfr. M. Cometa, *Perché le storie ci aiutano a vivere. La letteratura necessaria*, Raffaello Cortina, Milano 2017.

opposto, modificandone progressivamente la costituzione psichica, ebbene questa è tutta un'altra questione, che non riguarda la personalità del singolo individuo, ma chiama in causa una primordiale energia creativa e abbraccia valori gravidi di futuro[10].

L'accertamento dei dispositivi cognitivi accesi dal contatto con un oggetto d'arte ha come obiettivo la decostruzione delle basi idealistiche delle estetiche neoromantiche (alle quali pure Dehmel, secondo un resistente paradigma storiografico, è sovente messo in relazione), a vantaggio di una «estetica relativa», incentrata su «categorie biologiche», «un metodo progressivo» e «paradigmi dinamici»[11]. La contaminazione fra campi percettivi disparati deve chiaramente alimentare questa inclinazione al dinamismo, stringendo in un assetto coerente la moltitudine delle sollecitazioni che presiedono all'attività sensoriale del soggetto. La tendenza a leggere l'attività psichica come l'espressione di una fisiologia neuronale del tutto indipendente dall'indirizzo impresso dalla coscienza, tendenza che pervade vari segmenti della scrittura di Dehmel e in generale i paradigmi di autorappresentazione da lui coltivati[12], mette capo a una concezione dell'opera d'arte come organismo vivente, incline a un grado molto limitato di culturalizzazione. Dehmel, peraltro, resta sempre molto lontano dal disegno radicale di un'estetica irrazionalistica. La «vibratile disposizione»[13] che, anche qui in linea con un modello di sensitività molto popolare nella teoria dell'arte nei primi anni del ventesimo secolo[14], si configura come un innesco necessario all'esercizio della creatività, appare in ogni caso sottoposta alla disciplina di un severo impulso formale. L'ec-

---

10   R. Dehmel, *Natur, Symbol und Kunst*, cit., p. 73.
11   *Ibidem.*
12   Può fungere da esempio un resoconto autobiografico risalente al 1896, nel quale lo scrittore ripercorre varie vicende della propria formazione psichica e intellettuale riportandole al modo in cui in esse si rende riconoscibile l'influenza esercitata dalle singole facoltà percettive. «I miei sensi sono tutti ugualmente ricettivi» – così la proposizione cardinale di questa prosa (in R. Dehmel, *Bekenntnisse*, cit., pp. 81-87, qui p. 83).
13   R. Dehmel, *Tagebuch 1893-94*, cit., p. 18.
14   Cfr. i contributi raccolti in F. Reents, B. Meyer-Sickendiek (Hrsg.), *Stimmung und Methode*, Mohr Siebeck, Tübingen 2013 e F. Reents, *Stimmungsästhetik. Realisierungen in Literatur und Theorie vom 17. bis ins 21. Jahrhundert*, Wallstein, Göttingen 2015.

citabilità è sì «l'attitudine poetica presente in tutti gli esseri umani»[15], ma tale felice disposizione può venire organizzata in un assetto stabile solo se assoggettata al pieno controllo di una tecnica consapevole[16]. La convergenza di conoscenze pluridisciplinari (dalla medicina all'antropologia, dalla biologia alla tecnologia) produce nella saggistica di Dehmel un multiforme impasto teorico che, nella sua tensione verso un sistema di comprensione totale dell'umano, finisce per assegnare all'arte – ma più in generale a qualunque pratica di formatività – una funzione cognitiva incardinata nella storia evolutiva della specie. L'attitudine alla percezione, in questo senso, si presenta in Dehmel completamente libera dalle ambivalenze che nella cultura estetica del primo Novecento intridono la speculazione sul rapporto tra arte e sensitività, forma e psiche. Le esperienze di sospensione del principio di realtà e di vera e propria allucinazione di cui Dehmel dà conto con una certa frequenza[17], lungi dall'implicare un risvolto patologico e un indebolimen-

---

15   R. Dehmel, *Tagebuch 1893-94*, cit., p. 18.

16   Come scrive a Ernst Bernhard il 29.12.1901, per Dehmel la rappresentazione estetica si fonda su un pieno equilibrio tra l'intensità figurativa della visione sensibile e l'ordine coerente dell'astrazione speculativa: «In opere d'arte di livello superiore […] non sono la rappresentazione sensibile globale […] o la connessione spirituale delle rappresentazioni parziali […] a manifestarsi per prime; l'essenza della facoltà di visione estetica consiste semmai nella capacità di percepire una 'forma primitiva', vale a dire una totalità in sé compiuta, le cui parti fondamentali si sostengono a vicenda senza soluzione di continuità. L'immagine sensoriale è dunque evidentemente anche un'immagine di senso, vale a dire l'immagine di un movimento emozionale» (R. Dehmel, *Ausgewählte Briefe aus den Jahren 1883 bis 1902*, Fischer, Berlin 1923, p. 388).

17   Valga per tutte la descrizione della fisiologia dell'allucinazione contenuta in una pagina di diario dell'8.5.1894: «Ieri sera debole allucinazione. All'inizio una vibrazione elettrica, più o meno dell'intensità delle bollicine che si sentono salire nelle narici da un bicchiere di champagne appena versato, con la stessa sensazione di benessere, un misto di eccitazione e di torpore. Percepivo nel cervello un sibilo montante, che di là si trasmetteva a tutto il sistema nervoso. Allo stesso tempo vari confusi fenomeni in rapida successione (visi, corpi stereometrici, piante stilizzate, un teschio, colori caleidoscopici ecc.), lampeggianti e guizzanti come quando un proiettore non è stato ancora messo bene a fuoco e mentre per prova viene spostato avanti e indietro sulla parete appaiono e scompaiono immagini sfocate» (R. Dehmel, *Tagebuch 1893-94*, cit., p. 68). Sulla vicinanza di Dehmel a occultismo e misticismo cfr. P. Sprengel, *Seelenwanderung oder Seelenwandlung? Wilbrandt, Dehmel, die "Sphinx" und die Entgrenzung des Ich um 1890*, in «Literaturwissenschaftliches Jahrbuch», 53 (2012), pp. 355-379.

to della capacità vitale dell'artista, appaiono al contrario alimentate da un 'di più' di energia percettiva che trova poi nel talento formale dell'artista stesso il canale necessario alla sua risoluzione estetica. L'esasperazione della sensitività, anche quando si manifesta in termini parossistici, è per Dehmel la condizione essenziale perché la struttura del mondo visibile venga penetrata, decostruita e rielaborata tramite la capacità simbolica del linguaggio dell'arte. La dissociazione sta in una sorta di relazione propedeutica rispetto al lavoro di ricomposizione della realtà a un livello superiore di senso possibile mediante la forma. Il poeta, così Dehmel, ha la capacità di rappresentare la vita della psiche in modo tangibile, e in particolare di oggettivare stati d'animo che in genere si rendono solo confusamente percepibili, come l'oscuro residuo di una intuizione istantanea e passeggera; tale capacità «è lo strumento elettivo di cui il poeta si serve per esercitare sugli altri la sua capacità di suggestione, in forza del quale il lettore ha la sensazione di comprendere il significato dell'esistenza, la legge della vita, il destino»[18].

Tutta la poetica di Dehmel trova un motivo di unità in questo deciso investimento nella facoltà dell'artista di porre rimedio al disordine e all'insensatezza paradossalmente proprio immergendosi fino al limite estremo nel primitivo viluppo dei fenomeni e delle tracce deposite dalla loro percezione, per poi risalirne rigenerato dal dominio formale dell'aorgico. Il principio della sovranità formale è inteso da Dehmel in un'accezione vitalistica e assertiva, con una chiara intenzione programmatica, intesa a collocare la sua concezione di simbolismo in una sfera immune da qualunque inclinazione autocritica[19]. L'arte sta per lo scrittore in un rapporto univoco e fecondo con la vita perché è radicata in una costellazione organica primaria e preconscia, dalla quale riporta instancabilmente in superficie, offrendoli alla consapevolezza del lettore, frammenti di una totalità originaria, perduta nella dimensione della prassi, ma tuttora attingibile nella sfera protetta della forma. Dehmel, è chiaro, non si astiene dal connotare anche in un prospettiva

---

18   R. Dehmel, *Tagebuch 1893-94*, cit., p. 19.

19   Assai marcato è per esempio in Dehmel il rifiuto, almeno sul piano teorico, della semantica della decadenza onnipresente nella letteratura del 'fine secolo': «Noi non siamo decadenti! Non è affatto vero, per quanto una generazione senile si compiaccia di ripetercelo. La decadenza sarà alle nostre spalle appena i vecchi saranno morti! […] E se noi stessi, come è naturale, portiamo dentro di noi cose superate, ce ne serviamo consapevolmente come concime per le nostre forze fresche» (*ivi*, p. 60).

ideologica tali presupposti, interpretando questa confidenza con un livello arcano dell'esistenza come una condizione che abiliterebbe l'artista a cogliere lo spirito imperituro della sua comunità, il tratto identitario preesistente alle forme in cui si è articolata l'esistenza storica della
comunità stessa[20]. Lo fa, peraltro, con l'ausilio di una categoria – la
«Sage» – che, se è evidentemente molto vicina ad alcuni nodi centrali
della storiografia letteraria del Secondo Reich (la speculazione sulle fonti del 'classico', il tentativo di legittimare una linea di continuità fra il
presente e i momenti alti della tradizione nazionale nel segno di un comune riferimento alla incorrotta vitalità del *Volk*), troverà di lì a poco
un'adozione estensiva, nonché una diversa calibratura e un più disteso
respiro teorico, nell'ondata *geistesgeschichtlich* che a cavallo della Prima
guerra mondiale monterà in Germania sugli studi storico-letterari. Se
per Dehmel l'esistenza del popolo non può dar vita di per sé a forme
esteticamente significative, al fondo dell'identità collettiva riposa tuttavia una forza creativa di potenza sovrastante, che si esprime nella capacità di assicurare la sopravvivenza delle grandi opere come narrazione
anonima e disseminata, deposito di senso destinato ad alimentare una
mitopoiesi comune. «La grande arte», come si legge in un saggio del
1905, «è caratterizzata […] dall'illimitata capacità di far persistere il
proprio effetto oltre il limite della propria influenza diretta, fino al punto in cui […] se ne consolida un'immagine radicata nella memoria collettiva»; il che implica, per converso, che «prova indiscutibile della nullità di un'opera d'arte è che non sopravviva alcuno dei suoi motivi, e che
la sua esistenza spirituale non si prolunghi in qualche forma – come
saga, monumento o tramite altre opere»[21].

L'effetto estetico si prolunga nel tempo in forma di traccia mnesti-
ca, di eco indefinita, di vibrazione ritmica. La metaforologia legata alla

---

20   Su questi aspetti dell'opera di Dehmel cfr. Ch. Neuhuber, *"Der kranke Jude
und der große Künstler". Richard Dehmels Gedicht "Ein Heine-Denkmal"*, in «Zeitschrift für deutsche Philologie», 125 (2006), pp. 561-579 e B. Beßlich, *"Corrector Ger-
maniae". Naturalismus-Kritik, Schönheitsstreben und Nationalpädagogik bei Richard
Dehmel*, in J. Andres, W. Braungart, K. Kauffmann (Hrsg.), *"Nichts als die Schönheit".
Ästhetischer Konservatismus um 1900*, Campus Verlag, Frankfurt am Main-New York
2007, pp. 146-165.

21   R. Dehmel, *Kunst und Volk. Neun Selbstverständlichkeiten die aber doch der
Erklärung bedürfen*, in *Gesammelte Werke in zehn Bänden*, Fischer, Berlin 1909, vol.
VIII, pp. 192-205, qui p. 201 e 203.

sfera delle percezioni sonore ha in Dehmel un notevole rilievo; nella sua saggistica è assai frequente il riferimento al ritmo come misura elettiva di tutte le pratiche di simbolizzazione. L'efficacia della poesia si misura in ragione della sua capacità di restituire il sentimento dell'unità di Io e mondo, nei termini di un'intuizione panerotica che Dehmel identifica come l'esperienza psichica alla base di ogni possibile forma d'arte. La sospensione del divario fra il soggetto e le cose genera una indifferenziata unità sensitiva nella quale l'Io accetta di immergersi, accedendo agli strati remoti della sua sostanza biologica. Questa discesa, peraltro, non implica affatto lo smarrimento dell'identità individuale, poiché, come si legge in un saggio del 1899, «quanto più potentemente un'opera d'arte suscita in noi questo sentimento onnicomprensivo, tanto più chiaramente deve mostrarsi [...] anche la personalità dell'artista; al contrario, in assenza di ogni elemento sovrapersonale la completa rivelazione di sé non è che un segno di spudoratezza, protervia e volgarità»[22]. Nel trascendere il limite della soggettività, l'artista attinge a una dimensione universale e impersonale pervasa da una sensitività potenziata, nella quale le singole disposizioni percettive si fondono in una totalità organica che il talento figurativo dell'individuo estetico riesce a organizzare imprimendovi uno stabile assetto formale. Il ritmo del testo letterario, definito dalla continuità e dalla coerenza delle oscillazioni sonore che lo attraversano, trasferisce questa impressione di unità su un piano materiale, dischiuso alla sensibilità del lettore senza la mediazione di strutture cognitive complesse.

Il ritmo connota per Dehmel non solo il carattere specifico del testo letterario, bensì anche e soprattutto l'impulso formativo implicito in qualunque atto di creatività estetica. Aderendo in questo a una discussione che nei primi anni del Novecento raggiunge punte di particolare vivacità, tanto più perché nel ritmo si vede una categoria trasversale e onnicomprensiva, in grado di comprendere simbolicamente un ventaglio molto esteso di manifestazioni della modernità[23], Dehmel argomenta con notevole padronanza semiotica sui canali lungo i qua-

<hr />

22   R. Dehmel, *Kunst und Persönlichkeit. Perspektiven ins Unpersönliche, ivi*, pp. 150-161, qui p. 157.
23   Cfr. per un'ampia panoramica i contributi raccolti in M. Salgaro, M. Vangi (Hrsg.), *Mythos Rhythmus. Wissenschaft, Kunst und Literatur um 1900*, Franz Steiner Verlag, Stuttgart 2016.

li si produce la costituzione del senso nel linguaggio della poesia. La musicalità del verso – così in alcune note risalenti al 1911 – solo con molta fatica si presta a essere recepita in termini sonori nell'atto della lettura, poiché il segno scritto, se in un primo momento produce un alone vocale nella percezione del lettore, finisce poi per venire integrato (e in un certo senso destrutturato e sovvertito nella sua tangibilità fonica) dalla rete delle astrazioni che il contenuto della lirica dipana nella mente del lettore stesso[24]. L'occhio svolge per Dehmel un'azione di contenimento e di disciplina nei confronti del diletto sensibile generato dal suono[25]. A ciò il poeta deve necessariamente opporre un'intensificazione della sonorità della scrittura, guidando il lettore a una pratica cognitiva basata sul riconoscimento di quanto nella testualità non può essere risolto in termini meramente concettuali[26]. La separazione di segno e suono, visualità e vocalità, viene adombrata come un ripensamento radicale delle procedure di scritturazione, destinato a permettere l'emersione dell'«elemento formativo», di quel dinamismo ben regolato che Dehmel definisce come «la capacità delle parole, dei suoni, dei colori, delle superfici, delle linee, dei gesti ecc.

---

24   «Si è soliti paragonare la lirica alla musica, perché entrambe condurrebbero in modo indiretto, mediante la sollecitazione sensibile, alla comprensione di fatti dello spirito; il processo divinatorio che è alla base della lirica, tuttavia, si sviluppa in modo assai più mediato. Soltanto al principio il lavoro cognitivo procede più o meno in modo simile: che legga un pentagramma o un testo lirico, traduco un'impressione visiva generata da un oggetto esterno in un impulso uditivo interno, benché sia certamente molto diverso se rappresento a me stesso un fonema verbale, un suono cantato oppure una nota strumentale. Poi però la differenza diventa oltremodo ampia: noi traduciamo lo spettro sonoro della musica in una rappresentazione immediata di condizioni emotive, mentre la vocalità del linguaggio verbale abbraccia anche una gran quantità di impressioni visive e tattili, oltre a servirsi di ausili concettuali di ogni sorta, e solo in piccola parte si trasmette direttamente in forma acustica» (R. Dehmel, *Das Buch und der Leser. Eine Untersuchung des Verständnisses*, in *Gesammelte Werke in drei Bänden*, Fischer, Berlin 1913, vol. III, pp. 126-133, qui pp. 129-130).

25   «Cosa non si cerca di fare per limitare il dinamismo dell'occhio legandolo alla parola scritta, in modo da disporre l'orecchio del lettore a cogliere meglio la mobilità del linguaggio!» (*ivi*, p. 130).

26   Sulla predisposizione dei meccanismi di ricezione nella poesia di Dehmel cfr. S. Winko, *Kodierte Gefühle. Zu einer Poetik der Emotionen in lyrischen und poetologischen Texten um 1900*, Erich Schmidt Verlag, Berlin 2003, pp. 257-264.

di intensificarsi reciprocamente fino a raggiungere un punto di fuga comune», o ancora come «l'istinto ritmodinamico»[27].

Trasferita nella scrittura lirica, questa costruzione poetologica si incorpora innanzi tutto in una curvatura stilistica, e cioè nello slancio estremo della dizione, nell'innalzamento della pronuncia fino a un limite di enfasi e di pathos inteso ad attirare l'attenzione del lettore sull'energia immaginale che pervade l'invenzione poetica. La scrittura di Dehmel è inseparabile dalla ripetuta affermazione del vigore sensitivo del soggetto, il quale non si stanca di mettere in scena con la massima perentorietà possibile la varietà potenzialmente illimitata della propria vita emotiva, identificandovi chiaramente il principale elemento di legittimazione della propria condizione di artista. Tale euforia egotistica è peraltro molto lontana dal gusto della variazione identitaria che presidia la cultura estetica del 'fine secolo'; se in un autore pure fortemente ancorato alla declinazione della soggettività come Stefan George, la proliferazione dei modelli di autorappresentazione (conformemente all'idea nietzscheana che nella perdita di totalità del Moderno l'arte non possa che incorporare l'instabilità e la frammentazione, al limite praticando consapevolmente la contraffazione e il travestimento) è sempre accompagnata dall'incertezza circa la solidità di quei modelli e circa l'esistenza stessa di una identità permanente, Dehmel colloca senza alcuna esitazione al centro del proprio sistema finzionale un'immagine dell'Io indiscutibile e priva di fratture, protesa in una ininterrotta attività di registrazione e di elaborazione delle sollecitazioni sensibili prodotte dagli oggetti assiepati lungo il suo orizzonte. In linea con la proposizione programmatica – «le mie poesie sono peregrinazioni dell'anima»[28] – contenuta nei versi incipitari delle *Erlösungen* (1891), la lirica di Dehmel si basa su un'immagine concentrica e dematerializzata della realtà, che viene immancabilmente riferita alla percezione del soggetto che la guarda e che si costituisce come la misura inderogabile della sua sensatezza. Le cose, prima

---

27   R. Dehmel, *Kunstform und Rhythmus. Grundzüge einer Kritik des Kunstwertes* (1904), in *Gesammelte Werke in zehn Bänden*, Fischer, Berlin 1909, vol. VIII, pp. 74-83, qui p. 78. «Assai immaginifiche» definisce B. Markwardt le idee di Dehmel sulla relazione tra poesia e suono (*Geschichte der deutschen Poetik*, vol. V: *Das zwanzigste Jahrhundert*, De Gruyter, Berlin 1967, p. 179).

28   R. Dehmel, *Denkzettel für den verehrten Leser*, v. 12, in *Gesammelte Werke in zehn Bänden*, Fischer, Berlin 1909, vol. I, p. 1.

ancora che essere pronunciate, richiedono di essere riportate esplicitamente alla scala sensitiva del soggetto, la cui capacità formativa coincide di fatto, fin nella sua prossemica, con l'attitudine a percepire, a imprimere sulle cose stesse il segno sicuro della propria vitalità. Ora nel gesto entusiastico della cattura e del dominio erotico («Adorna i tuoi capelli col papavero selvatico, / è giunta la notte, / già risplendono tutte le sue stelle. / Tutte le sue stelle oggi brillano per te! / lo sai: / tutte le sue stelle brillano dentro di me!»)[29]; ora nel dimesso ripiegamento sul confine non valicabile delle proprie sensazioni («Il mondo si cruccia sotto il peso della vecchiaia: / né gioia, né tristezza. / E sempre più crudele mi getta nel vuoto: / né polvere ormai, né luce – grigio – sempre più grigio»)[30]; ora, infine, nel sondaggio di un contatto rigeneratore con la natura, sia pure compressa in una riduzione oleografica («E in una giostra lieve e tenue / una foglia oscilla fino ai miei piedi; / e vedo la tacita colomba / della pace salutare, / salutare da lontano, / il flutto oscuro della mia anima»)[31], la poesia di Dehmel resta avviluppata a una sorta di ossessione immaginale, che obbliga il soggetto, al culmine di qualunque esperienza sensibile, a ritornare a se stesso impiantando sulla contingenza della propria visione del mondo ogni possibile meccanismo di significazione della realtà. Anche nello scatenamento della fantasia e del mero capriccio visionario, la lirica finisce per raggricciarsi sul limite della percezione autoreferenziale, come accade, ancora in *Erlösungen*, al termine di una convulsa sarabanda di apparizioni spettrali:

> Volevo urlare, implorare che uno, / uno soltanto pronunciasse la parola consacrata – / il suono si spense nella mia bocca spalancata: / il mio più caro amico si abbattè trucidato, / trucidati i due fratelli, le due sorelle, / e poi, poi – 'mamma!' – c'era mia madre / e non udiva le mie grida e saliva / pregando Dio, o Dio, per me, / invocava da Dio il bene di suo figlio, / e poi pregando morì – io osservavo impassibile. // Freddo guardavo la scena, con un sorriso stolido; / pensai di esser pazzo, che il cuore si fosse fermato. / Ovunque guardassi, occhi di vetro; / e questi occhi di vetro guardavano me. / E mi guardavano come i miei stessi occhi, / da tutti quegli

---

29   R. Dehmel, *Entbietung*, vv. 1-6, *ivi*, pp. 18-19.
30   R. Dehmel, *Im Regen*, vv. 9-12, *ivi*, p. 56.
31   R. Dehmel, *Blick ins Licht*, vv. 16-21, *ivi*, p. 94.

occhi io guardavo me stesso, / vitreo, stolido, sorridente: / singhiozzando caddi e piansi forte[32].

L'onnipresenza della prima persona, che indusse Rilke a moderare e poi sostanzialmente a ritirare la propria giovanile ammirazione per Dehmel (ammirazione che del resto aveva in comune con un buon numero di contemporanei illustri, da Thomas Mann a Stefan Zweig)[33], deve assicurare il soddisfacimento di quel requisito di sincerità e autenticità che in una scrittura così sbilanciata sul versante della confessione, se non della pura e semplice effusione sentimentale, costituisce evidentemente un decisivo elemento di poetica. La retorica della naturalezza, se pure si presta a venire alimentata da quello stato di assidua vigilanza dei sensi nel quale il soggetto di preferenza si raffigura, si infrange non meno facilmente contro lo scoglio dell'affettazione e del cattivo gusto. Così, in *Weib und Welt* (1896), mentre un'osservazione ancora cauta e pudica degli effetti di luce che si generano in una giornata dal cielo terso si spinge a tenere insieme in modo efficace i componenti figurativi del paesaggio, e il restringimento della prospettiva sulla figura del soggetto non è in contrasto con una certa apertura («Dal mare il cielo risplende; / cammino e quieto risplendo anch'io. // E molti altri camminano come me, / tutti risplendono quieti per sé. // A tratti pare che non si muova che luce / vibrando lungo la quiete»)[34], una chiusa tutta destinata a conferire alla scena una nota sentimentale non può che banalizzare la resa dei versi precedenti («Una brezza alita lungo la spiaggia: / oh che bello andarsene a zonzo»)[35]. La poetica dell'intensità degli affetti che Dehmel teorizza nella sua produzione saggistica, e che aspira a trovare una traduzione congeniale in una misura ritmica calibrata sulla vibrazione di un'energia ancestrale e solo intuitivamente afferrabile, resta quasi sempre vincolata al vigore della declamazione, che sovrappone la perentorietà

---

32   R. Dehmel, *Der Wunschgeist*, vv. 127-144, *ivi*, pp. 83-84.

33   Una raccolta di materiali in P. J. Schindler (Hrsg.), *Richard Dehmel. Dichtungen – Briefe – Dokumente*, Hoffmann und Campe, Hamburg 1963. Sul rapporto fra Dehmel e Rilke, cfr. C. McLaughlin, *Reluctant Affinities. Rainer Maria Rilke und Richard Dehmel*, in «Sprachkunst», 37 (2006), pp. 203-220.

34   R. Dehmel, *Klarer Tag*, vv. 1-6, in *Gesammelte Werke in zehn Bänden*, Fischer, Berlin 1909, vol. III, pp. 51-52.

35   *Ivi*, vv. 7-8.

non equivocabile del gesto alla sostanza vissuta del sentimento che ambisce a essere rappresentato. Nel punto in cui l'*Erfüllung* dovrebbe penetrare il soggetto con la composta persuasione di uno stato d'animo serenamente ripiegato sul compimento dei propri desideri, l'adempimento promesso si disperde nella giostra malsicura delle metafore sempre più incalzanti, e desolatamente convenzionali nel loro impianto immaginale, che dovrebbero evocarlo:

> Che tu pure, cuore, senta ancora / desiderio del mio cuore, / e ti avvinca ai dolori umani / dolente come mai: / dimmi, non è così raggiunto il fine? // [...] // Se a Pasqua celebriamo / l'uomo che perse la sua vita, / promettendo uguale bene / ai giusti e ai malvagi: / dimmi, non è così raggiunto il fine? // Deponi il volto tragico, / sii come Dio, e già lo sei: / ogni donna è madre terra, / ogni uomo è figlio di un dio, / Tutto, sappi, giunge al fine![36]

Weib und Welt, come è noto, fu al centro di una lunga controversia giudiziaria per le accuse di immoralità che furono sollevate nei confronti di alcuni dei suoi componimenti. Quanto al pubblico del tempo dovette apparire espressione di uno spregiudicato istinto a riconoscere il segno dell'eros in ogni manifestazione del vivente, si presenta semmai come il tentativo, esperito con esiti disuguali, di corroborare l'effetto del testo poetico, collocando la figura del poeta, prima ancora che il contenuto delle sue affermazioni, in una stretta relazione con l'ambito di una vitalità indistinta, tanto più suggestiva quanto meno definita nelle sue caratteristiche e nel suo raggio d'azione.

---

36   R. Dehmel, *Erfüllung*, vv. 1-5; 11-20, ivi, p. 97.

Sabba elettrici.
Corpo, mente e visione nel fantastico tedesco del primo Novecento
di Alessandro Fambrini

1.

Alle tecniche ottiche di carattere meccanico, perfezionate nel corso del XVII e del XVIII secolo, si affiancò nel corso dell'Ottocento una serie di innovazioni che spinsero la capacità di visione verso confini fino allora soltanto immaginati: il secolo fu aperto dall'invenzione della fotografia, cui fece da veicolo la scoperta della sensibilità alla luce degli allogenuri d'argento (la prima riproduzione fotografica fu realizzata da Joseph Nicéphore Niépce nel 1816; la prima immagine fissata in modo permanente e tramandata fino a noi – la Point de vue du Gras, a opera dello stesso Niépce – risale al 1826), e chiuso nel 1895 da quella contemporanea e parallela del cinema[1] (quelle stesse immagini riprodotte che ora si muovevano e acquistavano vita) e dei raggi X (la radiazione elettromagnetica nell'intervallo di frequenza fu scoperta da Wilhelm Conrad Röntgen nel 1895[2], il fluoroscopio di Edison nel 1896), con i quali si rendeva possibile l'accesso alla vista di corpi opachi mediante un dispositivo meccanico. Il corpo umano veniva replicato sulla superficie di un oggetto fisico, il suo interno pene-

---

1   Anche se il cinema può vantare molti progenitori, da Eastman a Edison a Louis Aimé Augustin Le Prince, la data convenzionale cui se fa risalire la nascita è quella del 28 dicembre 1895, quando Louis e Auguste Lumière presentarono il loro *cinématographe* al pubblico del Gran Café del Boulevard des Capucines di Parigi.

2   Si vedano al proposito: O. Glasser, *Wilhelm Conrad Röntgen and the Early History of the Roentgen Rays. With a Chapter: Personal Reminiscences of W. C. Röntgen*, Bale & Danielsson, London 1933; G. Cosmacini, *Röntgen – Il fotografo dell'invisibile. Lo scienziato che scoprì i raggi X*, Rizzoli, Milano 1983; G. Farmelo, *La scoperta dei raggi X*, in «Le Scienze (American Scientific)», 329 (gennaio 1996), pp. 70-76; e D. Voth, *Nach der Jäger Weise. Wilhelm Conrad Röntgen, Forscher und Jäger. Biographie mit Bildern und Dokumenten*, Igel-Verlag Literatur, Oldenburg 2003.

trato e scandagliato attraverso strumenti telescopici. Le possibilità di indagine sulla – e di rappresentazione della – materia dischiudono orizzonti nuovi alla consapevolezza umana. Sintomatica in tal senso è la scena dello *Zauberberg* di Thomas Mann in cui il dottor Behrens mostra a Hans Castorp nello schermo fluoroscopico la sua mano che si dissolve in componenti fisiche e al tempo stesso fantasmatiche nella innaturale immagine radiante: nella «carne dentro la quale egli viveva, dissolta, cancellata, ridotta a impalpabile nebbia»[3], Hans scorge «l'interno della propria tomba»[4], in una visione che echeggia l'antico terrore della morte, aggiornato sulle coordinate offerte dalla scienza e dalla tecnica dell'ultima generazione.

L'ambito scopico, così centrale nella gradazione della percezione umana, possiede un ampio spettro metaforico e si riconnette alla natura profonda dell'idea che l'uomo ha di se stesso e alla proiezione mitica della propria natura, tanto che non appare azzardato affermare, come scrive Max Milner, un «predominio del modello ottico nella teoria della conoscenza»[5] (è evidente come, nella sua ricostruzione dei legami tra modalità fisiologiche della visione e aspirazione alla conoscenza perfetta esperita come rivelazione e illuminazione e mediata dagli organi di percezione visiva, Milner prenda spunto da Jacques Derrida: «La storia della nostra filosofia è una fotologia, nome dato alla storia o al trattato della luce»)[6]. Alla concretezza delle scoperte nel corso dell'Ottocento si affianca fin da subito una dimensione simbolica che, soprattutto dopo la svolta del secolo, si offre a una rielaborazione letteraria, nelle forme di una ridefinizione di *topoi* interni a generi già praticati e diffusi nei decenni e nei secoli precedenti. In generale, l'indeterminazione che discende dalla fine della concezione del mondo corpuscolare (in *Matière et mémoire: essai sur la relation du corps à l'esprit* [1896[7]] Henry Bergson, basandosi sulle teorie di fisici come Kelvin e Faraday, annunciava su base filosofica l'inconsistenza

---

3   T. Mann, *La montagna magica*, a cura di L. Crescenzi, trad. it. di R. Colorni, Mondadori, Milano 2010, p. 320.

4   *Ibidem.*

5   M. Milner, *La fantasmagoria. Saggio sull'ottica fantastica*, trad. it. di G. Guglielmi, il Mulino, Bologna 1989, p. 173.

6   J. Derrida, *La scrittura e la differenza*, trad. it. di G. Pozzi, Einaudi, Torino 1982, p. 43.

7   Poi riveduto fino alla settima edizione del 1911.

della determinabilità dei corpi) condiziona la percezione della realtà, e alla visione diretta, considerata fino ad allora oggettiva, si affianca la presunzione di una visione di secondo grado, capace di cogliere i nessi profondi che vibrano oltre il sensibile.

Avviene così che il paradigma visivo sia determinante anche per la reviviscenza dello *Schauerroman* negli anni Dieci del Novecento[8], segnata da un mescolarsi di elementi della tradizione ottocentesca e romantica, di matrice irrazionale quando non proprio occultistico-esoterica, e di altri che scaturiscono dalla cultura positivista, dalle innovazioni scientifiche e tecniche, dalle indagini analitiche sulla psiche degli anni più recenti. Ancora nello *Zauberberg*, nel rammentato episodio della radiografia all'interno del capitolo «*Dio mio, vedo!*», Hans Castorp collega la sua esperienza di visione rivelatrice alla figura di una vecchia «che pareva fosse stata dotata, o vittima, di un dono che aveva portato con umiltà, il quale consisteva nel fatto che le persone in procinto di morire le apparivano come scheletri»[9]: la scienza opera secondo meccanismi equiparabili all'occulto e dischiude, richiamandole a sé, dimensioni che parallelamente sono l'oggetto di esperienze preternormali, soprannaturali, medianiche. A indicare come i paradigmi antichi possano attualizzarsi e riproporsi sotto una maschera di moder-

---

8   Cfr. W. Kayser, *Das Groteske. Seine Gestaltung in Malerei und Dichtung*, Stalling, Oldenburg 1957, pp. 149 ss. Sull'argomento si vedano inoltre: J.-M. Fischer, *Deutschsprachige Phantastik zwischen Décadence und Faschismus*, in «Phaicon 3. Almanach der phantastischen Literatur», Suhrkamp, Frankfurt a.M. 1978, pp. 93-130; P. Cersowsky, *Phantastische Literatur im ersten Viertel des 20. Jahrhunderts. Untersuchungen zum Strukturwandel des Genres, seinen geistesgeschichtlichen Voraussetzungen und zur Tradition der "schwarzen Romantik" insbesondere bei Gustav Meyrink, Alfred Kubin und Franz Kafka*, 2., unveränd. Aufl., Fink, München 1989; S. Berg, *Schlimme Zeiten, böse Räume. Zeit- und Raumstrukturen in der phantastischen Literatur des 20. Jahrhunderts*, Metzler, Stuttgart 1991; M. Wünsch, *Die Fantastische Literatur der Frühen Moderne (1890–1930). Definition, Denkgeschichtlicher Kontext, Strukturen*, Wilhelm Fink, München 1991; R. Innerhofer, *Deutsche Science Fiction. 1870–1914. Rekonstruktion und Analyse der Anfänge einer Gattung*, Böhlau, Wien-Köln-Weimar 1996; W. Freund, *Deutsche Phantastik. Die phantastische deutschsprachige Literatur von Goethe bis zur Gegenwart*, Wilhelm Fink, München 1999; C. Ruthner, *Andererseits. Die deutschsprachige Phantastik des frühen zwanzigsten Jahrhunders in ihrem kulturhistorischen Kontext*, in W. Freund, J. Lachinger, C. Ruthner (Hrsg.), *Der Demiurg ist ein Zwitter. Alfred Kubin und die deutschsprachige Phantastik*, Wilhelm Fink, München 1999, pp. 165–180.

9   T. Mann, *La montagna magica*, cit. pp. 319-20.

nità interviene Umberto Boccioni che, insieme agli altri pittori futuristi, in uno dei primi manifesti del movimento paragona l'azione dei raggi X alle facoltà sensibili affinate e potenziate dell'arte futurista («Perché si deve continuare a creare senza tener conto della nostra potenza visiva che può dare risultati analoghi a quelli dei raggi X?»)[10], a indicare l'atteggiamento con la quale gli intellettuali del tempo – e non solo quelli di estrazione futurista – si rivolgono alla rappresentazione della realtà. Si tratta di trascendere l'esistente e di dare forma alle forze recondite che ne muovono i fili profondi: «Chi può credere ancora all'opacità dei corpi», scrivono ancora Boccioni e i suoi compagni, «mentre la nostra acuta e moltiplicata sensibilità ci fa intuire le oscure manifestazioni dei fenomeni medianici?»[11]

Allo stesso modo, sul doppio filo del passato e del futuro – nel tentativo di rivitalizzare il passato attraverso modalità rappresentative e conoscitive proiettate verso un futuro estrapolato dall'esistente, in un intento di sintesi che garantisca al passato uno statuto di legittimità nel presente – si muovono molti scrittori dell'area tedesca che, diversissimi dai futuristi, sono tuttavia come i futuristi attori di un progetto sostanzialmente conservatore, in cui l'ultimo grido di scienza e tecnica è poco altro che un trucco cosmetico volto a coprire una trama di impulsi rivolti all'indietro. Nella produzione dei numerosi autori che al volgere del secolo si cimentarono con il genere fantastico, l'immaginario spesso si concentra intorno a visioni 'ingannevoli' del mondo e al loro relativo disvelamento: alla percezione cioè che dietro la realtà sensibile se ne nascondano altre, per accedere alle quali i sensi abbisognano di un potenziamento, indotto da mezzi ausiliari di diversa natura, da quella chimica a quella alchemica a quella tecnologica, in una fusione di moderno e premoderno. In questa prospettiva fioriscono opere in cui l'accesso a nuove consapevolezze riguardo la struttura e l'essenza della realtà è aperto da strumenti che amplificano le capacità di visione: i 'raggi X' divengono una sorta di categoria metaforica che rappresenta la possibilità di vedere più a fondo, oltre la superficie delle cose, scavando nell'impenetrabilità dei corpi e rivelandola come solo apparente. Ed è ancora Thomas Mann che, in *Okkulte Erlebnisse* (1923),

---

10   U. Boccioni, C. Carrà, L. Russolo, G. Balla e G. Severini, *La pittura futurista. Manifesto tecnico*, 11 aprile 1910, s.i.p.
11   *Ibidem.*

commentando il pamphlet di Albert von Schrenck-Notzing, *Materiali-sations-Phänomene. Ein Beitrag zur Erforschung der mediumistischen Teleplastie* (1914), mette in luce come in fondo la reviviscenza dell'irrazionalismo in quegli anni sia dovuta anche all'invenzione della fotografia che permette il passaggio dal mondo sovrasensibile al sensibile, offrendo all'"occultismo magico"[12], tramite lo spiritismo, una patente di oggettività, che facilmente tuttavia può dar luogo a travisamenti:

> L'apparizione del suo libro, qualche anno prima della guerra, sollevò uno scandalo bello e buono. Dal mondo della cultura ufficiale piovvero le proteste contro tanta confusione, credulità, dilettantismo e impostura. Il pubblico, non appena venne a sapere della cosa, si teneva la pancia dalle risate. E davvero quel libro mise a dura prova la nostra serietà, sia con il suo testo che con il suo apparato di immagini che dava un'impressione di grottesco, di fantastico e di assurdo[13].

Di converso, secondo quanto osserva Roland Innerhofer, «occultismo, spiritismo e mistica ricevettero nuova sostanza e nuovo impulso dalla tendenza all'immaterialità indotta dai mezzi tecnologici»[14]. Il 'vedere', amplificato da meccanismi o congegni tecnologici, sfonda le barriere del sensibile e penetra in profondità metafisiche. In questo senso, il «Dio mio, vedo!» di Thomas Mann costituisce un richiamo teologico, la rivelazione di paradisi o di inferni possibili. Come scrive ancora Max Milner, «se la conoscenza perfetta è visione, illuminazione, rivelazione, il fine di ogni procedimento intellettuale sarà di accostarsi quanto più possibile alla fonte della luce, sia (e si tratta spesso della stessa cosa) di vedere *sub specie aeternitatis* quello che non si ri-

---

12   Per una definizione di «occultismo magico», nonché sulle relazioni tra questo e lo spiritismo tra fine Ottocento e inizio Novecento, si veda M. Wünsch, *Die Fantastische Literatur der Frühen Moderne (1890–1930)*, cit. p. 84 e ss.

13   Th. Mann, *Okkulte Erlebnisse*, in Id., *Essays II. 1914-1926*, hrsg. von H. Kurzke unter Mitarbeit von J. Stoupy, J. Bender und S. Stachorski, Fischer, Frankfurt a.M. 2002 (*Große kommentierte Frankfurter Ausgabe. Werke – Briefe – Tagebücher*, hrsg. von H. Detering, E. Heftrich, H. Kurtzke, T. J. Reed, T. Sprecher, H. R. Vaget, Ruprecht Wimmer in Zusammenarbeit mit dem Thomas-Mann-Archiv der ETH, Zürich; Band 15-1), p. 616. Qualora non diversamente indicato, le traduzioni dei brani citati sono di chi scrive.

14   R. Innerhofer, *Deutsche Science Fiction. 1870–1914. Rekonstruktion und Analyse der Anfänge einer Gattung*, cit. p. 453.

vela a noi se non in modo incompleto e graduale»[15]. Non deve apparire blasfemo, allora, accostare lo sfogo visionario di Hans Castorp all'analoga esclamazione con cui Arthur C. Clarke illustra ciò che in un film visionario come *2001: A Space Odyssey* (1968) di Stanley Kubrick restava inespresso, ovvero le ultime parole dell'astronauta David Bowman prima che la sua natura trascenda l'umano: «Oh, mio Dio!... *è pieno di stelle!*»[16]

2.

Il dilagare della letteratura orrorifico-fantastica nel primo scorcio del Novecento è ampiamente testimoniato da antologie (l'esempio più celebre in tal senso è probabilmente *Das unheimliche Buch*, uscito nel 1914 e curato da Felix Schloemp, con un'introduzione di Karl Hans Strobl, quattordici incisioni di Alfred Kubin e sedici racconti che spaziavano tra classici più o meno recenti come Hoffmann, Poe, Turgeniev o J. P. Jacobsen e contemporanei come lo stesso Strobl, Alfred Döblin, Alexander Moritz Frey, Heinrich Mann, Oscar A. H. Schmitz, Knut Hamsun e Gustav Meyrink[17]), collane (tra esse spiccano gli otto volumi, usciti tra il 1914 e il 1922, della *Galerie der Phantasten*, curata da Ewers e che vide la pubblicazione di opere classiche di Hoffmann, Poe, Bécquer e Balzac oltre ai contemporanei Panizza[18], Strobl, Kubin[19] e lo stes-

---

15   M. Milner, *La fantasmagoria. Saggio sull'ottica fantastica*, cit., p. 173.

16   A. C. Clarke, *2001 Odissea nello spazio*, trad. it. di B. Oddera, prefaz. di M. Monti, Longanesi, Milano 1968, p. 290.

17   Il volume, pubblicato dall'editore Georg Müller di Monaco, seguiva a distanza di un anno un'impresa simile, *Das Gespensterbuch*, curato dallo stesso Schloemp, con l'introduzione di Gustav Meyrink, illustrazioni di Paul Scheurich e tredici racconti di Hoffmann, Poe, Bulwer-Lytton, Kipling e Gogol tra gli autori più noti, mentre tra i contemporanei sono rappresentati Hanns Heinz Ewers, Karl Hans Strobl e lo stesso Meyrink.

18   Le *Visionen der Dämmerung* di Panizza rappresentano, tra le scelte contemporanee, quella più datata: la raccolta era uscita infatti in prima edizione nel 1893.

19   Di Kubin fu ristampato l'unico romanzo, *Die andere Seite*, uscito nel 1909 con le illustrazioni dell'autore e che rappresenta uno dei massimi esempi di fantastico tedesco moderno. Le incisioni di Kubin corredano anche l'edizione della *Galerie der Phantasten*. L'artista austriaco illustrò inoltre due altri volumi della serie: *Das Nebelmeer* (1914) di Edgar Allan Poe e *Mystische Geschichten* (1920) di Honoré de Balzac.

so Ewers)[20], riviste (emblematica tra tutte è «Der Orchideengarten. Phantastische Blätter», uscita in 55 numeri tra il 1918 e il 1921)[21].

In un corpus fantastico così vasto (oltre ai numerosi romanzi usciti in quegli anni, il genere si caratterizza per una produzione ancora più abbondante di narrativa breve), Marianne Wünsch individua come particolarmente significativo il motivo della scoperta e dell'impiego di «raggi fino a quel momento sconosciuti, atti a produrre effetti sconosciuti»[22] e sintetizza così le strutture che ne sostengono la narrativizzazione: «Dunque, qualcuno effettua una ricerca e scopre un tipo nuovo di irradiazione, o sulla base di un elemento chimico fino ad allora sconosciuto, o sulla base di una procedura sperimentale mai provata prima»[23]. Gli esempi che Wünsch adduce sono l'uno – il romanzo *Devachan*, 1921, di Franz Spunda – di genere fantastico, l'altro – il romanzo *Baltasar Tipho*, 1919, di Hans Flesch-Brunningen – di genere fantascientifico[24], ma convergono entrambi nella presen-

---

20 La *Galerie der Phantasten* non costituisce un *unicum*. Già nel 1892 Paul Scheerbart aveva fondato un *Verlag deutscher Phantasten*, che pubblicò soltanto quattro volumi (oltre a due opere dello stesso Scheerbart, *Der Knabe mit der Leuchte. Eine Erweltgeschichte* di Oskar Linke e il *Pierrot Lunaire* di Giraud nella traduzione di Otto Erich Hartleben); l'editore Georg Müller, nella stessa serie in cui uscirono i già rammentati *Das unheimliche Buch* e *Das Gespensterbuch*, pubblicò anche *Das Buch der Grotesken* (1914), *Das lustige Gespensterbuch* (1915) e *Jenseitsrätsel* (1917), quest'ultimo illustrato da Alfred Kubin; *Romane und Bücher der Magie* si chiamò invece la serie curata da Gustav Meyrink per l'editore Rikola dal 1921 al 1924, e di cui uscirono complessivamente cinque volumi; ancora da ricordare è la serie *Die phantastischen Bücher* dell'editore viennese Carl Stephenson (in seguito Stein-Verlag), che pubblicò sei volumi tra il 1922 e il 1925, soprattutto traduzioni (Conan Doyle, Mark Twain, Gautier), ma anche, come primo numero della serie, un romanzo spiritistico dello stesso Stephenson (sotto lo pseudonimo di Stefan Sorel) con il titolo *Jagd durch das Jenseits*.

21 Di poco posteriori a «Der Orchideengarten», anche i «Magische Blätter. Mitteilungen über praktisches Geheimwissen», che uscirono a Lipsia e furono curati e pubblicati da Richard Hummel, ospitarono regolarmente narrativa oltre a saggi di carattere occultistico esoterico. Entrambe le riviste sono considerate precorritrici dei pulp *weird* americani che esordiranno a loro volta negli anni Venti con il loro primo e più longevo rappresentante, «Weird Tales» (1923-2014).

22 M. Wünsch, *Die fantastische Literatur der frühen Moderne (1890 – 1930)*, cit., p. 30.

23 *Ibidem*.

24 Se quello di Spunda è un 'romanzo magico', come recita il suo sottotitolo (*Ein magischer Roman*), *Baltasar Tipho* mette in scena tipiche strategie fantascienti-

za decisiva di un agente radiante che è al tempo stesso elemento di rottura con il reale e strumento per l'appropriazione di una conoscenza occulta e superiore.

In autori come Hanns Heinz Ewers (1871-1943), Karl Hans Strobl (1877-1946) e nella cerchia che si raccoglie intorno alla già rammentata rivista «Der Orchideengarten», diretta proprio da Strobl dal 1918 al 1921, la tecnica innesca dei processi che spingono verso la sua negazione, verso il desiderio di scavalcarla per ripristinare dei principi di realtà meno meccanici, per superare il determinismo della materia e sovraimporgliene uno immateriale che si dimostra alla fine più autentico e sostanziale. Così è per *Alraune. Geschichte eines lebenden Wesens* (1910) di Ewers, il cui esperimento di fecondazione artificiale si fonde alla leggenda della mandragola e ne lega gli esiti di maledizione e di morte a una logica scientifica applicata all'irrazionale, e così è, in particolare, per Strobl, che Winfried Freund definisce autore di «parodie fantastiche di visioni occultistico-salvifiche»[25], e che adotta strategie ammiccanti a questa sovrapposizione semantica anche in racconti che inscenano un fantastico per il resto del tutto convenzionale. Un primo esempio è quello del racconto *Johann Burgstallers phographischer Apparat* (1904), in cui il procedimento di riproduzione fotografica è il supporto tecnologico al quale si salda lo spunto fantastico che (come nelle documentazioni delle sedute medianiche, spesso impressionanti)[26]

---

fiche: sul pianeta Karina, durante «Experimente mit den Strahlen, die uns unter dem Namen Röntgenstrahlen bekannt sind» (Hans Flesch-Brunningen [come Hans Flesch], *Baltasar Tipho. Eine Geschichte vom Stern Karina*, E.P. Tal & Co., Wien-Leipzig 1919, p. 56) viene scoperta e sviluppata un'energia chemioelettrica che, convogliata nei cosiddetti 'P-Strahlen', può curare le malattie ed evitare la morte; il romanzo di Flesch-Brunningen non sfuggì all'attenzione di Hermann Broch che gli dedicò l'articolo *Außerirdische Dichtung*, in «Moderne Welt», 4 (1920), p. 24. Oltre ai due romanzi citati, Wünsch indica altri esempi di tematizzazione fantastica del motivo del 'raggio': *Die gefährlichen Strahlen* (1906) di Karl Hans Strobl (su cui torneremo), *Die Galeere* (1919) di Ernst Weiß, *Der gelbe und der weiße Papst* (1923) ancora di Spunda e diversi dei romanzi di Hans Dominik a partire da *Die Macht der Drei* (1923).

25   W. Freund, *Krisen – Chaos – Katastrophen. Die phantastische Erzählliteratur von Kubin bis Kasack*, in T. Le Blanc, Bettina Twrsnick (Hrsg.), *Traumreich und Nachtseite. Die deutschsprachige Phantastik zwischen Décadence und Faschismus*, Förderkreis Phantastik, Wetzlar 1995 (Schriftenreihe und Materialien der Phantastischen Bibliothek Wetzlar, Bd. 15), p. 94.

26   Strobl scrisse un romanzo (*Umsturz im Jenseits*, 1920) che prende il via proprio da una seduta spiritica, descritta nei suoi particolari e in cui la fede nei fenome-

offre licenza di oggettività all'irrompere del soprannaturale nel reale. La storia, semplice e persino prevedibile nella sua linearità, è tuttavia esemplificativa di una tendenza che in Strobl tenderà a radicalizzarsi negli anni successivi: il protagonista, il Johann Burgstaller del titolo, riceve un complicato e lussuoso apparecchio fotografico da uno sconosciuto; le foto che inizia a scattare, tuttavia, allo sviluppo rivelano sempre lo stesso difetto, una chiazza nebulosa che ne deturpa l'immagine; alla fine Burgstaller sarà ritrovato morto, e accanto a lui l'ultimo scatto che ha realizzato, quello definitivo. Nella chiazza ora si riconosce una figura spettrale che tende le mani verso l'obiettivo: la morte.

Più nebulosa nell'ordine della causalità, ma per questo più suggestiva nella sua tendenziosità, è la contaminazione di codici nel racconto *Gebärde da gibt es vertrackte* (1916). Qui la vicenda vede protagonista un giovane studente di medicina, Herbert Ostermann, al quale, durante una festa di carnevale, appare in veste di morte vivente in maschera la ragazza con cui ha convissuto per due anni e che poi è morta, forse uccisa proprio da lui. Prima che Ostermann sia trascinato nel mondo allucinato in cui gli si paleserà la rivelazione finale sull'identità della sua partner di quella notte, il passaggio dalla realtà fattuale a quella dell'incubo è segnalato da perturbazioni visive riferite attraverso espressioni che attingono al repertorio scientifico. Dapprima, quando Ostermann vede «uno straniero, nero e bianco in una corona di raggi opalescenti di luce caliginosa»[27], il mondo fantasmatico e quello fenomenico sono associati nel segno dell'insostanzialità che sottende a entrambi e che la scienza conferma. I raggi, l'irradiamento auratico, sono in questo passaggio metafora e realtà di una rivelazione unica, che può procedere attraverso entrambe le vie, quella esoterica come quella essoterica. Subito dopo l'associazione si rafforza e diviene indissolubile nel segno della duplice incognita che si lega alla stessa immaterialità apparente dei fenomeni di visione occulta e di manifestazione dell'elettricità:

---

ni medianici trova la sua giustificazione in una visione d'insieme di un mondo sconvolto dall'irrompere su molteplici livelli di forze caotiche e inconoscibili.

27   K. H. Strobl, *Gebärde da gibt es vertrackte*, in Id., *Lemuria. Seltsame Geschichten*, eingel. von L. Adel, mit acht Bildbeigaben von R. Teschner, Edition Geheimes Wissen, Graz 2008, p. 105.

«Chi sei? Chi sei», disse Herbert, afferrandosi alla veste della sua accompagnatrice. Il lembo gli scivolò tra le mani e lui vide nel profondo delle orbite oculari un breve lampeggiare crepitante, come una minuscola scarica di tensione elettrica[28].

In Strobl le connessioni profonde tra i due livelli di 'sapienza', quella scientifica e quella tradizional-alchemica, sono rappresentate come un incrocio pericoloso ma inevitabile, di cui l'irraggiamento rappresenta un momento epifanico. Nel racconto *Der Triumph der Mechanik* (1906) – una sorta di riscrittura in chiave non favolistica del *Pifferaio di Hameln* – un geniale inventore americano di giocattoli, Hopkins, ha trovato il sistema «per rendere l'aria così consistente da sopportare anche le alte temperature e mostrare tutte le qualità del vetro, senza possederne la «fragilità»[29], e grazie alla sua scoperta costruisce «giocattoli di gas aeriforme colorato»[30]. Anche qui l'insostanziale si fa sostanza concreta e viene gettato un ponte tra scienza e pratiche esoteriche (i coniglietti meccanici con i quali Hopkins dissemina la città che si oppone ai suoi progetti sono indistinguibili da quelli autentici, appaiono dotati di vita propria: l'homunculus si invera grazie all'ingegneria), e il fenomeno visivo che corrisponde al processo è quello dell'irraggiamento, del bagliore, del lampo. Al sindaco che ha vietato a Hopkins l'apertura di una fabbrica di giocattoli costruiti secondo i suoi principi, la portata del disegno di rivalsa dello scienziato si rivela in una visione fiammeggiante:

Intorno alla parola che con lettere giganti si stagliava fino al cielo, la tremenda parola 'indistruttibili', saltellavano sterminate schiere di conigli, salivano e scendevano lungo i caratteri di stampa come gatti, con le loro facoltà accresciute come per magia, e fissavano tutti con occhi di vetro rossi e spenti un unico punto, al quale il sindaco, immobile nel suo letto, si sentiva inchiodato come in un sogno spaventoso[31].

28   *Ivi*, p. 106.
29   K. H. Strobl, *Der Triumph der Mechanik*, in Id., *Lemuria. Seltsame Geschichten*, cit., p. 311.
30   *Ivi*, p. 310.
31   *Ivi*, pp. 314-16.

La prospettiva di Strobl, che sembra aperta alle nuove sollecitazioni della scienza, è in realtà regressiva, tende a legittimare attraverso la scienza forme sapienziali eterodosse, le cui finalità sono proprio quelle di bypassare e in definitiva di negare la logica scientifica. In questo senso il più esemplare dei racconti dell'autore austriaco è *Das Grabmal auf dem Père Lachaise* (1913). La storia racconta di come Ernest, il protagonista-narratore, accetta di trascorrere un anno nel mausoleo di una nobildonna russa, situato nel cimitero parigino di Père-Lachaise, e incassare così i duecentomila franchi che la stravagante signora, da poco scomparsa, ha messo in palio per chi supererà la prova. Le condizioni per ottenere tale ricompensa sono rigorose, ma in apparenza non impraticabili: mai uscire dallo stretto spazio marmoreo della tomba e mantenere un silenzio assoluto con tutti, tranne che con il servitore Iwan, una caricatura umana che sa a malapena parlare, al quale tocca il compito di rifornire quotidianamente di cibo il recluso. Ernest, un giovane studioso di scarsi mezzi finanziari, affronta di slancio la forzata clausura nella speranza di dedicare al suo grande progetto il tempo solitario che lo attende, quello di scrivere un'opera che compendi tutte le conoscenze in un sistema coerente e che ponga così un suggello definitivo sull'epoca del Positivismo: «Porterò qui a compimento le mie riflessioni sulla decadenza e la finitezza della materia, dalle singole osservazioni, dalle sorprese che la scienza ci ha apparecchiato negli ultimi decenni, costruirò un sistema che porterà il mio nome»[32].

Ma quell'opera è il racconto stesso, e la coerenza del sistema si sfalda in un progressivo precipitare verso l'irrazionale, attraverso le cui trame la defunta madame Anna Feodorowna Wassilska torna a manifestarsi come presenza spettrale, ma concreta e – novella contessa Batory – assetata di sangue, dissolvendo così ogni illusione di una possibile appropriazione coerente del mondo. Anche qui, peraltro, l'elettricità sembra agire sulla base delle stesse forze occulte che si oppongono alla volontà umana di razionalizzazione. Il protagonista, che ha trascritto i suoi appunti con un complicato e metodico sistema di biglietti colorati («Bianchi quelli sui quali ho trascritto i miei pensieri. Azzurri quelli sui quali sono riportate le opinioni contrastanti di altri

---

32 K.H. Strobl, *Das Grabmal auf dem Père Lachaise*, in *Das unheimliche Buch*, hrsg. von F. Schloemp, Georg Müller, München 1914, p. 54.

studiosi. E gialli quelli sui quali io confuto tali opinioni»)[33] li ritrova al
mattino sparpagliati a terra in una confusione inestricabile: «erano pesanti, era difficile sollevarli dal marmo freddo, come se delle forze
elettriche li incollassero alla sua superficie».[34] Oltretutto, come se trat-
tenesse la luce del giorno, il marmo entro cui si svolge ora l'esistenza
di Ernest emana di notte un chiarore, «un debole lucore verdastro,
perfettamente visibile, che sembra irradiarsi dalle pareti, dal marmo,
senza alcuna causa evidente»[35], e che porta il protagonista alla conclusione, «che si tratti di un nuovo genere di luce, forse di radiazioni che,
come i raggi Röntgen, penetrano i metalli, e che sotto determinate
condizioni, con un particolare angolo di rifrazione, hanno la proprietà di renderli invisibili»[36]. In un primo momento Ernest tenta di mantenere la situazione entro i confini del conoscibile e del verificabile,
anche se ancora non inquadrato dall'esperienza («non nutro più alcun
dubbio che nel marmo di questo sepolcro agiscano delle energie inter-
molecolari che fino a oggi sono sfuggite alla scienza»)[37], ma presto
deve prendere atto che la radiazione misteriosa contrasta con ogni legge conosciuta:

> Questi raggi chiaramente visibili, dai quali ci si aspetterebbe che rispetti-
> no le leggi dell'ottica, non possono essere interrotti, né polarizzati, né de-
> viati mediante campi magnetici o elettrici. In realtà non possiedono – e la
> cosa è addirittura inquietante – uno spettro di alcun tipo. Attraversano il
> prisma come se fosse vetro comune, ne fuoriescono allo stesso modo in
> cui vi sono penetrati, una lente non è in grado di concentrarli né di dif-
> fonderli. Non mostrano alcuna reazione chimica e non lasciano traccia
> sulla lastra fotografica.
> Mostrano il più estremo disprezzo nei confronti di ogni legge naturale[38].

Le pareti della cripta si animano, diventano vive, mostrano «i disegni e le vene della pietra»[39], e in quella luce che dovrebbe apportare

---

33   *Ivi*, p. 59.
34   *Ibidem.*
35   *Ivi*, p. 72.
36   *Ivi*, pp. 64-65.
37   *Ivi*, p. 66.
38   *Ivi*, pp. 72-73.
39   *Ivi*, p. 67.

argomenti nuovi e decisivi alla sua «opera definitiva sul decadimento della materia»[40], Ernest inizia ad andare alla deriva, per cadere poi del tutto in balia delle forze destabilizzanti e occulte che ne fanno una vittima della sanguinaria signora, fino all'obnubilamento e alla follia con la quale si consuma lo strappo definitivo con ogni illusione di comprensione e di controllo razionale della realtà.

Come in *Das Grabmal auf dem Père Lachaise*, anche altrove in Strobl (nel già rammentato *Die gefährlichen Strahlen*[41], ad esempio, costruito sugli esperimenti di un geniale ed eccentrico scienziato che hanno per oggetto i «raggi misteriosi di recente scoperta, le singolari fonti energetiche della radioattività»[42]; e nel romanzo più famoso di Strobl, *Eleagabal Kuperus*, del 1910, il gabinetto di lavoro del protagonista-mago in cui vengono realizzati i più straordinari esperimenti scientifico-alchemici è immerso nella luce di «poderosi raggi viventi»[43]) la radiazione luminosa è manifestazione sensibile del caos, di ciò che in *Umsturz im Jenseits*[44] vengono chiamati i «perturbamenti nella relazione tra cause ed effetti che hanno luogo contemporaneamente e in ogni luogo della Terra»[45]. Nel caso di questo romanzo il fenomeno prende il nome di «La misteriosa luce delle Ande»[46], e così viene descritto: «Si trattava di una strana radianza che fino a quel momento non era mai stata registrata e che, scaturendo dalle cime delle alte Cordigliere, occupava la metà del cielo con vivida luce, visibile fino a centinaia di chilometri di distanza»[47].

I ricercatori che si inoltrano alla ricerca della sorgente delle misteriose radiazioni si imbattono in «raggi enigmatici, non ancora noti alla scienza, capaci di attraversare qualsivoglia sostanza»[48], che li condurranno anche in questo caso alla follia e alla morte. Con la sua tendenza a una resa regressiva alle forze della distruzione e del dissolvimento (ciò che Winfried Freund sintetizza come «il fallimento di ogni

---

40   *Ibidem.*
41   Cfr. n. 23.
42   K. H. Strobl, *Die gefährlichen Strahlen*, Fontane & Co., Berlin 1906, p. 85.
43   K. H. Strobl, *Eleagabal Kuperus*, Müller, München 1910, Bd. 1, p. 13.
44   Cfr. n. 26.
45   K. H. Strobl, *Umsturz im Jenseits*, Edition Geheimes Wissen, Graz 2010, p. 63.
46   *Ivi*, p. 64.
47   *Ibidem.*
48   *Ivi*, p. 70.

tentativo umano di trovare una direzione e un senso nell'inspiegabile e nel misterioso dell'esistenza umana»)[49], il pensiero di Strobl, alla fine, sembra sintetizzato in ciò che afferma il professor Gerngruber in *Take Marinescu* (1916), un racconto che rielabora il tema dello specchio e del doppio in chiave di scontro tra la modernità e l'ancestralità, rappresentata dal popolo zingaro:

> Le scimmie si meravigliano molto quando vedono la loro immagine riflessa in uno specchio e poi, quando vi girano intorno, non trovano nulla. Il passo successivo è la paura di fronte a quell'apparizione. Poi ecco che arriva l'uomo, e lo specchio adesso è un oggetto riguardo al quale nell'ottica si possono leggere numerosissime leggi. Ha le sue regole e il suo posto nel mondo e tra i suoi fenomeni. Il passo successivo, e dai nostri nervi e dalla nostra fantasia torna a scaturire l'antica angoscia primordiale, poiché sappiamo benissimo che, con tutte le nostre interpretazioni e le nostre leggi, non siamo in grado di spiegare e di risolvere un bel niente[50].

3.

La radianza, così come è tematizzata in molte opere di Strobl, attraverso la sua immaterialità sensibile è sintomo tangibile del passaggio dalla dimensione tecnica a quella mitica, in cui la paura della tecnica e la sua neutralizzazione attraverso la riduzione a categorie che concettualmente le si oppongono traduce una sostanziale paura del futuro, che nasce in contrasto con l'entusiasmo per il futuro della cultura positivista, nel solco di un'idea conservativa, se non restaurativa, e comunque antiprogressista. In questo senso è paradigmatico il racconto di Karl Grunert (1865-1918) *Die Maschine des Theodulos Energeios* (1911). Costruita secondo lo schema di un dialogo leggero tra due scienziati, come in uno dei molti racconti di Kurd Laßwitz[51], la

---

49   W. Freund, *Krisen – Chaos – Katastrophen. Die phantastische Erzählliteratur von Kubin bis Kasack*, cit., p. 92.

50   K. H. Strobl, *Take Marinescu*, in Id., *Lemuria. Seltsame Geschichten*, cit., p. 129.

51   Karl (o Carl) Grunert fu in effetti uno degli autori che, insieme a Robert Kraft e Oskar Hoffmann, contese a Laßwitz il titolo di 'Jules Verne tedesco'. Scrive Dieter von Reeken, cui si deve la recente ristampa delle opere di Grunert: «Carl Grunert kannte und schätzte zwar seit seinem zwölften Lebensjahr Jules Verne, vor allem aber war er

storia di Grunert narra del ritrovamento di un apparecchio messo a punto dallo scienziato greco Energeios nel 1808 e poi da lui abbandonato. Rimessa in funzione più di un secolo dopo, la macchina, che si alimenta dell'energia della radioattività (e che mira, per inciso, a uno scopo a sua volta mitico più che scientifico: il moto perpetuo)[52], succhia la vita a chi ne fa uso, come se le radiazioni fossero un'entità vampiresca dotata di volontà propria. Come in *Das Grabmal auf dem Père Lachaise* di Strobl, attraverso la radianza cadono i confini tra mondo fisico e ultrafisico:

> L'interno dell'anfora di terracotta era coperto di cristalli fosforescenti!
> E quei cristalli erano vivi!
> Mutavano incessantemente forma e dimensioni, crescevano e si agitavano!
> Al mio amico riuscì di afferrare con la pinzetta uno dei cristalli più grandi, che si muoveva in fretta. Se lo pose nel cavo della mano. Ma anche colà la straordinaria creatura continuava a mutare posizione.
> Prese il cristallo tra le punte delle dita.
> «È elastico!», esclamò, trasferendolo nella mia mano.
> Lo esaminai a mia volta, serrando la mano e stringendola. Era come se le mie dita trattenessero qualcosa di vivente che si divincolava da quella sua prigionia[53].

[...] ein großer Bewunderer und Verehrer des "Vaters der deutschen Science Fiction", Kurd Laßwitz, dem er nachzueifern versuchte, wozu er sich auch offen bekannte, also kein bloßer Plagiator sein wollte» [D. von Reeken, *Carl Grunert*, in «Phantast», 7 (2012), https://issuu.com/phantasteglseer/docs/phantast07, ultimo accesso: 24.2.2018].

52   Quello dell'invenzione del moto perpetuo sembra un motivo ricorrente nel primo Novecento, in cui ancora una volta è in primo piano il campo di interferenza tra tradizione esoterica e fiducia nella scienza (con la resa di quest'ultima a principi a essa irriducibili): oltre ai noti, bizzarri progetti di Scheerbart, culminati in *Das Perpetuum mobile. Die Geschichte einer Erfindung* (1910), il tema ritorna in *Umsturz im Jenseits* di Strobl: qui lo scienziato-avventuriero Petrus Merkl realizza un propellente rivoluzionario, sulla base della scoperta, «dass Gase, die man bei starkem Druck und höher Kälte verflüssigt hat, in unbegrenzten Mengen Elektrizität aufspeichern können» (K. H. Strobl, *Umsturz im Jenseits*, cit., pp. 30-31); tale invenzione «verwirklicht zum ersten Male die volle Freiheit des Fluges [...], indem sie – Kleinigkeit! – so nebenbei das alte Problem des Perpetuum Mobile löst»; *ivi*, p. 31.

53   K. Grunert, *Die Maschine des Theodulos Energeios*, in «Das neue Universum», 43 (1922), p. 9.

I due protagonisti scopriranno a loro spese che, ancora una volta, giocare con forze sconosciute equivale a sollevare il coperchio del vaso di Pandora:

A un tratto il mio amico mi prese per un braccio e disse, come in preda al panico: «Lei lo sa che cosa si è accumulato in questi cristalli prodotti dal nostro esperimento fallito?»
«No... che cosa?»
Mi lanciò di nuovo uno sguardo indagatore e poi mi condusse di fronte al minuscolo specchio che sovrastava le attrezzature del laboratorio.
Allora mi vidi... ero invecchiato all'improvviso!
E quando la maschera ricadde dal volto del mio amico, scoprii anche su di lui gli stessi segni rivelatori!
La vita si era accumulata nei cristalli danzanti, la vita della nostra vita, l'essere del nostro essere, l'energia della nostra energia!
Il vecchio Theodulos Energeios aveva avuto ragione! Nonostante tutte le precauzioni che avevamo preso contro la materia radioattiva, l'azione devastante della macchina si era ripetuta su di noi: la terribile macchina aveva ricavato da noi la sua energia; dalle forze vitali del nostro organismo, per mezzo della misteriosa Dynamina, aveva succhiato l'energia motrice del suo meccanismo! Ed io pensai alle ultime righe del manoscritto del vecchio Theodulos Energeios che parlavano delle Parche e dei loro giocattoli... e al mio strano sogno[54].

Quelli dell'elettricità – della scienza – sono sabba di apprendisti stregoni che attingono all'inconoscibile e muovono forze infernali, illudendosi di governarle, come nei racconti del numero speciale di «Der Orchideengarten» che porta l'emblematico titolo di *Elektrodämonen*[55] e in cui, nonostante la piattaforma programmatica della

---

54   *Ivi*, p. 10.
55   Cfr. «Der Orchideengarten», 23 (1920), 2. Tra i testi che ospita questo numero, oltre a un vecchio racconto di H. G. Wells, *The Lord of the Dynamos* (1894), che è un grottesco sulla divinizzazione della macchina da parte di un selvaggio trapiantato a Londra, nel cuore della civiltà occidentale, vi sono due grotteschi di Alfons von Czibulka (*Das Wiehern in den Transformatoren*, che rende letterali e dotati di vita propria i cavalli che misurano l'energia delle turbine) e Karl zu Eulenburg (*Latuk*, in cui lo scienziato del titolo, convinto che nell'elettricità risiedano spiriti malvagi che la manipolano e rendono schiavo l'uomo, si trasferisce in un'isola tropicale sgombra da ogni contaminazione tecnologica), e un quarto racconto di Hans Reisiger che riassu-

Widmung editoriale[56], non si celebra tanto il progresso della tecnica, quanto l'inadeguatezza dell'uomo a fronte di tale progresso. Oppure come nel racconto di Ferdinand Weinhandl (1896-1973), *Das weiße Haus*, anch'esso uscito su «Der Orchideengarten», in cui, in un futuro non troppo distante, una nuova forma di energia viene scoperta e resa disponibile all'uomo, ingenerando l'illusione di segnare così un'ulteriore tappa nel processo inarrestabile del progresso e del dominio umano sulla natura:

> L'ingegnere addetto alla macchina mise mano alla leva che regolava l'afflusso di corrente. Una vampa di luce accecante fiammeggiò silenziosa nella stanza. Non si vedevano lampade che emettessero il raggio. Uniforme e compatto si diffondeva dalla volta, investiva i tavoli nella sala e oscurava gli archi luminosi che avevano illuminato l'ambiente fino a quel momento. Un senso di orgoglio crebbe nella mente dei presenti: in un momento decisivo la natura era stata ancora una volta domata e dominata. La natura, che agiva discretamente, sottraendo energia elettrica all'uomo per restituirla sotto una forma nuova, che non avrebbe potuto essere controllata con le vecchie centrali e gli antichi generatori[57].

Ma dietro la luce si nascondono ombre inquietanti. L'ingegnere Brook, dopo aver assistito alla dimostrazione di quella meraviglia della tecnica che dovrebbe dischiudere nuove frontiere alla civiltà, si inoltra nel bosco per una passeggiata che presto acquista i contorni di un'esperienza simbolica e s'imbatte in una costruzione abbandonata:

me fin dal titolo – *Elektrischer Sabbat*, una visione lirica di una manifestazione naturale, un temporale, nel quale si manifestano e si scatenano demoniache forze elettrico-sovrannaturali – la contaminazione programmatica di conoscenza scientifica e residui di superstizione premoderna che si cela dietro le intenzioni dei curatori.

56 «Alla fama mondiale dell'industria elettrotecnica della Germania dedichiamo questo numero speciale della nostra rivista, nel tentativo di rendere onore artistico all'incommensurabile valore del pensiero tecnico tedesco. Poiché questo ambito della tecnica non ha ancora trovato l'araldo che dia forma al suo mondo così profondamente simbolico e così plastico. Sua unica voce è ancora il progresso delle macchine, e invoca chi lo proclami in ritmica e in epos», in «Der Orchideengarten», 23 (1920), 2, p. 1 (il breve testo è firmato «DER VERLAG UND DIE SCHRIFT-LEITUNG», la casa editrice era il Dreiländer Verlag di Monaco, lo *Schriftleiter* della rivista Alfons von Czibulka).

57 F. Weinhandl, *La casa bianca*, in *Der Orchideengarten. Il giardino delle orchidee*, a cura di A. Fambrini, postf. di W. Catalano, Hypnos, Milano 2016, p. 134.

Bagnato dalla pallida luce della luna, l'edificio mostrava la sua facciata bianca di gesso, priva di decorazioni, un muro alto e sottile dietro il quale sembrava spalancarsi il vuoto dell'aldilà. Un silenzio stregato saliva come vapore dai cespugli a destra e a sinistra. Più avanti incombeva un bosco montano, scuro e spettrale nella notte nera come l'acciaio. Nel buio profondo, il gorgoglio sordo di un ruscello risuonava sopra la quiete piatta delle pareti bianche e sulla macchia illuminata dalla luna, e quel rumore sembrava l'eco mormorante delle forze primordiali della montagna e della terra. L'edificio silenzioso sembrava sospeso su una crosta sottile, sospeso su un abisso incommensurabile, privo di peso, come fatto di cenere di un biancore accecante[58].

In questo spazio sottratto al tempo Brook ha come una visione:

Una stretta scala di legno conduceva al piano superiore. Brook sbloccò una pesante porta di ferro e si ritrovò a guardare in una stanza posizionata più in basso, illuminata da un'abbagliante lampada ad arco. Un frastuono assordante lo investì insieme alla luce. E quando i suoi occhi si furono abituati alla luminosità, videro sulla destra la dinamo che era stata presentata quella sera nel Palazzo dell'Unione e che ora si mostrava in piena azione in tutto il suo fiabesco splendore. Non fece in tempo a realizzare quali possibili intenti criminosi avessero potuto trasportare lì la macchina, che vide in un angolo, di spalle, un ometto verde che, accoccolato per terra, la fissava intento. Nel mezzo della parte sinistra della stanza, tuttavia, rombava un'altra pesante macchina luminosa, di un modello in apparenza molto vecchio. Brook non ricordava di averne mai viste di simili[59].

Le forze che governano l'energia elettrica cessano di essere conoscibili e si personificano in entità dotate di volontà e di scopo, che per l'uomo assumono i contorni di divinità demoniache intente a combattere una partita incomprensibile e mortale. Il mondo che affiora dal loro scontro è quello caotico di un'apocalisse imminente, già implicita nello statuto delle cose e che aspetta solo il momento opportuno per manifestarsi, spazzando via le patetiche pretese umane di predominio sul reale:

58   *Ivi*, p. 135.
59   *Ibidem.*

All'improvviso, fluttuando fantasmatico sopra le potenze di un mondo primordiale e sotterraneo che combattevano nel buio, apparve un enorme voltmetro, avvicinandosi e acquisendo forma da una distanza sconosciuta. La lancetta che oscillava selvaggiamente si muoveva su una fredda scala fluorescente di un metro di diametro. Lo sguardo di Brook veniva attratto irresistibilmente dal lucore opaco della superficie circolare. Un senso di sgomento lo pervase. Al posto dei numeri c'erano parole, parole senza senso, ingannatrici, che occupavano la scala dello strumento. Con un'angoscia senza nome che minacciava di strappargli il cuore dal petto, Brook seguì il gioco della lancetta. Lo leggeva chiaramente, c'era scritto: «Io – sono – la Forza – inconcepita – libera – immutabile – apparenza – è – la mia metamorfosi – l'Europa – e – il mondo – inghiottirà – vittoria – la mia»[60].

La lancetta inizia poi a muoversi all'indietro, e a partire da quelle sue parole enigmatiche produce una sentenza minacciosa e folgorante:

La mia – vittoria – inghiottirà – il mondo – e l'Europa". Qui la lancetta si arrestò e rimase immobile. Il tempo scomparve. E ancora una volta, senza rendersene conto, gli occhi di Brook proseguirono sulle parole successive: "La mia metamorfosi – è – apparenza"[61].

Una volta rientrato in hotel, la dimensione rassicurante e ordinaria della quotidianità non dissolve l'impressione dell'abisso, e Brook decide di dare le dimissioni dal suo incarico. Alla ragione e alla sua presunzione di esercitare sovranità e controllo sul mondo dei fenomeni, non resta che abdicare.

L'abisso, da parte sua, non aspetta altro per prendere il sopravvento: dietro questi testi e questi autori – in Ewers e Strobl che, come molti autori di «Der Orchideengarten» si assimileranno alla destra estrema ed entreranno nelle fila del nazionalsocialismo – si legge in controluce non soltanto la radiografia di un mondo allo sbando dopo la crisi dell'epoca che ruota intorno alla Prima guerra mondiale, ma anche la diagnosi della direzione che presto assumeranno quegli impulsi alla rassegnazione, al nichilismo e all'irrazionale, quando si convertiranno in pensiero politico e in progetto ideolo-

---

60   *Ivi*, p. 136.
61   *Ibidem*.

gico. L'uomo alienato dalla tecnologia, che è ora quello di Spengler e sarà poi di Heidegger, resta fuori dalla storia anche quando sostituisce alla ragione le bussole incerte delle idee senza parole: i rituali di una religione della morte[62].

---

62   Cfr. F. Jesi, *Cultura di destra*, Garzanti, Milano 1979, pp. 5-10.

Vibrazioni, superfici, linee, forme: la riflessione sulle arti nel primo Hugo Ball

di Lorella Bosco

Un anno, il 1913: con questo esplicito e insistito riferimento cronologico si apre lo sguardo retrospettivo che nel suo 'diario' *Flucht aus der Zeit (Fuga dal tempo)*, pubblicato solo nel 1927, poco prima della morte prematura, Hugo Ball rivolge al percorso esistenziale e artistico che lo ha condotto dagli arditi sperimentalismi della *bohème* e del Dadaismo alla *fuga saeculi*, verso un cattolicesimo ascetico e misticheggiante. Il 1913, l'anno prima dello scoppio della guerra, è il momento storico in cui affiorano minacciosi i sintomi inquietanti di una contemporaneità verso cui Ball rivolge lucido e sprezzante la sua critica: la perdita di significato e valore del singolo, stritolato nei meccanismi inesorabili di «una sorta di fatalismo economico»[1] che si nutre di profitto e sopraffazione; «la necrofilia moderna»[2] di un materialismo sfrenato che nella sua mancanza di prospettive crede solo alla morte. E tuttavia si intravedono in questo desolato panorama i segni dell'avvento di un nuovo Eden dove trovare scampo al cieco dominio della tecnica e del capitalismo. «Dar forma, partendo dal mondo spirituale, a un organismo vivo, capace di reagire alla pressione più lieve»[3], questa la soluzione proposta da Ball quasi a mo' di slogan avanguardistico. Al tecnicismo della modernità Ball oppone, peraltro nel solco di una tradizione tedesca che affonda le sue radici nel Romanticismo, il recupero di forme organiche di esistenza e di corpo sociale, «uno stile di vita che resista alla possibilità dello sfruttamen-

---

1   H. Ball, *La fuga dal tempo. Fuga saeculi*, trad. it. e note di P. Taino, Campanotto, Udine 2006, p. 15. Qualora non diversamente indicato, le traduzioni dei brani citati sono di chi scrive.
2   *Ivi*, p. 17.
3   *Ibidem*.

to, una dedizione irrefrenabile al contrario di tutto ciò che è godibile
e strumentalizzabile»[4]. Tale intreccio di prassi e forma di vita, che il
tardo Ball scorgerà agambenianamente[5] nella regola di un'esistenza
ascetica e mistica, si rivela in questa prima fase della sua attività soprattutto nella pittura (di Kandinskij, di Picasso e dei futuristi) e nel
teatro. L'indicazione cronologica «1913», che scandisce le prime pagine della *Fuga dal tempo*, obbedisce quindi non tanto a un obbligo
di accuratezza autobiografica, quanto piuttosto al recupero di un'i-
dea di tempo e temporalità contrapposta all'ossessione economicista
della sua misurazione e messa a profitto. Il tempo come categoria della percezione dev'essere colto infatti nella sua dimensione ritmica legata alla scansione della forma-vita con il suo irriducibile eccesso che
sfugge a qualsiasi tentativo di organizzazione meccanica[6]. In questa
cornice va letta anche la riflessione sull'arte moderna e sulle sue distorsioni percettive che caratterizza i saggi composti prima della
guerra o nella fase immediatamente successiva all'esperienza del Cabaret Voltaire. Nel superamento di una funzione mimetica o psicologica, l'arte reagisce alla mutata percezione e frantumazione delle coordinate spazio-temporali, alle scoperte scientifiche che letteralmente
'atomizzano' l'immagine di un cosmo ordinato e razionale, al fenomeno della *Entzauberung* e alla cultura di massa della metropoli. In
questo senso va intesa anche la critica, ispirata a Nietzsche, della teoria kantiana della conoscenza che con i suoi apriori avrebbe piegato
gli oggetti e le manifestazioni del mondo visibile all'intelletto, secondo un procedimento in cui Ball avrebbe ravvisato inquietanti analogie con le strategie della *Realpolitik* prussiana[7]. Le rappresentazioni
artistiche apparentemente distorte di una realtà che è però essa stessa attanagliata dal demone della disarmonia conducono a un nuovo
paradiso, costituito secondo relazioni di linee, superfici, suoni, colori, ritmo e vibrazioni, nel tentativo di giungere alla creazione di un'au-

---

4   *Ivi*, p. 15.
5   G. Agamben, *Altissima povertà. Regole monastiche e forme di vita*, Neri
Pozza, Vicenza 2011, p. 7.
6   Su questo aspetto rinvio al mio *Flight Out of Time to the 'Fundamental'*
[zum Grunde]: *Hugo Ball's Diaries (1910-1921)*, in J. Baetens, S. Bru, D. De Geest,
D. Martens, B. Van Den Bossche, R. Vogelzang (eds.), *Time and Temporality in Literary Modernism (1900-1950)*, Peeters, Leuven 2016, pp. 99-110.
7   Cfr. H. Ball, *La fuga dal tempo*, cit., p. 21 (Berlino, novembre 1914).

tentica forma di vita del moderno mediante la palingenesi estetica del mondo. A questa incipiente *renovatio rerum* preludono le esperienze artistiche che Ball ha modo di compiere proprio a partire dal 1913 e che culmineranno nella breve fase del Dadaismo zurighese con le *performances* del Cabaret Voltaire.

Quadri e pittori

Quadri datati intorno al 1913. In pittura si è espressa una nuova vita, più che in ogni altra forma artistica. È iniziato un avvento visionario. [...] [I quadri, *scil.*] Riuscivano a esprimere una vita compiuta evitando lo sconfinamento nell'itinerario mentale. L'intelletto era escluso come un mondo depravato. Irrompevano vedute paradisiache. Il quadro faceva ogni sforzo per spezzare la cornice, tanto poderosa era l'energia che vi si agitava. Grandi eventi sembravano prender forma[8].

I dipinti trasmettono un'energia esplosiva che eccede e travalica i limiti della cornice, impedendo una fruizione limitata agli spazi istituzionalizzati della galleria e del museo. Essi sfidano le tradizionali categorie della visione e della percezione perché performativamente entrano in relazione immediata con la vita e con lo spettatore che le osserva. Come teorizzava in quel periodo Kandinskij in *Über das Geistige in der Kunst* (*Sullo spirituale nell'arte*), l'opera d'arte ha una sua vita autonoma, possiede «forze attive che continuano a produrre»[9] e a sviluppare pienamente le loro potenzialità nella sinergia che si crea con l'osservatore durante il processo di ricezione.

Nel corso del suo viaggio a Dresda nell'ottobre del 1913, Ball ha occasione di visitare una mostra dei futuristi italiani che aveva fatto tappa nel capoluogo sassone dopo il trionfo parigino del 1912. Nell'articolo *Die Reise nach Dresden*, pubblicato il 15 novembre dello stesso anno sulla rivista «Revolution», Ball documenta, in uno stile denso di pathos vitalistico e di immagini iperboliche[10], la vivida impressione

---

8   *Ivi*, p. 17 s.

9   W. Kandinsky, *Über das Geistige in der Kunst: insbesondere in der Malerei*, R. Piper, München 1912, p. 114.

10   Una distinzione fra elementi futuristi ed espressionisti non è agevole nella prima fase della ricezione del Futurismo in Germania. Cfr. in proposito R. Sheppard,

che questi quadri avevano destato in lui. Trasferitosi a Berlino nel 1914, Ball avrà poi modo di frequentare Herwarth Walden, il direttore della rivista «Der Sturm», che oltre a pubblicare i manifesti di Marinetti, aveva organizzato la prima mostra di arte futurista sul suolo tedesco. Già la descrizione di Dresda *in incipit* di articolo sembra trasformare la città, immersa nella festosa e insieme sinistra atmosfera della patriottica rievocazione della guerra di liberazione dall'invasore napoleonico, in una metropoli futurista in bilico tra apocalissi e rinascita[11], sottolineando il contrasto fra lo spirito sonnacchioso e retrivo che pervadeva le istituzioni ufficiali politiche e culturali della città sassone e i fermenti dei tempi nuovi, che proprio a Dresda, la culla della *Brücke*, avevano trovato alcuni degli sviluppi più suggestivi e avanguardistici, nello spirito della *Lebensreform*[12]:

Ecco Dresda: foglie gialle, stormi interi di canarini, volano attraverso l'aria. Esplosione di sole azzurro d'autunno. Parchi gialli, rossi, verdi avvolti nel gelo. Un accampamento di baracconi da fiera e di paccottiglia da mercatino. Un crepitare di stendardi rosso-verdi nel quartiere del Municipio: centenario delle Guerre di Liberazione. [...] Gracilmente barocco sorge il volto della città nero e fantastico con torri, campane e ponti nel cielo serale rischiarato dalla luna[13].

Dada und Futurismus, in W. Paulsen, H. G. Hermann (Hrsg.), *Sinn aus Unsinn. Dada International*, Francke Verlag, Bern-München 1982, pp. 29-70; H.-G. Schmidt-Bergmann, *Die Anfänge der literarischen Avantgarde in Deutschland – Über Anverwandlung und Abwehr des italienischen Futurismus*, Metzler, Stuttgart 1991, pp. 92-105; J. White, *Futurism and German Expressionism*, in G. Berghaus (ed.), *International Futurism in Arts and Literature*, de Gruyter, Berlin-New York 2000, pp. 39-74. Sulla ricezione del Futurismo, tutto sommato parziale e ambivalente, da parte di Ball, si veda inoltre il contributo di J. Kühn, *Ein deutscher Futurist. Die Futurismusrezeption Hugo Balls*, in «Hugo-Ball-Almanach», 3 (1979), pp. 86-103.

11   Cf. in proposito W.-M. Stock, *Denkumsturz. Hugo Ball: eine intellektuelle Biographie*, Wallstein, Göttingen 2012, p. 23.

12   Sulla dialettica di conservazione e avanguardismo nella città di Dresda, uno dei più importanti centri di diffusione dell'Espressionismo cfr. F. Almai, *Expressionismus in Dresden. Zentrenbildung der literarischen Avantgarde zu Beginn des 20. Jahrhunderts in Deutschland*, Thelem, Dresden 2005.

13   H. Ball, *Die Reise nach Dresden*, in Id., *Der Künstler und die Zeitkrankheit. Ausgewählte Schriften*, hrsg. und mit einem Nachwort versehen von H. B. Schlichting, Suhrkamp, Frankfurt am Main 1984, p. 11.

Il seguito della descrizione, dedicato ai dipinti futuristi (di Boccioni, Carrà, Russolo, Severini) presentati nella mostra della Galleria Richter, nota fin dalla metà degli anni novanta dell'Ottocento per la sua apertura nei confronti dell'arte delle avanguardie europee, ricorda nel lessico e nella concitazione espressiva le impressioni destate dalla pittura avanguardistica nel passo di *Fuga dal tempo* riportato sopra. Ball è affascinato dalla natura caotica, violenta, anarchica che sembra prorompere dai dipinti, dal loro vitalismo estatico[14]. Lo scrittore si sofferma in particolare su *Rivoluzione* di Luigi Russolo e su *I funerali dell'anarchico Galli* di Carlo Carrà, opere in cui la vibrazione di linee e colori, «che assaltano il cervello, sferzano il sangue», si trasmette con forza al corpo dell'osservatore come luogo primario della percezione, sottraendosi così a una comprensione razionale o intellettuale che smorzerebbe la loro dirompente carica energetica. La natura eccessiva, folle di questi dipinti permette di fare esperienza del sublime in una forma che, come ha mostrato Lyotard, porta al superamento della teoria kantiana, in quanto rompe con il paradigma che cerca di costruire la temporalità a partire dalla coscienza. Il dipinto appare allora come nuda presenza che si sottrae, nella sua materialità fatta di linee e colori, alla facoltà del soggetto di comprendere, giudicare e rappresentare, come 'resto' irriducibile che nella sua indeterminabile quiddità può solo suscitare domande, non fornire risposte. L'arte delle avanguardie allude al fatto «che *qualcosa accada*, o piuttosto e più semplicemente: *che accada*», «un evento»[15], che per un attimo sospende il nulla e a cui ci si apre senza possedere la certezza che esso si verifichi realmente. La *suspense*, il misto di piacere e dolore connesso all'esperienza avanguardistica del sublime, è legata alla consapevolezza che ciò che accade potrebbe anche non accadere, all'attesa e allo stupore per la rivelazione di una presenza nell'*hic et nunc*.

Questi quadri sono incomprensibili. Grazie a Dio! Essi vogliono comprendere tutto; per sbarazzarsene. Questi quadri costringono l'assoluta follia a manifestarsi. Si urla di paura e di orrore. Questi quadri sono quanto di più intimo, sconvolgente, grandioso e incomprensibile sia mai stato

---

14　Cfr. *ivi*, p. 12.
15　J.F. Lyotard, *Das Erhabene und die Avantgarde*, trad. ted. di H. Rutke e C.-C. Härle, in «Merkur», 38 (1984), pp. 151-164, qui p. 152.

prodotto a memoria d'uomo. [...] [Essi] nel loro dirompente, smisurato dinamismo, nella gloria della loro potenza di irradiazione, nella loro segreta vibrazione elettrica e radioattività annunciano la rivoluzione del sovvertimento, della malattia estatica che anela a una eruzione; i comparti nervosi e i campi ritmici della morte, della luce, delle dinamo e degli atomi primordiali. [...] Follia e rivoluzione: ululare di cose mozzafiato che verranno, che verranno[16].

L'attesa apocalittica della rivoluzione si fonde, come è evidente alla fine della citazione, con il presagio di un nuovo ordine, di un ritorno a un mondo primigenio delle origini che scaturirà da questa violenta palingenesi. I dipinti svolgono una funzione profetica perché non si limitano ad annunciare ciò che accadrà, ma indicano l'inizio di un processo destinato a compiersi. La concezione performativa dell'arte come evento, slegata da una funzione mimetica, incide immediatamente sul reale e chiama ad esistere ciò che ancora non è, ma verrà. L'articolo di Ball sulla mostra dei futuristi assume pertanto i toni del 'manifesto' inneggiante a una nuova arte la cui epifania gli si rivela a Dresda. Il ricorso alla semantica dei processi energetici ed elettrici che caratterizza l'opera del primo Ball va letto in quest'ottica non come un semplice ossequio alle nuove scoperte scientifiche e agli aspetti più dinamici del moderno, ma piuttosto come l'evocazione di una categoria discorsiva onnipresente nel dibattito culturale tra Ottocento e Novecento[17], capace di fondere gli aspetti più dirompenti del progresso tecnologico con la natura ominosa del fenomeno artistico. Come da etimologia, l'energia stabilisce una comunicazione immediata e invisibile tra corpi, soggetti, pensieri e oggetti, consentendo così ai dipinti di partecipare alla trasformazione che è alla base della vita e del divenire. Nel pathos dionisiaco dell'articolo Ball rivela inoltre l'influsso della fisiologia dell'arte così come era stata formulata dall'estetica nietzschiana[18] (sul filosofo Ball aveva cominciato a scrivere la sua tesi di dottorato, mai portata a termine, dal titolo *Nietzsche in Basel. Eine Streitschrift*).

16   H. Ball, *Die Reise nach Dresden*, cit., p. 12 s.
17   Cf. in proposito B. Gronau (Hrsg.), *Szenarien der Energie. Zur Ästhetik und Wissenschaft des Immateriellen*, transcript, Bielefeld 2012.
18   Vedi in proposito H. Schmidt-Bergmann, *Hugo Ball und Nietzsches 'Physiologie der Kunst'*, in «Hugo-Ball- Almanach», 17 (1993), pp. 59-84.

Le riflessioni balliane intrattengono non da ultimo un debito enorme verso l'opera, pittorica, letteraria, teatrale e teorica, di Kandinskij, cui sarà dedicato un altro importante scritto, la conferenza *Kandinskij*, che Ball terrà alcuni anni dopo, nell'aprile 1917, durante la breve esperienza di direttore della Galleria Dada. La fase della sua attività nel Cabaret Voltaire si era già interrotta bruscamente nel luglio dell'anno precedente con la partenza per Vira-Magadino. Hugo Ball aveva conosciuto il pittore a Monaco di Baviera tra il 1912 e il 1913, all'indomani della pubblicazione dell'almanacco «Der Blaue Reiter» e dello scritto *Sullo spirituale nell'arte*[19]. Insieme avevano elaborato un progetto di riforma del teatro che però non andò in porto a causa dello scoppio della guerra.

Il pittore russo svolge una funzione centrale nel processo di trasmissione e mediazione della lezione nietzschiana nella prassi artistica e teorica delle avanguardie. Non sorprende quindi il bilancio che Ball traccia nella *Fuga dal tempo*: «Poteva sembrare che la filosofia fosse passata agli artisti, come se loro soltanto fossero la fonte dei nuovi stimoli, i profeti della rinascita. Quando parlavamo di Kandinskij e Picasso non pensavamo a pittori, ma a sacerdoti: per noi non erano artigiani, ma creatori di nuovi mondi, di nuovi paradisi»[20]. Proprio Kandinskij nel suo *Sullo spirituale nell'arte* aveva rigettato con veemenza l'idea di un'arte rivolta al passato, auspicando invece l'avvento di una che fosse figlia del proprio tempo e pregna delle potenzialità dell'avvenire, in grado quindi di divenire «madre del futuro»[21]. Essa avrebbe recato in sé una «rigenerante forza profetica che può esercitare un'azione ampia e profonda»[22]. Per descrivere la facoltà dell'arte di incidere sul reale, Kandinskji aveva stabilito un'equivalenza tra *Werkschöpfung* (creazione dell'opera) e *Weltschöpfung* (creazione del

---

19   Su Ball e Kandinsky cfr. A. Mößer, *Hugo Balls Vortrag über Wassily Kandinsky in der Galerie Dada in Zürich am 7.4.1917*, in «Deutsche Vierteljahrsschrift für Literaturwissenschaft und Geistesgeschichte», 51 (1977), pp. 676-704. Vedi inoltre il fondamentale saggio di D. Kammler, *Die Auflösung der Wirklichkeit und Vergeistigung der Kunst im 'inneren Klang'. Anmerkungen zum Material-, Künstler- und Werkbegriff bei Wassily Kandinsky und Hugo Ball*, in «Hugo-Ball-Almanach», 7 (1983), pp. 17-55.

20   H. Ball, *Fuga dal tempo*, cit., p. 18.

21   W. Kandinsky, *Über das Geistige in der Kunst*, cit., p. 9.

22   *Ibidem*.

mondo)[23], avvalendosi di una terminologia che Ball avrebbe poi ripreso. Infatti la sua conferenza del 1917 conterrà lunghe citazioni e parafrasi di passi tratti dagli scritti teorici del pittore russo. Gli artisti moderni, annoterà qui Ball, ormai sciolti dall'osservanza del principio mimetico, «creano immagini che non imitano più la natura, ma la accrescono di nuove, finora sconosciute manifestazioni e di segreti»[24]. Essi creano «Existenzen» che solo per convenzione linguistica vengono definite dipinti, pur essendo pienamente parte del mondo organico. Il dissolversi delle tradizionali categorie di percezione porta gli artisti moderni, di cui Kandinskij rappresenta l'alfiere, a staccarsi dalle lusinghiere e ingannevoli apparenze del mondo fenomenico per percorrere invece il sentiero che porta all'interiorità delle cose, alla pura forma, astrazione fatta di linee, colori e vibrazioni. Gli artisti sono perciò «nei confronti del mondo asceti della loro spiritualità. […] Le loro opere sono al contempo filosofia, politica e profezia»[25].

La conferenza dedicata a Kandinskij è suddivisa in cinque sezioni (*Il tempo, Lo stile, La personalità, Il pittore, La composizione scenica e le arti*). Questa ripartizione strutturale obbedisce, come nota Elena Agazzi, all'intento di un ritorno dai grandi ideali alla persona, dalla storia all'esperienza individuale, rivelando quindi «la rinascita dell'umanità nel microcosmo dell'artista»[26]. La conferenza parte dalle medesime premesse che avevano costituito l'avvio della riflessione dell'artista russo sulle mutate modalità di percezione e rappresentazione del reale alla base dell'arte moderna: «il mondo privato del divino dalla filosofia critica, la scissione dell'atomo nella scienza e la trasformazione in massa della popolazione nell'Europa odierna»[27]. La scoperta di una possibilità di scissione infinitesimale della materia libera il materiale artistico dall'osservanza di qualsiasi logica funzionalistica o convenzionale. L'artista acquista così la facoltà di organizzarlo e rielaborarlo

23   W. Kandinsky, *Rückblicke*, in Id., *Kandinsky 1901-1913*, Der Sturm, Berlin 1913, p. XIX.
24   H. Ball, *Kandinsky. Vortrag, gehalten in der Galerie Dada*, in Id., *Der Künstler und die Zeitkrankheit*, cit., p. 44.
25   *Ivi*, p. 43.
26   E. Agazzi, *Religion und Geistlichkeit im Werk von Hugo Ball*, in S. Vietta, S. Porombka (Hrsg.), *Ästhetik – Religion – Säkularisierung*, W. Fink, München 2009, vol. II (*Die klassische Moderne*), pp. 125-138, qui p. 128.
27   H. Ball, *Kandinsky*, cit., p. 41.

in combinazioni sempre nuove in grado di far emergere l'interiorità degli oggetti, il loro intimo potenziale. «La teoria degli elettroni portò un'insolita vibrazione di tutte le superfici, linee, forme. Gli oggetti mutarono la loro struttura, il loro peso, le loro relazioni di opposizione e gerarchia»[28]. La preferenza per l'astrattismo e il rifiuto di una rappresentazione dell'esteriorità oggettuale distinguono nettamente agli occhi di Ball l'opera di Kandinskij da altre correnti avanguardistiche come l'Espressionismo e il Futurismo da un lato, il Cubismo dall'altro. Rispetto all'esaltazione della tecnica che caratterizzava il Futurismo, Kandinskij, in conformità con le sue convinzioni teosofiche, voleva invece rivendicare all'arte una sfera mistico-spirituale che le restituisse la sua aura perduta. Anche su questo punto le analogie con le teorizzazioni estetiche balliane, sviluppate negli esperimenti avanguardistici del Dadaismo e poi, in senso più spiccatamente religioso, nell'ultima fase della sua produzione, sono evidenti.

All'influsso di Kandinskij è legato non da ultimo il progetto di una riforma del teatro cui Ball, direttore dei Münchner Kammerspiele a partire dal 1913, si dedica strenuamente negli anni che precedono la guerra. Il nuovo teatro vagheggiato in questi progetti è chiamato a rivoltare in modo radicale l'assetto di quello tradizionale, definito impressionista, a favore di una nuova forma, chiamata invece 'espressionista' che dovrebbe segnare il ritorno all'origine cultuale dell'arte scenica, connessa alla ritualità e alla festa. Si tratta di un nuovo tipo di *Gesamtkunstwerk*, molto diverso, tuttavia, da quello wagneriano. Kandinskij fornisce un saggio del suo programma di innovazione della forma teatrale con due composizioni sceniche, *Der gelbe Klang* (*Il suono giallo*), pubblicato nel 1912 su «Der blaue Reiter», e *Der violette Vorhang* (*Il sipario viola*, 1914). In queste opere egli si prefigge la creazione di un *Monumentalkunstwerk*, in cui l'unione di tutte le arti nella loro materialità (che è intima, organica e specifica necessità) di suono, colore, movimento, linee e corpi non produca effetti sinestetici, ma faccia al contrario emergere le loro specifiche differenze mediali, permettendo così la scoperta di nuove possibilità espressive nella dissonanza[29].

---

28   *Ivi*, p. 42.
29   Cfr. *ivi*, p. 52. Sui progetti di rinnovamento del teatro elaborati da Ball cfr. anche E. Wenzel White, *The Magic Bishop. Hugo Ball, Dada Poet*, Camden House,

Kandinskij è perciò presente anche nel programma delle *soirées* dadaiste e costituisce un punto di riferimento essenziale del Cabaret Voltaire, pur nella eterogeneità delle posizioni rappresentate dai vari membri del gruppo. La concezione del *Lautgedicht* è da lui influenzata in misura determinante. Per Kandinskij, infatti, esiste una profonda analogia tra il linguaggio della musica e quello delle parole e dei colori. «La parola è un suono interiore»[30] e costituisce per questo motivo «il puro materiale della poesia e della letteratura, il materiale che solo quest'arte può utilizzare e mediante il quale essa parla all'anima»[31]. Le parole, al pari dei colori, delle forme e della musica, suscitano nell'animo delle vibrazioni che danno vita a loro volta a rappresentazioni astratte.

La concezione performativa delle arti che pone l'accento sulla loro natura processuale, di evento, si riverbera non da ultimo sull'artista stesso, illustrando quel programma di «trasposizione dell'arte nella prassi vitale»[32] che Peter Bürger ha ben individuato come costitutivo delle avanguardie. Così, nello sguardo retrospettivo di Ball, la personalità stessa di Kandinskij è un evento che nella sua iconicità rende immediatamente visibile la coesistenza di arte e vita, dato biografico e stile, *Vorbildlichkeit* e *Urbildlichkeit*. Al pari dei dipinti dell'arte moderna che si impongono con spontanea veemenza allo spettatore, sfidandone le usuali modalità di percezione, l'artista russo è «pura presenza», in grado, per il fatto stesso di viverci, di conferire a Monaco il rango di città capofila del moderno. In Kandinskij si manifesta quel processo di ridefinizione del confine tra oggetto e soggetto che porta l'artista a inventare ogni giorno la propria vita affinché essa possieda un carattere esemplare, una coerenza *in fieri* tale da rendere superflua la ricerca di un confine netto fra finzione e autenticità, opera e creatore, menzogna e verità. «Il suo [di Kandinskij, *scilicet*] obiettivo ultimo era non solo creare opere artistiche, ma anche rappresentare l'Arte come tale. L'intento che inseguiva era quello di essere esemplare in

---

Rochester 1998, pp. 63-79. Nel saggio *Reise nach Dresden* Ball aveva descritto inoltre la prima de *L'annunciazione* di Claudel, criticando proprio gli effetti sinestetici suggeriti dall'utilizzo delle luci nella messinscena del pittore russo Alexander von Salzmann.

30   W. Kandinskij, *Über das Geistige in der Kunst*, cit., p. 28.
31   *Ivi*, p. 30.
32   P. Bürger, *Theorie der Avantgarde*, Suhrkamp, Frankfurt am Main 1974, p. 72.

ogni singola manifestazione»[33]. L'artista, ormai sciolto da ogni imperativo mimetico nei confronti della realtà, può estrinsecare tutta la sua forza creatrice, liberando il potenziale produttivo della materia e servendosene per la sua attività. L'opera d'arte così prodotta conduce «una vita autonoma, diventa personalità, un soggetto autonomo dal respiro spirituale che conduce una vita materiale e reale, che è un essere»[34]. Date queste premesse, l'artista stesso può divenire il materiale della sua opera, come scrive Ball: «*Producere* significa far uscire, inventare un'esistenza. Non è necessario che si tratti di libri. Si possono anche produrre artisti»[35]. La presenza qui evocata è la cosa in sé. Essa travalica la dimensione della visibilità e della rappresentabilità[36], in «un incrocio di teoria estetica e teologia dell'immagine»[37] che, come nota Gabriele Guerra, costituisce la cifra distintiva e unificante della pur complessa produzione balliana.

Corpi in scena

La coincidenza di individualità ed esemplarità come obiettivo di un processo performativo spiega il ruolo centrale cui assurge il teatro nella riflessione estetica del primo Ball. L'arte infatti, annota lo scrittore il 25 marzo del 1917, deve concentrarsi sull' «incondizionato e tipico», sul «mondo delle immagini e degli archetipi»[38]. Tali aspetti emergono non da ultimo nelle innovazioni nel linguaggio scenico prodotte da registi come Reinhardt, la cui scuola Ball aveva frequentato a Berlino dopo aver interrotto gli studi universitari, ma soprattutto in uomini di teatro come Frank Wedekind.

33   H. Ball, *Fuga dal tempo*, cit., p. 19.
34   W. Kandinsky, *Über das Geistige in der Kunst*, cit., p. 132.
35   H. Ball, *Fuga dal tempo*, cit., p. 54 (1 marzo 1916).
36   Su questo snodo cruciale dell'opera di Ball cfr. C. Hilmes, *Das inventarische und das inventorische Ich. Grenzfälle des Autobiographischen*, C. Winter, Heidelberg 2000, qui pp. 167-204.
37   G. Guerra, *Hugo Ball e la vera immagine dell'arte. Riflessioni estetico-teologiche*, in «Links. Rivista di letteratura e cultura tedesca», 8 (2008), pp. 41-51, qui p. 49. Per un'ampia trattazione di queste problematiche rinvio a inoltre a D. Padularosa, *Denken im Gegensatz: Hugo Ball. Ikonen-Lehre und Psychoanalyse in der Literatur der Moderne*, Peter Lang, Bern-Berlin-New York 2016.
38   H. Ball, *Fuga dal tempo*, cit., p. 90.

Negli anni fra il 1910 e il 1914 tutto per me è stato teatro: la vita, le persone, l'amore, la morale. Il teatro rappresentava la libertà inafferrabile. In questo senso, l'impressione più forte è venuta da uno scrittore trasformatosi poi in sinonimo di rappresentazione cinica e terrificante: Frank Wedekind[39].

A lui Ball dedica nel 1914 il saggio *Wedekind als Schauspieler* (*Wedekind come attore*). Il testo ruota non a caso sulla nozione di «presenza», evocata dall'attore Wedekind al suo apparire sul palcoscenico. Al centro delle riflessioni balliane sta la fisicità di Wedekind e la sua nuova prassi attoriale che, prescindendo da qualsiasi tecnica di recitazione, si impone immediatamente all'attenzione del pubblico, contraddicendo una nozione di teatralità orientata al naturalismo mimetico o alla letterarietà. Ball plaude all'avvento di un'epoca talmente permeata da una prassi quotidiana del teatro che farà parte «della formazione individuale saper essere anche attore. Dove la recitazione viene praticata come uno sport, così come tutti gli altri ambiti della formazione: scienza, religione, comporre versi, tenere discorsi. Un uomo di carne e spirito non si dovrà più vergognare quando gli si chiederà dove si è esibito di recente»[40]. Ball respinge con veemenza l'accusa di dilettantismo che la critica ufficiale aveva mosso a Wedekind a causa della sua insufficiente tecnica drammatica e dello spiccato coinvolgimento della propria individualità nelle figure portate in scena: «Attore è chiunque» questa è la tesi di Ball, «calchi un palcoscenico o un podio per dare il meglio di sé (coram publico). L'arte della trasformazione è irrilevante da quando tutti (in spirito) siamo diventati attori»[41]. Wedekind fa emergere la teatralità del mezzo teatrale, senza disdegnare le contaminazioni con il varietà, il cabaret e il circo, nello spirito di quella «Revolution des Theaters» auspicata da Georg Fuchs[42]. La sua recitazione sottolinea l'iperbole del gesto e la dizione monca e spezzata, mentre la corporeità dell'attore, apertamente esibita sulla scena, mette in discussione il con-

---

39   *Ivi*, p. 17.
40   H. Ball, *Wedekind als Schauspieler*, in Id., *Der Künstler und die Zeitkrankheit*, cit., pp. 15-18, qui p. 15.
41   *Ibidem*.
42   Su questo punto cfr. anche T. Bock, *»Eine lebendige Zeitschrift gewissermaassen.« Hugo Ball und die literarische Bühne. Eine Annäherung*, Verbrecher Verlag, Berlin 2016, pp. 32-44.

fine «tra interiorità ed esteriorità», «pubblico e privato», opponendosi
così al modello di teatro psicologico, contro cui Ball aveva già rivolto i
suoi strali polemici nel saggio omonimo. Il corpo fenomenico dell'attore torna prepotentemente al centro della rappresentazione scenica, opponendosi a un suo impiego in senso semiotico in funzione di un ruolo
e di un significato attribuitogli dal drammaturgo o dal regista, secondo
le convenzioni del teatro psicologico e realistico, andatesi via affermam-
do nella teoria e nella prassi scenica a partire dalla seconda metà del Settecento[43]. Il pubblico non percepisce così più il personaggio cui l'attore
da vita con il suo corpo, ma Wedekind nella sua concreta individualità
in tutti i ruoli. Egli si muove sulla scena come un consumato *performer*,
più che come un attore. Se a Kandinskij Ball deve l'impulso teorico a
una riforma del palcoscenico, è Wedekind però a dimostrare la concreta possibilità di un altro teatro, in cui l'attore abbatte la distanza tra la
sua individualità e quella del personaggio, rifiutando la nozione tradizionale di interpretazione come immedesimazione nella parte, per ritrovare invece attraverso la sua personalità sulla scena l'autenticità della recitazione. Allo spettatore si offre così lo spettacolo di quell'unità di arte
e vita che Wedekind con le sue *performances* e indipendentemente dai
ruoli incarna, finendo così sempre per inscenare se stesso e la sua personalità di autore: «Ciò che prima era scrittura è diventato vita»[44]. La sua
carismatica vitalità sul palco viene descritta ricorrendo alla medesima
sfera semantica dell'elettricità che aveva caratterizzato i quadri futuristi:
«Quando per strada si imbatte in un tram, lo costringe a scostarsi»[45].
Wedekind fa letteralmente vibrare la scena e avvince gli spettatori come
un mago o uno sciamano: «Ipnotizza. […] Non fa teatro. Lo occupa, lo
sequestra»[46]. L'unico che possa tenergli testa in quanto a carisma e presenza scenica è non a caso Nijinski, il fauno danzante che con la sua selvaggia corporeità e le sue radicali innovazioni aveva incantato e scanda-
lizzato il pubblico di mezza Europa. Il paragone rivela la costante
attenzione nutrita da Ball per l'arte coreografica in tutte le sue declina-

---

43   Cfr. E. Fischer-Lichte, *Was verkörpert der Körper des Schauspielers?*, in S. Krä-
mer (Hrsg.), *Performativität und Medialität*, W. Fink, München 2004, pp. 141-162.
44   H. Ball, *Wedekind als Schauspieler*, cit., p 16.
45   *Ivi*, p. 17.
46   *Ivi*, pp. 16 s.

zioni, come emergerà anche nelle attività del gruppo dadaista e nei suoi frequenti contatti con la scuola di Rudolf von Laban. Proprio nel fatidico anno 1913, Laban, il fondatore del moderno *Ausdruckstanz*, aveva aperto la «Schule für Kunst» a Monaco. Possedeva una residenza estiva ad Ascona e si era trasferito nel 1916 a Zurigo, intrattenendo intense relazioni con i dadaisti del Cabaret Voltaire. Laban era interessato al movimento in quanto espressione, al pari del linguaggio, di una ritmicità innata del corpo che non necessitava per questo motivo dell'accompagnamento musicale. Nel suo ideale di opera d'arte totale il coreografo vagheggiava l'unità immediata di parola, suono e movimento.

In *Fuga dal tempo* Ball descrive una danza eseguita da Sophie Taeuber, fidanzata di Hans Arp e danzatrice della scuola di Laban, all'apertura della Galleria Dada, rivelando così lo stretto legame esistente tra *Lautgedicht* (si tratta in questo caso del *Canto dei pesci volanti e degli ippocampi*) e coreografia:

> Danze astratte: un colpo di gong basta perché il corpo della danzatrice si rianimi e descriva fantastiche composizioni. Il ballo è diventato fine a se stesso. [...] Qui in particolare è bastata una sequenza di risonanze poetiche per spronare ognuna delle singole particelle di parole a prender vita sul corpo della ballerina, sezionato cento volte, in una maniera leggibile e singolarissima[47].

La danza non ha funzione di accompagnamento, ma è movimento di corpi che scaturisce dal profondo, naturale prosecuzione, con altri mezzi, del vibrare del gong. In essa diventano visibili i paesaggi marini, «un ballo tutto punte e spigoli, pieno di luce scintillante e di tagliente intensità»[48]. Il potenziale del *Lautgedicht* con le sonorità delle sillabe e il ritmo spezzato dà vita a movimenti coreografici in un *Gesamtkunstwerk* che porta in superficie la pura materialità di corpo e linguaggio, la struttura gestuale e atematica della danza moderna.

A Laban Ball dedicò nel 1917, conclusasi ormai anche l'esperienza della Galleria Dada, un saggio chiamato *Über Okkultismus, Hieratik und andere seltsam schöne Dinge* (*Su occultismo, ieraticità e altre cose*

---

47   H. Ball, *Fuga dal tempo*, cit., p. 91 (29 marzo 2017).
48   *Ibidem*.

singolarmente belle), che racconta di uno spettacolo tenutosi ad Ascona in occasione del Congresso dell'Ordo Templis Orientalis. Nel descrivere le esibizioni delle danzatrici lo scrittore delinea l'utopia di una corrispondenza tra corpo e segno come spazio di articolazione tra scrittura/ grafia / movimento / espressione dell'anima (*Seele*), denso di implicazioni mistiche ed occulte. Come il gesto della mano sul foglio, nelle sue molteplici varianti, durante l'atto della scrittura verga una traccia attraverso i segni grafici, così il movimento naturale del corpo, come lo concepisce il nuovo *Ausdruckstanz*, si sedimenta nelle linee, nella diversa intensità, altezza e direzione, della coreografia che inscrive ed ordina lo spazio in una relazione dinamica di corpo e segno, visibile e invisibile. Scopo della nuova danza è, in contrasto con gli ideali di un'epoca materialistica e utilitaristica, «l'educazione alla personalità»[49] attraverso l'intero ambito dell'euritmia. Ritorna dunque anche in queste riflessioni l'obiettivo di una unione di individualità e stile che era stato affrontato con sfumature diverse nei saggi prima analizzati. La «cultura espressiva nella danza, nel suono e nella parola» rappresenta perciò solo un aspetto di un progetto complessivo ritmico e culturale. Il nuovo danzatore deve prendere coscienza di se stesso «non solo come individuo, ma come parte del cosmo e dell'opera d'arte totale»[50], deve comprendere la matrice culturale e comunitaria della creazione artistica. La danza ritorna così alla sua primigenia funzione ieratica e liturgica, assurgendo in tal modo a un ruolo di primo piano nella prassi estetica. Arte, culto e danza sono per Ball aspetti di un medesimo fenomeno. Egli descrive poi con una serie ardita di analogie intermediali lo stile di tre danzatrici di Laban (Mary Wigmann, Raya Belensson e per l'appunto Sophie Taeuber), enfatizzando

---

49   Questa citazione e la successive da H. Ball, *Über Okkultismus, Hieratik und andere seltsam schöne Dinge*, in Id., *Der Künstler und die Zeitkrankheit*, cit., p. 54 ss. Vedi in proposito anche E. Wenzel White, *Von Seepferdchen und Flugfischen. Hugo Ball und der Tanz*, in «Hugo-Ball-Almanach», 25 (2001), pp. 1-55. Su Ball e la Scuola di Rudolf Laban cfr. il contributo di C. Damman, *Dance, Sound, Word: The "Hundred Jointed Body" in Zurich Dada Performance*, in «The Germanic Review», 91 (2016), pp. 352-366.

50   Cfr. V. Loers, P. Witzmann, *Münchens okkultistisches Netzwerk* e P. Witzmann, *"Dem Kosmos zu gehört der Tanzende"* – *Der Einfluß des Okkulten auf den Tanz*, in B. Apke, V. Loers, I. Ehrhardt (Hrsg.), *Okkultismus und Avantgarde. Von Munch bis Mondrian*, Edition Tertium, Ostfildern 1995, pp. 238-241 e 600-645.

soprattutto a proposito delle prime due il carattere religioso e mistico-liturgico. La danza di Mary Wigmann ricorda la pittura di Rembrandt con i suoi chiaroscuri, «la mistica della superficie, il chiaroscuro, il contrappunto dei colori e della composizione; il grande, geniale linguaggio, trasfigurazione della linea interiore e l'improvviso risplendere di complessi psichici»[51]. L'uso plastico di colori dal forte impatto drammatico come il rosso e il nero conferisce alle sue esibizioni il carattere di vere e proprie passioni, nell'accezione liturgico-cultuale del termine. A proposito di Raya Belensson Ball parla invece di una danza dalla dimensione ancora più spiccatamente sacrale e religiosa: «Nulla le si addice maggiormente della lingua arcana dei segni liturgici»[52]. Come si evince in particolare da questa definizione usata da Ball, l'interazione corpo-scrittura, in particolare, si esprime attraverso l'uso di immagini e metafore mutuate dalla sfera dell'occulto o da quella religiosa dell'ascesi e della mistica. Vi è ovviamente anche un'allusione al sistema di notazione ideato da Laban per eludere la natura transitoria dei movimenti coreografici, fissandoli in una cinetografia composta di 1421 geroglifici che ne consentisse il *reeanactment* o almeno una sommaria registrazione. Ma i movimenti ieratici delle danzatrici fungono in quest'ottica da segni in cui si realizza l'incontro fra una dimensione visibile e una invisibile, percepibile e non percepibile dello spazio. Le scoperte scientifiche avevano dimostrato che la spazialità è solcata da un reticolo di onde elettriche, vibrazioni, fenomeni radioattivi. Con i passi delle danzatrici di Laban, la recitazione di Wedekind o i quadri di Kandinskij l'arte moderna restituisce quindi allo spazio una dimensione sacra, rendendolo il luogo in cui l'ominoso potrebbe forse ancora naturalmente manifestarsi, come epifania, ad esempio negli interstizi, qui marcati da un *Gedankenstrich*, della danza di Sophie Taeuber, «che ella – fa accadere»[53].

---

51   H. Ball, *Über Okkultismus, Hieratik und andere seltsam schöne Dinge*, cit., p. 56.
52   *Ivi*, p. 42.
53   *Ivi*, p. 57.

«Das Ich als Brennpunkt»?[1]
Distorsione e percezione nell'arte di Oskar Kokoschka
di Isabella Ferron

Introduzione

Le seguenti riflessioni si occupano dell'opera teatrale e pittorica dei primi anni di attività del drammaturgo e pittore austriaco Oskar Kokoschka (1886-1980). Considerato uno dei maggiori esponenti dell'Espressionismo[2], se si osservano e si leggono con attenzione le sue opere, pur riscontrando tratti comuni con il movimento artistico di cui egli subisce senza dubbio il fascino, il suo uso della distorsione visiva e sonora ha un ruolo e un valore completamente differente. L'insistente attenzione sulla percezione soggettiva, individuale del reale non è, in Kokoschka, solo il frutto di una stimolazione nervosa e cerebrale che porta a rappresentazioni dissonanti e distorte del mondo tali da far supporre uno sconfinamento nel patologico, bensì queste distorsioni e deformazioni sono un modo, per il giovane artista, di indagare il loro significato. In esse l'esperienza del singolo individuo,

---

1   Il titolo prende spunto da quello di una mostra organizzata al Leopold Museum, *Oskar Kokoschka – Das Ich im Brennpunkt* (04.10.2013-04.03.2014), curata da Tobias G. Natter, Franz Smola, Patrick Werner e Bernardette Reinhold. Cfr. T. G. Natter, *Kokoschka: das Ich im Brennpunkt. Eine Ausstellung in Zusammenarbeit mit dem Oskar-Kokoschka-Zentrum der Universität für angewandte Kunst Wien,* Brandstätter, Wien 2013, pp. 7-13; pp. 82-100; pp. 222-232.

2   N. J. Timpano, *Constructing the Viennese Modern Body: Art, Hysteria and the Puppet*, Routledge, New York-London 2017, pp. 1-43; C. Cernuschi, *Re/casting Kokoschka: Ethics and Aesthetics, Epistemology and Politics in Fin-de-Siècle Vienna*, Fairleigh Dickinson Univ. Press, Madison 2002, pp. 13-21, 51-73; M. Kletter, *Text-Bild-Verhältnisse im Expressionismus: eine Untersuchung des Zusammenwirkens von Literatur und Kunst anhand ausgewählter Beispiele illustrierter Texte von Alfred Döblin, Albert Ehrenstein, Georg Heym, Oskar Kokoschka und Mynona*, Verlag Dr. Kovač, Hamburg 2016, pp. 13-18, qui, pp. 38-44.

l'*Erleben* della realtà, ha un ruolo di primaria importanza nella comprensione del mondo. Al centro del presente lavoro ci sono due opere dell'artista *doppelbegabt*[3]: il dramma teatrale *Mörder, Hoffnung der Frauen* (*Assassino, speranza delle donne*, 1908)[4] e il dipinto del 1914 *Windsbraut* (*La sposa del vento*, conosciuto anche come *Tempesta,* titolo originario pensato da Kokoschka), oggi conservato al Kunstmuseum di Basilea. Sono due opere che appartengono alla prima fase della produzione artistica, ossia quella del suo arrivo a Vienna, caratterizzata dalla sua amicizia con Adolf Loos, dalla conoscenza e protezione di Gustav Klimt che, nel 1908, gli permette di esporre le sue opere alla *Kunstschau*, ma anche e soprattutto quello della sua iniziazione alla vita, agli affetti, alle grandi delusioni amorose e all'esperienza prebellica[5]. Esse rappresentano uno dei massimi artisti del Novecento e il suo viaggio 'iniziatico' nel mondo delle distorsioni percettive. Kokoschka si sente lontano da Rilke, da Hofmannsthal e da Thomas Mann, ha amici tra i musicisti come Schönberg, ama il teatro barocco degli dei e quello dei demoni di Nestroy, perché mostra un mondo in trasformazione, un ordine sociale come divino, in cui le figure tragicomiche sconfinano nell'irreale e si prendono gioco di tutti gli *Hanswurst*, cioè dei borghesi arricchiti che passeggiano per le strade di Vienna.

---

3   Secondo Dorle Meyer Kokoscha è uno di quegli artisti straordinari di inizio Novecento che, angosciati dalla crisi valoriale che dominava la società in cui vivevano e ispirati dalla filosofia e dalla scienza, esprimono la loro arte fortemente espressiva ed emozionale attraverso diversi mezzi di comunicazione che sanno magistralmente padroneggiare in modo interdisciplinare. Cfr. D. Meyer, *Doppelbegabung im Expressionismus. Zur Beziehung von Kunst und Literatur bei Oskar Kokoschka und Ludwig Meidner*, Universitätsverlag Göttingen, Göttingen 2013, pp. 7-43, 130-236, qui, pp. 258-265.

4   O. Kokoschka, *Mörder, Hoffnung der Frauen*, in Id., *Das Schriftliche Werk*, Bd. 1, *Dichtungen und Dramen*, hrsg. von H. Spielmann, Christians, Hamburg 1973; trad. it. di L. Secci, *Assassino, speranza delle donne*, Serra e Riva Editori, Milano 1981, pp. 3-16. Per il presente lavoro si è presa in considerazione la prima versione del dramma, pp. 3-8.

5   A. Husslein, J. Kallir, A. Weidinger (Hrsg.), *Klimt/Schiele/Kokoschka und die Frauen*, München-London-New York, Prestel 2015; T. G. Natter – M. Hollein (a cura di), *Die nackte Wahrheit: Klimt, Schiele, Kokoschka und andere Skandale*, Prestel, München-London-New York 2005.

Negli anni successivi, trascorsi viaggiando tra le città europee, da Berlino a Praga, da Dresda a Londra, in Italia, Grecia e Africa, Kokoschka si rende conto di quanto l'esistenza umana sia incontrollabile e di quanto sia fondamentale la coscienza della responsabilità individuale. Quest'ultima deriva dalle percezioni ricevute dall'esperienza del mondo attraverso i nostri sensi. La sua arte non mira alla creazione di mondi immaginari, ma a una comprensione del processo di osservazione e produzione nella pluralità delle voci, dei contrari e delle opposizioni, nella polarità di razionale e irrazionale, nel «Bewußtsein der Gesichte»[6], ossia nella «coscienza dei volti»: quest'ultima non è una condizione in cui si riconoscono e si vedono le cose, bensì la vita stessa, costituita dalle immagini che in essa fluiscono e la rappresentano.

1. L'«*Oberwildling*» e l'«*enfant terrible*». Distorsione e percezione nell'arte di Oskar Kokoschka

Giunto giovanissimo nella grande Vienna d'inizio Novecento, Kokoschka inizia la propria formazione umana e artistica in una società fortemente detentrice della tradizione, attorniato dal fiorire dirompente delle avanguardie, della psicoanalisi freudiana e dell'eredità dello shock causato dalla teoria darwiniana sull'evoluzione umana. Formatosi negli ambienti della Secessione viennese, attratto dalle opere dell'artista austriaco barocco Franz Anton Maulbertsch (1724-1796) e dalla pittura incisiva di Lovis Corinth (1858-1925), viene considerato in maniera quasi univoca dalla critica come un pittore espressionista, ma anche psicoanalitico, per la sua lettura in profondità dell'animo umano; tuttavia, come afferma più volte egli stesso nella sua autobiografia[7], il suo animo ribelle non aderisce e non si conforma mai del tutto alle tendenze artistiche ufficiali. Pur rimanendo affascinato dall'Espressionismo, dalle opere degli artisti appartenenti al gruppo *Die Brücke* o a quelli del *Blauer Reiter*, egli se ne discosta con il suo atteggiamento positivo nei confronti della vita e dell'umanità, non condivide e non esprime l'odio

---

6   O. Kokoschka, *Von der Natur der Gesichte*, in Id., *Oskar Kokoschka: Schriften 1907-1955*, hrsg. von H. M. Wingler, Langen Müller, München 1956, pp. 337-341.
7   O. Kokoschka, *La mia vita*, trad. it. di C. Benincasa, Marsilio, Venezia 1982, p. 35.

che questi artisti provano nei confronti del mondo attraverso immagini distorte e deformate dello stesso[8]. Egli manterrà sempre un atteggiamento fiducioso nei confronti del genere umano.

Nel contrasto tra memoria e verità, egli vive sulla propria pelle l'epoca che Karl Barth definisce il momento di distruzione di ogni presenza del valore del mondo sulla scena della Storia[9]. Nei primi anni della sua produzione artistica, dopo che – come allievo della *Kunstgewerbeschule* – inizia a lavorare nel mondo della pubblicistica, – basti pensare alla collaborazione con la rivista berlinese «Der Sturm» per cui curava una rubrica settimanale, – e compone opere teatrali. Con il dramma del 1908 *Sphinx und Strohmann* appare innanzitutto come un visionario sia del linguaggio letterario che di quello pittorico, un cantore della catastrofe alla quale va incontro inesorabilmente l'individuo moderno, lasciato solo in balia delle proprie emozioni[10].

---

8   Parte della critica, in modo particolare quella di lingua tedesca, ha voluto dare una lettura psicoanalitica delle sue opere: è indiscutibile che egli conoscesse le opere di Freud, in modo particolare quelle che riguardano la teoria sessuale e il saggio *Das Unheimliche*, che ben si presta a spiegare alcuni aspetti del suo modo di pensare e intendere l'arte e la sua funzione sociale, ma non si riesce ad affermare concretamente quanto egli sia effettivamente debitore a questi autori. T. Schober, *Das Theater der Maler: Studien zur Theatermoderne anhand dramatischer Werke von Kokoschka, Kandinsky, Barlach, Bechmann, Schwitters und Schlemmer*, M und P, Stuttgart 1994; A. Janik, S. Toulmin, *Wittgenstein's Vienna*, Simon and Schuster, New York 1973, pp. 93-167 e, in particolare, pp. 117-119; L. Dittmann, *Weltbilder moderner Kunst: Werke von Kandinsky, Klee, Beckmann, Mondrian, Kokoschka im Licht phänomenologischer Philosophien*, Böhlhau, Köln 2013, pp. 7-24, 255-278; R. Rumold, *Kokoschka's Murder of Metaphor to Georges Bataille's acephale*, in M. Hallensleben (ed.), *Perfomative Body Spaces. Corporeal Topographies in Literature, Theatre, Dance and the Visual Arts*, Rodopi, New York-Amsterdam 2010, pp. 169-184; O. Kokoschka, *La mia vita*, cit., p. 35, p. 37 s.

9   A. M. Reijnen, *Barth und die Moderne*, in M. Trowitzsch, M. Leiner (Hrsg.), *Karl Barths Theologie als europäisches Ereignis*, Vandenhoeck & Ruprecht, Göttingen 2008, pp. 388-397.

10   A questo periodo risale anche il libro illustrato per ragazzi *Die Träumenden Knaben*, le cui illustrazioni mostrano uno stile decorativo diverso rispetto ai quadri e ai ritratti: anche qui, dove le immagini sono accompagnate dal testo, fondamentale è il ruolo affidato allo sguardo, alla visione. Le otto illustrazioni a colori presentano ornamenti dello *Jugendstil*, trasmettono un'atmosfera fiabesca di un mondo di boschi incantati. Se si va più in profondità, comparando le immagini con il testo di accompagnamento, in modo particolare, con la poesia, si nota come siano presenti il tema della violenza e della sessualità, avvolti da un Simbolismo che confonde. Attraverso la

Kokoschka non cade in misticismi, non cerca di riprodurre mondi immaginari, ma resta ben ancorato alla realtà e ritiene che solo l'esperienza di quest'ultima possa produrre arte. Un'arte evocativa che ha lo scopo di mostrare l'uomo nel suo essere individuo, nella pluralità delle sue emozioni. In questa idea di arte, che parte dalla considerazione centrale della vista come organo della conoscenza, le distorsioni percettive di Kokoschka sono sintomo non solo di una particolare epoca storica, ma anche di un nuovo modo di percepire e, se possibile, di comprendere il mondo. Nelle sue opere l'artista mostra la collisione del mondo con se stesso, la devastazione e lo sgretolamento del mondo metafisico, la perdita di centro e totalità, che ben sono espresse dal rapporto contrastato e antinomico tra uomo e donna. Anticipa, in un certo qual senso, la coscienza dell'uomo che poi Heidegger definirà in *Sein und Zeit* (1927) come 'colpa' e 'finitudine'.

Attraverso il colore, che per lui ha un ruolo fondamentale ed è considerato non un sentiero etico, ma un percorso metafisico-teologico, mostra nell'*Erlebnis* dell'atto pittorico e/o teatrale la sensazione immediata dell'esperienza umana[11]. La sua pennellata forte e decisa, la dissolvenza dei segni, il suo recupero del tardo Barocco austriaco, mostrano l'abisso in cui l'uomo precipita. Pertanto l'immagine non è più solo forma, ma anche coscienza dell'emozione cromatica, poiché il colore permette di trascendere le cose. Egli si dedica pertanto a mostrare la vastità delle immagini, la fragilità dei sogni, come tutto si scompone. Le sue opere si trovano sulla soglia del divenire del mondo, mostrano un passato che non sembra più avere alcun valore e un futuro pieno di

---

metafora e la rappresentazione pittorica Kokoschka mette in scena tutte le emozioni di meraviglia e stupore che si esperiscono durante la pubertà: fa apparire un mondo oscuro e violento, ma allo stesso tempo bello ed eccitante. Si tratta, in un certo qual senso, di una fiaba personale che egli modifica per creare una nuova storia ed esprimere un sentimento: pur usando lo stile ornamentale della Secessione, gli infonde un potere espressivo assai evocativo. Cfr. O. Kokoschka, *Die Träumenden Knaben,* Museum of Modern Art, New York, 23 July 2011, risorsa online, http://www.moma.org/collection/ browse_results.php?object_id=26721[ultimo accesso: 31.03.2018]; G. Berghaus, *Theater, Performance, and the Historical Avant-garde,* Palgrave Macmillan, New York 2005; C. Haenlein (Hrsg.), *Oskar Kokoschka: Die frühen Jahre – Aquarelle und Zeichnungen (1906-1924),* Kestner-Gesellschaft, Hannover 1983; J. P. Hodin, *Kokoschka: The Artist and his Time,* New York Graphic Society, Greenwich 1966.

11   H. Spielmann (Hrsg.), *Oskar Kokoschka – Erlebnis des Augenblicks: Aquarelle und Zeichnungen*, Hirmer, München 2005, pp. 7-28; pp. 32-86.

angoscia e preoccupazione. Si fa portavoce della lacerazione della materia cromatica, crea labirinti allegorici, sia la sua pittura che la sua scrittura sono costituite da torsioni, spirali, ambiguità che rappresentano l'impotenza dell'uomo. Giovane studente, s'interroga su come collocare i corpi nello spazio, dubita dell'insegnamento accademico a favore di una descrizione statica del corpo, cerca di comprendere in che modo riprodurre sulla tela lo spazio in movimento. Fondamentale è la luminosità dei colori che permette di aggiungere alle tre dimensioni illustrate anche una quarta, ossia quella dell'artista che proietta se stesso, la sua idea di arte nell'opera stessa e, come nel mondo greco, trascende la dimensione individuale[12]. La sua pittura si trova tra due regni, mostra il suo rapporto combattuto con la sessualità, percepita come un corpo malato, la cui sacralità si trasforma in un demonico che non è nient'altro che un simbolo del fallimento individuale e personale. Con le sue opere tenta di attraversare il tempo, di solcare con lo sguardo il mondo reale e di mostrare la possibilità del richiamo alla vita, al significato perduto di quest'ultima. A tale riguardo, nella sua autobiografia egli lamenta sovente la mancanza della figura umana nell'arte contemporanea, vede nell'astrazione delle avanguardie la paura delle immagini e un rifiuto dell'esperienza conoscitiva dell'uomo. I suoi primi dipinti si concentrano sui soggetti che ha davanti ai propri occhi[13] (in primo luogo ritratti, e negli anni dopo la Seconda guerra mondiale anche nature morte e paesaggi): la propria esperienza personale è per lui più importante di tutte le tecniche artistiche, come afferma nel breve trattato filosofico *Von der Natur der Gesichte* (1912).

---

12   Cfr. K. Schneider, *Oskar Kokoschkas Antike: Eine europäische Vision der Moderne*, Hirmer, München 2010.
13   Le prime opere di Kokoschka consistono in ritratti che rompono con la tradizione: le persone raffigurate non sono abbellite, bensì la tela sembra riflettere i loro dolori su uno sfondo spesso buio e pieno d'ombre, non vi è nulla, ad esempio, che lascia intravedere la loro estrazione sociale. Per lui, come afferma più volte nella sua biografia, l'uomo non è natura morta, ma vita in movimento: nei suoi ritratti non si tratta di una ripresa di una posa statica, ma dell'insieme di più impressioni che diventano la manifestazione fisica della loro interiorità. Un esempio è il ritratto del famoso scienziato svizzero Auguste Forel nel 1910. Il ritratto che Kokoschka fece dello studioso non gli assomigliava per niente, tanto che fu rifiutato; agli occhi di Kokoschka il famoso scienziato appariva stanco, sciupato. Cfr. V. Huf, D. O' Neill, *Oskar Kokoschka and Auguste Forel. Life Imitating Art or a Stroke of Genius?*, in «Stroke», 36 (2005), pp. 2037-2040.

1.1. *Mörder, Hoffnung der Frauen* (1907)

Il dramma teatrale scritto nel 1907, ma rappresentato solo nel 1909, è considerato il primo dramma espressionista: a esso si devono collegare le illustrazioni per la rivista «Der Sturm» e la copertina *Pietà*. Dell'opera rappresentata si conoscono e sono state tramandate due versioni e si può affermare che la rappresentazione viennese del 1909 si avvicina più alla prima versione, che non contiene ancora elementi classicheggianti[14]. Per questa messa in scena, che non fu ben accolta da un pubblico non ancora pronto ad affrontare apertamente determinate tematiche, Kokoschka, dotato di pochi soldi e di poco tempo, improvvisa la sceneggiatura, dipinge i volti degli attori quasi a farli sembrare delle maschere per sottolinearne il carattere, per farli diventare dei tipi che, sulla scena, devono dar vita a una sorta di affresco. Oltre ai disegni sul volto, disegna anche i nervi sul corpo degli attori, collocati perfettamente a livello anatomico, proprio per mostrare l'effetto delle emozioni sulla psiche e sul corpo umano. Il dramma è il simbolo dell'espressione dei sentimenti, della supremazia del soggettivo sull'oggettivo, della percezione sulla comprensione, delle impressioni interne. È un dramma unico in cui vi sono solo due protagonisti, cioè l'Uomo (*der Mann)* e la Donna (*die Frau),* entrambi accompagnati da un gruppo di seguaci rigorosamente anonimi. L'azione avviene di notte («Cielo notturno, torre con gran porta rossa di ferro, da gabbia; fiaccole l'unica luce, terreno, nero in salita verso la torre, di modo che tutte le figure sono visibili in rilievo»)[15], nei pressi di un castello e mostra la lotta sanguinosa e mortale tra i due sessi. L'Uomo, che appare per primo sulla scena ha «viso bianco, corazza azzurra, attorno alla fronte fascia che copre una ferita, con la schiera degli Uomini»[16]. Questi ultimi sono rappresentati nella loro bestialità mediante «teste selvagge, fasce grigie e rosse in testa, vesti bianche, nere e brune, segni sulle vesti, gambe nude»[17], obbediscono stanchi ai suoi ordini e accompagnano le loro azioni con grida. La Donna appare invece in «vesti rosse, capelli

---

14   O. Kokoschka, *Assassino, speranza delle donne*, cit., p. XXVIII.
15   *Ivi.*, p. 3.
16   *Ibidem.*
17   *Ibidem.*

gialli sciolti, alta»[18], descritta come una forza ctonia che governa sull'universo, forte, ma allo stesso tempo lasciva, quando esprime la sua attrazione per l'uomo («lo vede affascinata»[19]): «Con il mio respiro vacilla il biondo disco del sole, il mio occhio raccoglie l'esultanza degli uomini, la loro voglia balbettante striscia come una bestia attorno a me»[20]. La Donna e l'Uomo si affrontano in una lotta violenta, scatenatasi senza motivo apparente: in un primo momento la Donna ha il sopravvento e riesce a ferire l'Uomo mortalmente con un pugnale[21]. Bramosa di vendetta, prova tuttavia ancora amore e compassione per l'Uomo e vuole salvarlo, nella speranza che egli ricambi i suoi sentimenti, ma viene uccisa da questi a tradimento[22].

L'opera, con i suoi dialoghi sconnessi, urlati invece che recitati, suscita sdegno e sconcerto tra il pubblico, che addirittura chiama la polizia. Tormentato da immagini del sesso femminile, Kokoschka non considera quest'opera un dramma didattico, ma l'espressione del suo atteggiamento nei confronti del mondo. Egli concepisce il teatro come rappresentazione, pone lo spettatore davanti a un'azione, invece di raccontarla[23]. Nulla è casuale o indifferente, tutto è voluto, studiato nei minimi particolari, la lotta esprime la vita in comunità, ci dice qualcosa che riguarda tutti noi in quanto esseri umani riuniti in una collettività.

---

18   *Ivi*, p. 4.
19   *Ibidem.*
20   *Ibidem.*
21   *Ivi*, p. 6.
22   *Ivi*, pp. 6-8.
23   Il dramma *Orfeo e Euridice* prosegue l'analisi dissacrante iniziata in *Assassino, speranza delle donne*. Il dramma, nato dalle continue allucinazioni durante il ricovero nell'ospedale da campo dove era stato portato dopo esser stato ferito alla testa sul fronte orientale, fu scritto più tardi a memoria e rappresenta una rielaborazione della sua vicenda personale nell'identificazione con il personaggio mitologico di Orfeo. Nella compenetrazione tra figura e spazio, Euridice, che rappresenta la perfetta minaccia della distruzione del mondo, attrae Orfeo per consegnarlo al Nulla. Cfr. R. Urbach, *Theater und Expressionismus*, in J. Stenzl (Hrsg.), *Ernst Krenek, Oskar Kokoschka und die Geschichte von Orpheus und Euridike*, Ed. Argus, Schliengen 2005, pp. 21-33; R. Kapp, *Zum Stand der Bearbeitung des Orpheus-Stoffs in den zwanziger Jahren*, in J. Stenzl (Hrsg.), *Ernst Krenek, Oskar Kokoschka und die Geschichte von Orpheus und Euridike*, cit., pp. 33-48; G. Sultano, *Orpheus Kokoschka. Schlaglichter auf Leben und Werk 1912 bis 1926*, in J. Stenzl (Hrsg.), *Ernst Krenek, Oskar Kokoschka und die Geschichte von Orpheus und Euridike*, cit., pp. 49-71.

La rappresentazione fu accompagnata dal manifesto realizzato due anni prima dal titolo *Pietà*. Il manifesto si richiama alla scultura devozionale sorta in Germania nel XIV secolo, costituita da statuine dipinte in gesso, terracotta e legno che raffigurano il *Versperbild*, letteralmente l'immagine del tramonto e del vespro, simbolo della morte del Cristo il Venerdì Santo e del suo corpo esanime nel grembo della Madonna. Anche la *Pietà* di Kokoschka rappresenta una donna che sostiene sulle proprie gambe il corpo senza vita di un uomo, ma non si tratta affatto di una visione dolce e consolatoria: è la rappresentazione macabra, grottesca di una donna terribilmente pallida, dal volto scarno e gli occhi incavati che, in qualità di assassina, dilania il corpo nudo e deformato di quest'uomo. È la donna fatale, vampira, lussuriosa, una forza distruttrice e destabilizzante. Il violento contrasto cromatico tra il blu dello sfondo, la carnagione diafana e spenta della donna e il rosso del corpo dilaniato dell'uomo delinea e definisce il rapporto tra uomo e donna, secondo Kokoschka un'eterna lotta che può concludersi unicamente con l'assassinio simbolico dell'uomo per mano della donna. Solo in questo modo la donna si può sentire libera dal legame che la unisce all'uomo: la sua libertà non può essere, come accade nel dramma, che la morte. La donna del manifesto ha sembianze androgine, un volto deformato che rimanda all'idea di femmina crudele, simbolo di istinti e pulsioni venefiche, espressa dalle protagoniste delle opere di Franz Wedekind[24]. Attraverso la deformazione di questa scena, Kokoschka registra la sensazione di insicurezza in cui versa l'uomo moderno e denuncia, destrutturando il reale, lo squallore etico e culturale; considera, dunque, l'arte come un tributo alla moralità sociale. Il giovane Kokoschka vive la propria esperienza personale con lo stesso disagio del protagonista de *I turbamenti del giovane Törless* musiliano e concepisce l'arte come un atto di bisogno che si specifica nei singoli individui. La realtà non è costituita solo di cose, ma anche di atti e sentimenti comuni all'umanità: intesa come un fatto storico, testimone di una determinata epoca, nel suo andare oltre la dimensione contingente essa porta al congiungimento del particolare

---

24   Cfr. K. Frackmann, *Another Kind of Home: Gender-Sexual Abjection, Subjectivity, and the Uncanny in Literature and Film*, Peter Lang, Frankfurt am Main 2014; D. Lorenz, *Wiener Moderne*, Metzler, Stuttgart 2007, pp. 19-34; 60-86, ma soprattutto pp. 149-158.

con l'universale, dell'individuo con il cosmo. Rappresenta una mediazione e una riflessione che scioglie il sentimento della fantasia e lo ristabilisce nella realtà, in cui ha un fondamento.

Il teatro di Kokoschka è quindi gesto e parola, mostra il viso, le maschere nelle sue infinite trasformazioni e deformazioni, le parole che esseri umani come noi si dicono, ma che non ascoltano, e ci porta a comprendere qualcosa di noi stessi in quanto esseri umani. L'autore scende in se stesso, entra nella propria opera, nel sottosuolo, negli inferi, nelle zone più scure e degradate dell'anima umana e del mondo. Egli rompe schemi tradizionali, abitudini, disancora conformismi, pone le cose davanti ai nostri occhi. Il linguaggio, pur giocando un ruolo marginale sulla scena, sembra avere la funzione conferitagli da Jacques Lacan[25], ossia non quella di informare, ma di evocare.

Nella rappresentazione teatrale, come poi nei suoi dipinti, in modo particolare nei ritratti, Kokoschka cerca il contatto, il dialogo con l'altro, che gli permette di definirsi come soggetto. Identifica se stesso con il linguaggio, il colore, perdendosi in essi come un oggetto, mostrando il processo di cambiamento. Rende in questo modo manifesti determinati impulsi interiori umani come uno psicanalista. Le immagini di sesso sempre più esplicite in questi anni, rappresentano soprattutto donne, in pose audaci, spesso pornografiche, avverse ai modelli vigenti, malate, angoscianti: non mostrano forza seduttiva, quanto piuttosto l'estrinsecarsi di pulsioni, passioni, angosce, turbamenti intimi, di cui l'artista stesso ha fatto esperienza e che hanno lasciato lacerazioni profonde nel suo io.

1.2. *Windsbraut*

Il quadro *La sposa del vento* (*Windsbraut*), dipinto nel 1914 e meglio noto come *La tempesta*, testimonia la fine della travagliata storia d'amore di Kokoschka con Alma Mahler, mostrando nell'intreccio amoroso dei corpi dei due amanti la propria idea di vita. Il titolo fu suggerito da Trakl, che gli aveva fatto visita mentre stava terminando un dipinto che gli aveva fatto tornare alla mente le *Elegie duinesi* di Rilke.

---

25   J. Lacan, *Fonction et champ de la parole et du langage en psychanalyse*, in «La psychanalyse», 1 (1965), pp. 81-166.

La freudiana angoscia del perturbante è rappresentata da Kokoschka nella sessualità della donna, qui mostrata nell'abbraccio con
l'uomo che la veglia nell'ancestrale paura della fine della relazione.
L'uomo è sveglio, non per proteggere e difendere la donna, bensì avvolto dal senso di abbandono, dall'illusione del possesso e dall'enigma dell'altro. È una scena privata, intima: Kokoschka usa un linguaggio visivo capace di sviluppare e schiudere i regni dell'immaginazione
per farne scaturire gli stati d'animo. La sua paura della liberazione
dagli istinti sessuali, il rapimento estatico, la sublimazione del proprio amore dopo il coito con l'amata, l'angoscia di perderla, lo spinge, quasi ossessivamente, a mettere a nudo gli aspetti più duri e scon-
certanti della propria esistenza[26]. Sulla scia di Bachofen, di Freud, ma
anche di Trakl, Kraus, Rilke e Musil, sente la necessità di penetrare
l'oggetto con la propria interpretazione, sia essa linguistica che pittorica: l'uomo viene presentato come archetipo, come essere dubbioso
per eccellenza che, nel suo stato di veglia, sembra essere alla ricerca
di un equilibrio impossibile tra ragione e sentimento. Sotto le bru-
sche e violente pennellate il colore sembra prendere corpo, diventare
gesto e movimento, ma allo stesso tempo astrazione dal reale, evocan-
do un'atmosfera onirica. Il giaciglio della coppia sembra una barca a
forma di guscio, senza timone e senza remi, che è quindi destinata ad
andare alla deriva in un viaggio che rappresenta la ricerca e il riconoscimento di sé nell'altro. All'uomo non è concesso l'oblio e il riparo
dalla ragione infelice, ma il compito di trasmettere nuove verità. In
questo dipinto Kokoschka sente l'esigenza di proiettare al di fuori di
sé quelle che sono le tensioni vitali, i dubbi, le angosce e le contraddizioni di un amore totale e devastante, ingaggiando una lotta incessante contro gli archetipi alla ricerca del *neuer Mensch*. La scarnifica-
zione grafica annulla ogni dettaglio sovrastrutturale, dilata l'immagine
e la concentra solo sull'interiorizzazione dell'esperienza della vita da
parte del soggetto. Nel quadro, come nel dramma teatrale, l'amore

26   L'ossessione per la donna amata, la relazione tra Alma Mahler e Oskar
Kokoschka è diventata anche il soggetto di un'opera di Andrea Camilleri, *La creatura
del desiderio* (2010), che riprende l'aneddoto della bambola a grandezza umana che
Kokoschka aveva commissionato a Hermine Moos, dopo la fine della sua relazione.
Camilleri racconta la palingenesi quotidiana dell'opera di Kokoschka nell'ossessione
per la creazione di un simulacro perfetto. Cfr. N. J. Timpano, *Constructing the Viennese Modern Body: Art, Hysteria and the Puppet*, cit.

non si vede, ma si percepisce come un brivido; non viene rappresentato, ma si concretizza nella veglia angosciosa dell'uomo, denudato nei suoi sentimenti ed emozioni.

2. Lo sguardo e il corpo umano

Nel 1912 Kokoschka tiene una relazione presso l'*Akademischer Verband für Literatur und Musik* dal titolo *Von der Natur der Gesichte*, in cui, analizzando i diversi termini che nella lingua tedesca sono collegati al campo semantico della vista (*Sicht, Schau, Gesicht*), si pronuncia a favore dello sguardo, della visione, intesi come esperienza personale della realtà. Sottolinea il ruolo decisivo della vista e della visione, sia conscia che inconscia, per lo sviluppo di un'arte moderna dotata di una nuova sensibilità: «Tra il vedere e il semplice guardare vi è un'immensa differenza, confrontabile con quella tra la visione profetica e le reazioni di una lastra fotografica. Nonostante la nostra disposizione meccanicistica che permette solamente di percepire la superficie materiale concreta, continua a vivere in noi una sensazione della coscienza della storia»[27]. Dopo l'esperienza del primo conflitto mondiale, le sue opere sono accompagnate da visionarietà e Simbolismo; il dramma ridiventa il luogo sacro di rappresentazione della memoria, di una dissolvenza cosmica, che permette una visione da molteplici prospettive. La frammentazione ossessiva del corpo diviene il centro delle sue riflessioni, assieme ai sentimenti e alle emozioni, al valore dato ai dati sensibili, ai segni, ai semantemi. Il corpo è concepito come un luogo di scontro e incontro di pulsioni sessuali oscure e perverse, un ammasso mortificato di carne e sangue, un contrasto figurativo e cromatico. Nelle sue opere egli porta con sé tutto il peso dell'umana esistenza, la difficoltà del vivere in un contesto socio-politico che non offre più certezze e sicurezze, che mostra le brutture, le angosce, le ansie e le solitudini dell'uomo lasciato solo a se stesso. Pur sconvolgendo e provocando irritazione per mezzo della tensione cromatica e figurativa, le sue opere mostrano una profonda umanità, espressa attraverso la rap-

---

27   Cfr. O. Kokoschka, *Bild, Sprache, Schrift Vortrag*, Edition de Beauclair, Frankfurt am Main 1971 [1947], p. 130.

presentazione della realtà non fine a se stessa, ma approfondendo i sentimenti e le emozioni provate dal soggetto ritratto.

Pertanto le distorsioni, le deformazioni operate sulle figure, visibili nelle forme mai perfette, servono a raffigurare non solo i sentimenti, ma anche i tratti psicologici dei soggetti. C'è uno scambio di percezioni, una visione plurale che denuda l'umanità, che distorce il reale non con uno scopo distruttivo e un conseguente abbandono, ma continuando a celebrare la vita; la distorsione è funzionale a ripristinare e a ricomporre un mondo in totale disordine, nel quale l'uomo ha smarrito la propria identità. Erede di Freud e Nietzsche, l'uomo dipinto e rappresentato da Kokoschka s'interroga su stesso, sulle proprie sorti in un mondo che non riesce a comprendere e nella tensione dissonante dell'unità tragica egli tenta di trasformare le parole vuote in creazione artistica. La sua concezione di mondo, esistenza e arte consiste nella percezione dello spazio attraverso la vista, che è l'organo più adatto per comprendere il mondo, per cogliere le meraviglie del creato in termini di luci e ombre.

Già alla *Kunstgewerbschule*, ai ritratti di nudo e anatomia con il modello immobile nella sala, egli preferisce e contrappone il ritratto in movimento di bambini provenienti da un circo, mostrandoci nelle tensioni e nelle torsioni dei corpi in movimento un'altra idea di uomo. È quello che egli afferma, anche dopo aver visitato il *Naturhistorisches Museum*: qui si sente a proprio agio, tra le maschere polinesiane, perché percepisce l'unicità della vita dell'uomo comune, dell'uomo primitivo che si è sempre interessato al segreto e al mistero della vita. Sia la *Sposa del Vento* che *Assassino, speranza delle donne* hanno alla base l'idea di *Gesamtkunstwerk*, ossia di un'opera in cui, in un mondo tangibile e transitorio, possa essere percepita l'eternità. Come scrittore e pittore concepisce il suo compito non tanto nello smascheramento della società, quanto nel tentativo di mostrare la vita interiore delle persone, la misura di tutte le cose, il valore dell'umanità in sé. In *Assassino, speranza delle donne* il potere di attrazione, la passione muta mostrando i ricordi che, dall'interno, si esprimono attraverso l'esterno nella natura dialettica della sembianza delle cose e dei segni (*Sehen, Sicht, Vision*). Tuttavia, il linguaggio non è in grado da solo di mostrare fino in fondo quello che sono realmente le persone, come esse vengono percepite. Accanto e assieme alla visione, allo sguardo, l'immaginazione umana ha un ruolo di primo piano, perché permette di rappresentare la realtà che altrimenti non esisterebbe: secondo Koko-schka abbiamo davanti a noi un mondo filtrato dai nostri occhi, che giunge direttamente alle nostre emozioni. Accanto allo sguardo, nella *Sposa del Vento*, le mani diventano un elemento indispensabile e in-scindibile del corpo umano e dell'interiorità di una persona: sono lun-ghe e affusolate, intrecciate quasi a formare un ingranaggio, sembrano agire in nome dell'uomo. Se i volti esprimono le perplessità, le penso-sità, le incertezze e le ansie, le mani sono il simbolo del gesto, inteso come atto spontaneo e inconscio, che ha il compito di esprimere al po-sto della parola, laddove questa non riesce, non sa e non può dire. Mani e volti mostrano l'io come individuo con le sue emozioni, i suoi sogni e inquietudini: i gesti compiuti dalle mani sono particolari che danno significato al senso complessivo delle opere, che non si svela mai apertamente, poiché lascia all'osservatore il compito di compren-derlo attraverso la sua umana sensibilità e il suo istinto.

Dopo l'esperienza diretta dei due conflitti mondiali, nel suo vaga-bondare voluto e imposto dalle situazioni contingenti attraverso l'Eu-ropa, egli si rende conto che la sua arte si rivolge alla coscienza uma-na: comincia ad abbozzare la sua 'Scuola del Vedere' (*Schule des Sehens*), fondata nel 1953, che ha lo scopo di educare a vedere, a tra-smettere la tradizione visiva come esperienza umana determinante. Quest'ultima deve essere accolta dalla coscienza individuale che deve essere pronta ad accettarla come un evento d'eccezione, come un dono che distingue l'uomo dagli altri animali e attraverso il quale l'ar-tista si costruisce un'immagine del mondo. La transitorietà dell'espe-rienza visiva dà forma alle impressioni, unisce osservazione ed espe-rienza, permette di sperimentare il mondo. La guerra, con le bombe, le case sventrate, ha mostrato l'umanità nella sua disperazione, ben lontana dal mondo greco, in cui l'uomo si è avvicinato maggiormente alla sua forma ideale. Il mondo non è più un mondo tranquillo che si può osservare e comprendere, ma un insieme di visioni, di immagini create dalla coscienza dell'uomo. Quello della creazione di immagini è un processo infinito, non è parte della vita, ma la vita stessa. Per de-scriverlo Kokoschka si serve della metafora della lampada e della fiamma che brucia costantemente[28]. L'arte non è quindi nulla di parti-colare e di più alto rispetto alla quotidianità, ma una forma di vita.

---

28   Cfr. O. Kokoschka, *Von der Natur der Gesichte*, cit.

L'artista non ha un superiore controllo sul mondo rispetto agli altri, ma presenta la propria visione del mondo come arte. L'influsso dell'opera d'arte dipende da come il pubblico la sa interpretare e di come se ne serva.

Si può pertanto affermare che la sua opera incarna un'estetica della vita, poiché riflette, s'interroga sul senso di quest'ultima: Kokoschka pensa che la vita non sia qualcosa il cui significato possa essere colto immediatamente, ma solo per mezzo dell'*Erlebnis*, dell'esperienza vissuta che permette di sottrarre il presente al dissolvimento e di trasformarlo in una presenza sempre disponibile. Compito dell'artista è quindi quello di afferrare la caducità e di liberarla dall'oblio e dalla morte attraverso una narrazione partecipante, che ricostruisce il mondo per mezzo di connessioni spirituali inconsapevoli per chi le ha vissute o le sta vivendo.

Le distorsioni del volto.
I ritratti nei diari di Franz Kafka
di Isolde Schiffermüller

1. Distorsioni

Le annotazioni del diario di Franz Kafka contengono una serie di ritratti singolari, frutto di un esercizio di scrittura che precede e accompagna la genesi dell'opera letteraria. Peter von Matt, nella sua *Literaturgeschichte des menschlichen Gesichts*, sottolinea il carattere del tutto originale di questi ritratti, che occupano un posto di rilievo nella galleria di volti della storia della letteratura – da Goethe fino a Brecht e Max Frisch. Nella 'storia letteraria del volto umano' essi rappresentano la testimonianza di una rivoluzione percettiva epocale, paragonabile a quella della pittura cubista che deforma e frantuma l'architettura della fisionomia umana per ricomporre le sue schegge in un caleidoscopio di nuove configurazioni. Von Matt parla in questo senso di una «sensazionale irruzione nel Modernismo»[1] che contraddistingue in particolare la prima fase della creatività dello scrittore fino al settembre 1912, quando nasce *Das Urteil*. Questo racconto dedicato a Felice Bauer rappresenta per l'autore il vero battesimo della sua opera, e segna l'inizio di un fitto epistolario che in gran parte sostituisce e prosciuga il diario, come se la creatività trovasse un nuovo canale e un nuovo luogo di metamorfosi della vita in scrittura. È appunto di tale metamorfosi che raccontano i numerosi ritratti contenuti nei diari di Franz Kafka. Essi non appartengono al mondo della finzione letteraria e non pos-

---

1 P. von Matt, ...*fertig ist das Angesicht. Zur Literaturgeschichte des menschlichen Gesichts,* dtv, München 2000, p. 9 (1. ed. Hanser 1983). Von Matt vede nelle annotazioni di Kafka una rivoluzione visiva paragonabile a quella della pittura moderna, di un Picasso, Braque o del primo Kokoschka.

sono essere considerati un vero e proprio genere letterario, ma l'appello che promana da questi volti che l'autore incontra nella realtà quotidiana può essere considerato – questa la tesi del presente contributo – uno degli impulsi principali della scrittura di Kafka. Nei ritratti abbozzati sulle pagine del diario resta infatti visibile il processo di trasformazione della percezione che sta alla base della creazione artistica e che dà origine al caratteristico universo kafkiano, un mondo caratterizzato dalla *Entstellung*, da una deformazione che nella lettura di Walter Benjamin trova il suo archetipo nell'immagine del gobbo, il «prototipo della deformità»[2], rappresentante di una vita deformata e distorta in cui il filosofo ebreo vorrebbe leggere una paradossale speranza messianica.

Quali sono dunque le caratteristiche dei ritratti che popolano le pagine dei diari di Franz Kafka? Molti esempi dei primi anni mostrano volti di donne, segretarie, attrici o ballerine, che l'autore incontra, anche casualmente, nella sua vita quotidiana. Nella scrittura di Kafka i tratti di queste donne vengono catturati da uno sguardo spietato, allo stesso tempo freddo e avido, ad esempio il viso della moglie del pittore Pollak-Karlin («sua moglie, due larghi incisivi superiori che appuntiscono il viso grande e piuttosto piatto»[3]), quello di una impiegata («Il viso largo fino all'altezza della bocca, ma poi tosto rastremato. Riccioli naturali trascurati nella ricca pettinatura»[4]), oppure la fisionomia delle donne nello stabilimento «B. Suha»: «L'una, ebrea dal viso sottile, o meglio che va a finire in un mento sottile, ma è scossa e allargata da un'ampia pettinatura a onde [...] Quella dal viso piatto, in un abito rigido [...] La padrona coi cappelli d'un biondo opaco tirati sopra posticci indubbiamente schifosi, col naso decisamente all'ingiù, la cui piega è in qualche rapporto geometrico coi seni pendenti e col ventre teso»[5]. Come mostra la produzione quasi seriale di questi ritratti, che nascono da quotidiani esercizi di scrittura, si tratta di volti impersonali, fissati in pochi ed essenziali tratti grafici. Sono figure che appaiono senza individualità e senza carattere. L'an-

2   W. Benjamin, *Franz Kafka*, Id. *Angelus novus. Saggi e frammenti*, a cura di R. Solmi, Einaudi, Torino 1962, 1995, pp. 275-305, qui p. 298.

3   F. Kafka, *Confessioni e diari*, a cura di E. Pocar, Mondadori, Milano 1972, p. 164.

4   *Ivi*, p. 247.

5   *Ivi*, pp. 180-181.

tico alfabeto fisionomico sembra dissolversi in questi volti senza qualità, come nella geometria di un disegno astratto in cui dominano i
contorni e le proporzioni formali.

Lo sguardo microscopico di Kafka si fissa spesso su singoli dettagli
isolati, nei quali la vita altrui appare anonima e impersonale. Uno dei
primi esempi è la descrizione di un mediocre ma fortunatissimo scrittore di romanzi, che legge, in una conferenza del novembre 1910, i
suoi testi in pubblico: «Berhard Kellermann ha letto in pubblico: "Alcune mie cose inedite": così incominciò. Pare una cara persona, cappelli ritti quasi grigi, tutto raso con fatica, naso appuntito, la carne delle guance si muove spesso su e giù come un'onda sopra gli zigomi»[6]. Il
dettaglio fisionomico, come la forma del naso o il movimento delle
guance, non caratterizza in questo caso l'individuo e non assume un
connotato tipico. Nulla si viene a sapere dello scrittore Kellermann o
dei suoi testi presentati al pubblico, emerge piuttosto un tratto assurdo che infrange le consuetudini del linguaggio fisionomico, suscitan-
do nel lettore un senso di irritazione e di sospetto. Già i primi ritratti
del diario mettono in evidenza che la scrittura kafkiana, precisa e in-
fallibile nella registrazione di singoli tratti, nasce dall'attenzione per il
dettaglio, che viene isolato dal contesto e appare in una luce sovrae-
sposta, come il sintomo di una distorsione che resta per lo stesso osservatore estranea e insondabile, sconcertante e perturbante.[7] Talvolta l'io scrivente manifesta apertamente il proprio stupore, ad esempio
di fronte alla serietà 'micidiale' di una testa maschile che resta senza
nome: «La sua serietà m'uccide. La testa nel colletto, i cappelli immo-
bili e ordinati sul cranio, i muscoli alle guance, in tondo, tesi al loro
posto»[8].

Nei ritratti di Kafka si frantuma dunque l'unità individuale della fisionomia, e dettagli apparentemente insignificanti tendono ad ingran-
dirsi e a rendersi autonomi. I muscoli del collo, le narici del naso o la
forma delle guance possono assumere una vita propria, simili a creature nei quali si prefigurano gli esseri ibridi della scrittura kafkiana. Il

6   *Ivi*, p. 139.
7   Cfr. G. Guntermann, *Vom Fremdwerden der Dinge beim Schreiben. Kafkas
Tagebücher als literarische Physiognomie des Autors*, Max Niemeyer Verlag, Tübingen
1991, in particolare il capitolo *Die Menschen: Gesichter und Gesten*, pp. 44-50.
8   F. Kafka, *Confessioni e diari*, cit., p. 117.

più famoso di questi ibridi sarà Odradek, il «cruccio del padre di famiglia», un essere enigmatico che sfugge ad ogni tentativo di classifi-
cazione. Nella lettura di Walter Benjamin diventa l'emblema della
Entstellung, di una deformazione che investe le cose e i nomi, i corpi
e il linguaggio nell'universo kafkiano: «Odradek è la forma che le cose
assumono nell'oblio. Esse sono deformate e irriconoscibili».[9] Nei diari di Kafka che documentano la genesi dell'opera e delle sue creature,
è ancora il volto umano che fa da scenario di trasformazione. Il connotato fisionomico viene isolato dal contesto naturale per farsi componente di un'altra logica, che può generare effetti grotteschi. Nella
descrizione della testa calva del proprio capoufficio, ad esempio, il
volto umano è accostato al mondo inanimato del commercio e dell'e-
conomia: «Schietto passaggio dalla pelle tesa sulla testa pelata del mio
principale alle delicate rughe della sua fronte. Debolezza evidente e
molto facilmente imitabile della natura. Le banconote non dovrebbero essere fatte così»[10]. La testa maschile del principale sembra appar-
tenere – per contrasto – al mondo delle banconote, che pretendono
un'altra autenticità rispetto alle debolezze della natura umana, di facile imitazione. Nel ritratto del capo d'ufficio, o in simili accostamenti
in cui la figura umana sembra perdere la propria autonomia, emerge
una comicità surreale e talvolta crudele, che contraddistingue la scrittura di Kafka.

In molte annotazioni del diario che registrano la comunicazione
quotidiana il volto dell'altro entra in una dinamica di autoaffermazione
e di lotta di potere. Il dialogo con il capoufficio, ad esempio, mostra con
precisione microscopica la distorsione che il potere infligge alla comunicazione sociale, e anche la resistenza dell'io che non vuole abbassare
lo sguardo si illumina di una coscienza vigile e quasi paranoica:

Al mio principale, quando discute con me cose d'ufficio (oggi, lo sche-
dario), non posso guardare a lungo negli occhi senza che contro la mia
volontà il mio sguardo assuma una lieve amarezza che scosta o il mio
sguardo o il suo. Il suo più fugacemente, ma più di frequente, perché egli
non si rende conto della cagione, cede a ogni stimolo di guardare da
un'altra parte, ma tosto fa ritornare lo sguardo, poiché considera ciò una

9   W. Benjamin, *Franz Kafka*, cit., p. 298.
10   F. Kafka, *Confessioni e diari*, cit., p. 199.

momentanea stanchezza degli occhi. Io invece mi difendo meglio, affretto il movimento dell'occhio a zig zag, preferisco seguire la linea del suo naso e arrivare all'ombra delle guance, tengo il viso rivolto a lui soltanto con l'aiuto dei denti e della lingua dentro la bocca chiusa – e se è necessario chino bensì gli occhi, ma mai più in giù della sua cravatta e ritrovo tosto lo sguardo pieno quando lui gira gli occhi da un'altra parte e io lo seguo con precisione e senza scrupoli.[11]

Sono numerosi, nei diari, questi microgrammi di vita quotidiana, che sembrano anticipare gli scenari dell'opera letteraria; si pensi ad esempio alle scene di lotta nella *Beschreibung eines Kampfes*, il laboratorio poetico del primo Kafka. La *Descrizione di una battaglia* non solo mette in scena le difficoltà di comunicazione del giovane Kafka più volte descritte nell'epistolario, ad esempio nelle prime lettere all'amico Oskar Pollak[12], ma essa è anche e soprattutto la diagnosi impersonale di un'alienazione epocale che si è iscritta nei volti e nei gesti umani, in figure che hanno perduto ogni naturalezza e che recitano la drammaturgia di un esistenza incerta, senza fondamento e senza fermezza. Nel romanzo-frammento *Il processo* la lotta tra potere e impotenza si renderà evidente in un «codice di gesti»[13] del tutto singolare, che allude alla deformazione della figura e della comunicazione umana, sottraendosi allo stesso tempo ad ogni interpretazione univoca. Come hanno messo in evidenza già i primi critici, come Benjamin o Adorno, Kafka studia con stupore gli effetti di un'estraneazione il cui significato resta in ombra, come ad esempio il crescente coinvolgimento di Josef K. nella sfera del tribunale, il suo graduale assoggettamento alle esigenze della legge, visibile nella testa bassa e nella perdita della posizione eretta, oppure la grande pantomima dell'umiliazione messa in scena dal cliente dell'avvocato, il commerciante Block.

---

11   *Ivi*, p. 213.
12   Cfr. F. Kafka, *Lettera a Oskar Pollak* (Praga 4.2.1902), in Id., *Lettere*, a cura di F. Masini, Mondadori, Milano 1988, p. 6: «Quando parliamo insieme, le parole sono dure, ci si cammina come su un lastrico ineguale. Alle cose più fini si gonfiano i piedi».
13   W. Benjamin, *Franz Kafka*, cit., pp. 284-285. Sul linguaggio dei gesti nell'opera di Kafka, cfr. I. Schiffermüller, *Franz Kafkas Gesten. Studien zur Entstellung der menschlichen Sprache*, Francke Verlag, Tübingen 2011.

I ritratti dei diari contengono *in nuce* il linguaggio gestuale che contraddistingue la scrittura di Kafka, cogliendo la realtà quotidiana nel momento della sua imminente metamorfosi e registrando i sintomi di una deformazione che gradualmente si rende visibile. Molti ritratti di Kafka hanno in questo senso un carattere dinamico e drammatico. Sotto lo sguardo dello scrittore i volti delle figure possono animarsi all'improvviso, con effetti sorprendenti e stranianti, come mostra ad esempio il ritratto di un viaggiatore sconosciuto che si sveglia da uno stato di mortale torpore: «Nel viaggio di ritorno da Raspenau a Friedland: accanto a me un uomo rigido simile a un morto cui i baffi pendevano sulla bocca aperta e, quando gli domandai il nome di una stazione, mi diede gentilmente le più calorose informazioni»[14]. Un altro esempio, di segno opposto, è il ritratto di un trombettiere, in cui l'io è costretto a rivedere i propri pregiudizi sulla fisionomia degli uomini felici:

> Il trombettiere che avrei preso per un uomo allegro e felice (infatti è mobile, ha idee acute, il viso circondato da una corta barba bionda che termina con un pizzo, ha le guance arrossate, gli occhi azzurri, è vestito con praticità), conversando oggi con me circa i suoi disturbi di digestione, mi ha lanciato uno sguardo che veniva con intensità uguale da tutti e due gli occhi e allargandoli, per così dire, mi colpì e si perdette obliquamente nel terreno.[15]

Va sottolineato che i ritratti di Kafka non hanno nulla della caricatura che distorce e deforma le proporzioni del volto umano per smascherare le caratteristiche e i difetti nascosti; il *pathos* che essi comunicano al lettore è molto diverso dal *polemos* aggressivo del caricaturista che esagera ed accentua i tratti ridicoli e grotteschi. I volti disegnati sulle pagine del diario di Kafka raccontano di momenti di incontro, in cui si comunica un senso profondo di estraneità. È interessante notare che l'estraneità dell'altro non solo emerge attraverso la descrizione, ma si impone come uno dei primi oggetti di riflessione che caratterizzano il processo di scrittura, quando lo scrittore tenta ad esempio di disegnare il volto di una dattilografa e di fissare i suoi tratti essenziali sulla pagina:

14   F. Kafka, *Confessioni e diari*, cit., p. 34.
15   *Ivi*, p. 63.

Mentre stavo aspettando il dottore guardai una delle dattilografe e pensai quanto fosse difficile decifrarne il viso persino guardandolo. Era sconcertante, specialmente il rapporto fra la pettinatura larga sporgente intorno, quasi pari, dalla testa e il naso diritto e in apparenza troppo lungo. Nel momento in cui la ragazza che stava leggendo un documento si voltò un po' bruscamente, fui quasi colpito dall'osservazione che la mia riflessione mi aveva straniato dalla ragazza maggiormente che se le avessi sfiorato la gonna col mignolo.[16]

Sulla base di passi come questo appena citato, la critica ha messo in evidenza l'ambivalenza dello scrittore nei confronti delle figure femminili, un conflitto tra attrazione e repulsione.[17] Il carattere drammatico di molti ritratti si presenta come la testimonianza di un'esperienza scissa, di un rituale di distanziamento e di liberazione, oppure di un conflitto tra avidità e paura. Anche la precisa geometria dei volti può apparire come il sintomo di un imbarazzo, o di una intima irritazione. Sarebbe in ogni caso riduttiva un'interpretazione psicologica che legge in questi ritratti soltanto l'ambivalenza dello scrittore nei confronti degli uomini e in particolare delle donne. Kafka pone in primo piano il problema della scrittura e della riproduzione artistica. Il suo sguardo è quello spietato dell'artista moderno che trasforma e scompone il volto umano nella speranza di poter ricomporre le sue schegge nella fisionomia dell'opera.

In molti ritratti di Kafka è lo stupore che fa emergere, con nitida precisione, i contorni del volto altrui. Più intenso è l'impatto con l'altro, più stranianti possono apparire i tratti disegnati. Il senso profondo di estraneità di fronte alla natura umana può farsi persino stupore animale, ad esempio nell'osservazione del viso di una mediatrice di matrimoni sudicia e strabica: «Sul viso, e da principio lo notai soltanto in parte, aveva rughe così profonde che mi venne fatto di pensare allo stupore imbambolato con cui le bestie dovrebbero guardare siffatti volti umani. Il piccolo naso angoloso, specialmente nella punta un po' rivolta in su, sporgeva dal viso ed era stranamente massiccio.»[18] Lo sguardo dello scrittore aderisce alla fisicità materiale del volto priva di ogni connotazione psichica. Nell'imbarazzo

16   *Ivi*, p. 247.
17   Cfr. G. Guntermann, *Vom Fremdwerden der Dinge beim Schreiben*, cit., p. 238.
18   F. Kafka, *Confessioni e diari*, cit., p. 231.

di fronte a queste rughe egli sembra congedarsi dalla comunità degli uomini, avvicinandosi a quella soglia incerta che divide l'uomo dall'animale. È noto che nell'opera kafkiana uomo e animale comunicano tra loro nelle similitudini e nelle metamorfosi, generando esseri ibridi e indefiniti, figure doppie, che appaiono come in sogno, familiari ed estranei ad un tempo. Nel diario invece lo scrittore riflette più volte sulla propria estraneità che sembra escluderlo dalla comunità degli uomini e persino dal genere umano, una riflessione che assume nelle ultime pagine la forma di un radicale soliloquio con se stesso: «Che cosa ti lega a questi corpi delimitati, parlanti, lampeggianti dagli occhi, più strettamente che a qualunque altra cosa, diciamo, al portapenne che hai in mano? Forse il fatto che sei della loro specie? Ma non sei della loro specie, perciò appunto hai formulato questa domanda».[19]

La riconoscibilità del volto altrui sta alla base del proprio senso di appartenenza e di condivisione con una comunità. «Wo nämlich das Gesicht feststeht, ist Heimat» («dove è chiaro il volto lì c'è la casa/patria»)[20], afferma Peter von Matt nella sua storia letteraria dedicata al volto umano. «E il volto è il solo luogo della comunità», scrive Giorgio Agamben, definendo il volto «soltanto apertura, soltanto comunicabilità»[21]. I ritratti di Kafka mostrano in questa prospettiva l'alienazione del linguaggio e della natura comunicativa dell'uomo, esprimendo un senso radicale di perdita, ma non solo. Essi sono anche la testimonianza della decisa conquista di una seconda dimora, che appartiene alla felicità della scrittura. Nella prospettiva kafkiana la frantumazione del volto e la decomposizione dell'ordine naturale della fisionomia sono la premessa per la creazione di nuove e inconsuete configurazioni, per un processo di trasformazione che sta alla base della creatività artistica e che precede il battesimo dell'opera.

---

19   *Ivi*, p. 602.
20   P. von Matt, *...fertig ist das Angesicht*, cit., p. 255.
21   G. Agamben, *Mezzi senza fine. Note sulla politica*, Bollati Boringhieri, Torino 1996, p. 74.

2. Rivelazioni

I ritratti nel diario di Kafka anticipano il caratteristico linguaggio gestuale dell'opera, mostrando le deformazioni e le distorsioni della figura e della comunicazione umana. In alcuni casi, però, il ritratto può farsi scenario di un altro racconto, può comunicare la potenza e il mistero dei volti e rilevare una specifica verità, che appartiene alla tragicommedia dell'apparenza. È il caso delle annotazioni sul teatro yiddish che Kafka frequentò nel periodo dall'ottobre 1911 al febbraio 1912, quando assisteva alle rappresentazioni della compagnia di Lemberg nel Cafè Savoy di Praga. Si trattava di spettacoli piuttosto modesti che mettevano in scena un repertorio ecclettico[22], ma le oltre cento pagine del diario dedicate a queste rappresentazioni sottolineano l'entusiasmo che il teatro yiddish sapeva trasmettere allo scrittore: una provocazione per la scrittura di Kafka, che cerca la propria verità misurandosi con la forza persuasiva delle melodie e delle energie collettive comunicate dallo spettacolo dell'Ebraismo orientale.

La figura più amata e più frequentemente descritta nel diario è quella di «Frau Tschissik», una delle attrici del teatro yiddish, la cui mimica Kafka studia ed analizza in ogni dettaglio. Quello di Mania Tschissik è un volto che ha parola e che narra una storia, come sottolinea una delle annotazioni che si focalizza in particolare sulla bocca dell'attrice: «Come ad un lamento puerile si aprono le sue labbra con le loro sinuosità delicate, di sopra e di sotto, si pensa che la bella formazione delle parole, la quale diffonde in esse la luce delle vocali e mantiene con la punta della lingua il puro contorno delle parole stesse, possa riuscire una volta sola e se ne ammira la continuità»[23]. La magia e l'anima dello spettacolo si concretizzano per Kafka in precisi dettagli mimici che possono narrare di vicende collettive. Il volto dell'attrice amata appare come un libro che racconta le migrazioni, la fame e le fatiche degli attori ambulanti, e mostra allo stesso tempo la conquista di una particolare espressività che appartiene alla loro vita: «La signora Tschissik ha prominenze sulle guance in prossimità della bocca. Derivate in parte dalle guance incavate per le sofferenze della

---

22   Cfr. G. Massino, *Fuoco inestinguibile. Franz Kafka, Jizchak Löwy e il teatro yiddish polacco*, Bulzoni, Roma 2002.
23   F. Kafka, *Confessioni e diari*, cit., p. 246.

fame, del puerperio, dei viaggi e delle recite, in parte da muscoli fissi, fuori dell'ordinario, che hanno dovuto svilupparsi per i movimenti scenici delle sue labbra grandi e certo in origine pesanti»[24]. Il ritratto si fa qui scenario di un racconto collettivo che riesce a confermare la propria autenticità nella fisionomia degli attori. Kafka parla nel diario del compito di dover decomporre l'entusiasmante verità trasmessa dallo spettacolo per ricreare la sua autenticità attraverso la scrittura, considerando la scrittura un *medium* che gli permette di entrare in un'intima comunicazione con la natura profonda del volto altrui:

> A tavola la signora Tschissik (come ne scrivo volentieri il nome) china spesso la testa, anche mentre mangia l'oca arrosto; ci si illude di arrivare con lo sguardo sotto le sue palpebre quando si segua con gli occhi cautamente la linea delle guance e poi, facendosi piccoli, ci si infili senza neanche sollevare le palpebre, perché sono già sollevate e lasciano trapelare una luce azzurrognola che invita a fare il tentativo.[25]

Sono rare nel diario queste scene di vita quotidiana in cui le parole sembrano carezzare i tratti del volto amato. Più spesso Kafka esprime nei suoi appunti il proprio timore di distruggere con le parole l'autenticità dell'esperienza teatrale, quando incontra ad esempio gli attori dopo lo spettacolo: «Come mi parvero piagati gli attori dopo la rappresentazione, come ebbi il timore di sfiorarli con una parola! Preferii andarmene in fretta dopo una fugace stretta di mano, quasi fossi in collera e malcontento, perché era proprio impossibile esprimere la mia vera impressione»[26]. Meno problematica appare invece l'impressione dello spettacolo che la scrittura di Kafka riesce a cogliere in pochi tratti tipici, ad esempio nella descrizione della recitazione dell'attore amico Isaak Löwy: «Un modo, naturale per lo spettatore, di spalancare gli occhi che vengono lasciati così un istante incorniciati dalle sopracciglia alzate. Perfetta sincerità di tutta la lettura»[27]. Naturale e vero appare qui il gesto semplice e ripetitivo in cui il volto dell'attore si fa maschera teatrale e si configura in un tipo. In una delle ultime annotazioni sul teatro yiddish si trasforma infine anche il vol-

24   *Ivi*, p. 213.
25   *Ivi*, p. 214.
26   *Ivi*, p. 223.
27   *Ivi*, p. 209.

to amato di Mania Tschissik; l'immagine dell'attrice subisce una metamorfosi e tende a sdoppiarsi, come in un quadro surreale: «Ieri il suo corpo era più bello del viso che pareva più sottile del solito, sicché la fronte che si corruga alla prima parola dava troppo nell'occhio. Il corpo alto, ben arrotondato, di media grossezza, non apparteneva ieri al suo viso ed ella mi fece pensare a esseri di doppia natura come le sirene, i centauri»[28].

La serie di volti femminili che caratterizzano le prime pagine del diario di Kafka si conclude con un celebre ritratto, quello della fidanzata Felice Bauer, che porta la data del 20 agosto 1912:

Signorina Felice Bauer: Quando il 13 agosto arrivai da Brod, ella era seduta a tavola, eppure mi parve una domestica. Non avevo alcuna curiosità di sapere chi fosse, ma mi ambientai subito. Viso ossuto e vuoto che mostrava apertamente il vuoto. Collo libero. Camicetta trascurata [con le balze, I.S.]. Pareva vestita alla casalinga benché, come si vide in seguito, non lo fosse. (Le riesco un po' estraneo perché la osservo così da vicino. È vero che ora sono estraneo a tutto il bene nel suo complesso e per giunta con ci credo ancora…). Naso quasi rotto. Cappelli biondi un po' lisci [rigidi e opachi; I.S.], senza attrattiva, mento robusto. Mentre mi mettevo a sedere la guardai per la prima volta più attentamente, quando fui seduto avevo già un giudizio incrollabile.[29]

L'annotazione citata rappresenta uno dei ritratti più frequentemente commentati dai critici per discutere il rapporto difficile e ambivalente dello scrittore con l'eterna fidanzata, e più in generale con le donne e con il matrimonio. In effetti, l'immagine sembra rispondere ad una profezia maligna del proprio destino, che Kafka aveva annotato nel suo diario l'anno precedente: «Se dovessi raggiungere i quarant'anni, sposerò probabilmente una vecchia fanciulla, coi denti superiori prominenti e un po' scoperti dal labbro. Gli incisivi superiori della signorina Kaufmann, che è stata a Parigi e a Londra, sono spostati fra loro come gambe che fugacemente si incrociano alle ginocchia»[30]. Nella descrizione della signorina Kaufmann la similitudine trasforma il difetto fisico in un gesto sorprendente che scarica

28   *Ivi*, p. 288.
29   *Ivi*, p. 366.
30   *Ivi*, p. 195.

con una 'mossa' inattesa la tensione, generando un effetto comico e grottesco; si prefigura qui il linguaggio gestuale dell'opera, un linguaggio che tendenzialmente trasforma la figura umana in creatura senza volto. Molto più fermo, ma anche spietato, appare il ritratto di Felice Bauer, che fa precipitare – come scrive Rainer Stach – il volto femminile in un «vero e proprio inferno della precisione»[31], privandolo da ogni attrazione erotica. «Knochig» e «leer» (ossuto e vuoto) sono gli aggettivi che dominano la descrizione. Il processo di farsi immagine appare in questo caso come un rituale sciamanico, in cui il volto della donna viene ridotto all'osso e prosciugato.

Rainer Stach sottolinea la disperazione che si comunica nello sguardo ipnotico e avido dello scrittore, che si fissa su singoli dettagli per penetrare nel cuore dell'esperienza e per esplorare in maniera radicale soprattutto il proprio sconvolgimento, uno scompiglio che si manifesta in maniera sintomatica nella ripetuta interruzione della descrizione stessa.[32] Infatti è proprio la familiarità del volto, paragonato a quello di una «domestica», che il ritratto illumina con una luce fredda e estranea, per mettere sotto controllo e a distanza l'esperienza della vicinanza fisica ed emotiva. Certamente il ritratto può essere letto come difesa di fronte allo sconvolgimento, come un ritirarsi nell'osservazione fredda, come il sintomo di una ambivalenza profonda che lega il piacere al dettaglio brutto e grottesco. Frequenti sono infatti nei diari e nelle lettere di Kafka i *topoi* del disgusto e dettagli ripugnanti come i denti cariati o la pelle impura; si pensi ad esempio ai denti d'oro di Felice descritti nelle lettere a Grete Bloch.[33] Ma il ritratto di Felice Bauer non si distingue solo per i particolari disgustosi che hanno attirato l'attenzione di tanti critici; esso mostra al lettore soprattutto uno sguardo inedito sulla nudità di un volto che espone la propria alterità irriducibile, al di là di ogni caratteristica individuale.

31   R. Stach, *Kafka. Die Jahre der Entscheidungen*, Fischer, Frankfurt am Main 2002, p. 100.
32   *Ivi.*, p. 100 ss.
33   Cfr. a questo proposito il saggio di W. Menninghaus, *Ekel. Theorie und Geschichte einer starken Empfindung*, Suhrkamp, Frankfurt am Main 1999, in particolare il cap. VII su Kafka (pp. 33-484). Menninghaus sottolinea i *topoi* del disgusto e interroga il brutto e il ripugnante come motivi di piacere. I motivi della *vetula* e della femminilità disgustosa, ampiamente sviluppati, assumono nel commento di Menninghaus, a differenza di Kafka, una nota decisamente misogina.

Solo cosi si rende comprensibile il riferimento al «giudizio incrollabile» e irreversibile che viene associato a questo strano colpo di fulmine. Il giudizio dello scrittore su Felice segna il destino di una relazione epistolare che sembra placare la sua avidità di volti altrui. Nell'autunno del 1912 inizia uno scambio epistolare che trasforma la relazione intima in un esercizio di scrittura, un esercizio che si sostituisce a quello dei ritratti sulle prime pagine del diario. Le famose *Lettere a Felice* accompagnano anche la conquista di una nuova qualità dell'opera, rappresentata dal racconto *Das Urteil,* che reca la dedica «A F.B.». Ora è Felice Bauer a rappresentare il «tribunale degli uomini», come Kafka confesserà nella sua ultima lettera alla fidanzata del 30 settembre 1917: «Tu sei il mio tribunale umano»[34].

3. Le smorfie della scrittura

Dal punto vista intermediale la scrittura di Kafka comunica con il disegno. I manoscritti dei diari rendono evidente il tratto grafico del testo kafkiano che emerge talvolta direttamente sulla pagina, quando le lettere si trasformano in scarabocchi e figurine, che sembrano camminare sulle righe del foglio. Kafka stesso ha più volte sottolineato la peculiarità del proprio talento di imitazione, che sta alla base dei processi di trasformazione e metamorfosi che caratterizzano la sua opera. In queste riflessioni contenute nel diario emerge in primo luogo una consapevolezza, cioè la certezza dello scrittore che il modello della propria imitazione non è la *mimesis* teatrale. In una annotazione del 30 dicembre 1911 Kafka descrive la peculiare natura del proprio mimetismo come segue:

Il mio istinto d'imitazione non ha niente dell'attore, gli manca soprattutto l'unità. Io non so affatto imitare il lato grossolano, smaccatamente caratteristico in tutta la sua ampiezza; tentativi di questo genere mi sono sempre falliti, sono contrari alla mia natura. Ho invece una decisa attitudine a imitare particolari del lato grossolano, mi sento spinto (e ci riesco senza fatica) a imitare il modo che certuni hanno di maneggiare il basto-

---

34 F. Kafka, *Lettere a Felice 1912-1917*, raccolte e edite da E. Heller e J. Born, trad. it. di E. Pocar, Mondadori, Milano 1972, p. 805.

ne da passeggio, l'atteggiamento delle loro mani, i movimenti delle dita. Ma appunto questa facilità, questa sete di imitazione mi allontana dall'attore perché questa facilità ha la contropartita nel fatto che nessuno s'accorge della mia imitazione.[35]

Kafka distingue il talento dell'attore dalla propria imitazione che si rivolge al singolo gesto e al dettaglio mimico. Nella stessa annotazione parla della propria «sete di imitazione», che va oltre i limiti della recitazione, e sottolinea in seguito la potenza di questa «imitazione interiore», che non lascia alcuno spazio alla distanza dello spettatore, «cosi potente e perfetta da non lasciare dentro di me alcuna possibilità di osservarla e costatarla»[36]. Tale imitazione perfetta, che rompe i limiti della recitazione, sarebbe «insopportabile» sul palcoscenico: «quando un attore che secondo la prescrizione deve bastonare un altro lo bastona davvero nella sua agitazione, nell'eccessiva rincorsa dei sensi, e quello grida per il dolore, lo spettatore deve diventare uomo e intervenire»[37].

Un modello di questa forma potente di *mimesis*, che nella percezione di Kafka contraddistingue la propria scrittura, è un disegnatore di nome Safranski:

Safranski, allievo di Bernhard, mentre disegna e osserva, fa smorfie che sono in relazione col soggetto disegnato. Mi ricorda che anch'io ho una grande capacità di metamorfosi che nessuno nota. Quante volte ho dovuto imitare Max! Ieri sera, ritornando a casa, avrei potuto scambiarmi con Tucholsky come spettatore. La natura altrui deve essere allora in me chiara e invisibile come ciò che si nasconde in un disegno a sorpresa, nel quale non si troverebbe mai nulla se non si sapesse che vi è nascosto. Davanti a queste metamorfosi mi piacerebbe credere in un intorbidarsi dei propri occhi.[38]

---

35   F. Kafka, *Confessioni e diari*, cit., p. 307.
36   *Ivi*, p. 308.
37   *Ibidem*. Si confronti sul tema la parabola di Kafka *Auf der Galerie*, che mostra questa differenza tra la rappresentazione teatrale e la rottura dei limiti della recitazione.
38   F. Kafka, *Confessioni e diari*, cit., p. 179.

Le smorfie di Safranski mostrano la nostalgia dell'artista di appropriarsi mimeticamente della vita altrui, un desiderio che si accompagna all'intima percezione che la propria vita sia attraversata dall'altro[39]. Kafka paragona se stesso al disegnatore sul cui volto si esprimono le smorfie dell'oggetto che tenta di fissare sulla carta, una particolare alienazione dell'identità che contiene in sé la natura altrui, «chiara e invisibile». Questa forma di *mimesis*, che Kafka distingue chiaramente dalla messa in scena teatrale, sembra contraddistinguere non solo il disegnatore, ma anche lo scrittore. Similmente alle smorfie del disegnatore la scrittura kafkiana accoglie la deformazione dei volti e dei corpi, per mostrare al lettore, come in un'immagine a sorpresa, la vita sfigurata e il volto distorto del mondo.

Va precisato che le metamorfosi mimetiche che caratterizzano la specifica sensibilità dell'artista non sono frutto di una distorsione intenzionale e volontaria del reale, e nemmeno possono essere considerate una forma di mimetismo del tutto inconscio; esse annunciano piuttosto le deformazioni non ancora giunte alla coscienza. È illuminante a questo proposito un dialogo riportato da Gustav Janouch nelle sue conversazioni con Kafka (*Gespräche mit Kafka*)[40]. In occasione di una mostra di arte moderna Janouch racconta di avere definito Picasso un artista che volontariamente deforma la realtà, ma Kafka lo contraddice: «"Non credo", fece Kafka. "Egli annota soltanto le deformazioni che non sono ancora penetrate nella nostra coscienza. L'arte è uno specchio che anticipa…come talvolta l'orologio"»[41]. Similmente le smorfie della scrittura kafkiana anticipano la coscienza, sono visioni in cui appare il volto kafkiano della nostra epoca.

39   Sul tema dell'auto-osservazione aporetica in Kafka, cfr. D. Stimilli, *Fisionomia di Kafka*, Bollati Boringhieri, Torino 2001.

40   G. Janouch, *Gespräche mit Kafka. Aufzeichnungen und Erinnerungen*, Erweiterte Ausgabe, Fischer, Frankfurt am Main 1968, p. 195.

41   F. Kafka, *Confessioni e diari*, cit., p. 1122.

Distorsioni cerebrali.
Ithaka di Gottfried Benn
come esperimento drammatico
di Marco Castellari

Landestheater Darmstadt, autunno 1967: Michael Gruner, venti-
duenne, interpreta il personaggio del Dr. Rönne in *Ithaka* – è la prima
assoluta del pezzo che Gottfried Benn ha scritto e pubblicato nel 1914.
L'azione drammatica è lineare quanto rapida. Germania, primo Novecento: dopo che Albrecht, docente di patologia, conclude l'ultima lezione di un suo corso, due studenti, Lutz e Kautski, non si allontanano. Il
primo prende a discutere con il professore, criticandone aspramente la
concezione della scienza. Entra a quel punto il Dr. Rönne, assistente di
Albrecht, che dichiara la propria assoluta insoddisfazione per metodo e
senso del proprio lavoro, rende al professore una ricerca che questi gli
aveva affidato e proclama: «il cervello è una strada sbagliata»[1]. Alla discussione si unisce ora Kautski, con un suadente richiamo al mito; dopo
un'ultima battuta di Rönne, l'aggressività verbale trapassa in violenza fisica. Rönne si scaglia su Albrecht, Lutz si unisce all'assalto e fa scempio
del suo cranio, proclamando il trionfo di «Dioniso e Itaca» (178).
   In quella stessa serata del 1967 si susseguono sulla scena altri due
pezzi di Benn: *Etappe* (Retrovia)[2] e *Drei alte Männer* (Tre vecchi)[3]. La

---

1   Si cita da *Ithaca* direttamente dalla traduzione di Lia Secci in H. Denkler, L.
Secci (a cura di), *Il teatro dell'espressionismo. Atti unici e drammi brevi*, De Donato,
Bari 1973, pp. 170-178; per tutti gli altri testi citati la traduzione è di chi scrive. Per
l'originale di tutti i testi benniani si è consultata l'edizione G. Benn, *Sämtliche Werke.
Stuttgarter Ausgabe*, in Verbindung mit I. Benn hrsg. von G. Schuster und H. Hof (di
seguito citata con la sigla *SW*); per *Ithaka* Bd VII/1: *Szenen / Dialoge / Das Unaufhör-
liche / Gespräche und Interviews / Nachträge / Medizinische Schriften*, hrsg. von H.
Hof, Klett-Cotta, Stuttgart 2003, pp. 7-16.
   2   Sulla prima produzione drammatica benniana, cfr. J.-L. Besson, *Les drames
de jeunesse de Gottfried Benn*, in «Etudes théâtrales», 7 (1995), pp. 46-57 nonché i
lemmi dedicati in Ch.M. Hanna, F. Reents (Hrsg.), *Benn-Handbuch. Leben – Werk –
Wirkung*, Metzler, Stuttgart 2016, pp. 235-243.
   3   Cfr. il lemma di E. Agazzi, *ivi*, pp. 243-244.

messinscena appare tuttora come una cartina di tornasole dei problemi che la scrittura drammatica del celebre poeta e scienziato, saggista, medico e prosatore – qui in particolare interessa il caso *Ithaka* – ha posto e pone ai suoi interpreti. Cerchiamo perciò di ricostruirne i tratti fondamentali. Regista è Gerhard F. Hering, classe 1908, che a metà anni Sessanta è all'apice della carriera direttoriale: dopo alcune esperienze come *Dramaturg* e regista ha assunto nel 1961 la guida del teatro. Responsabile di scenografie e costumi è Ruodi Barth, del 1921. Sia nel caso dello *Intendant* Hering che cura la regia, dunque, sia quanto al ruolo di Barth, in carica a Darmstadt dal 1963 come *Ausstattungsleiter*, a tenere le fila della produzione sono le figure all'apice della struttura decisionale, segno dell'investimento che il teatro di Darmstadt fa sul recupero dei testi drammatici di Benn – si tratta in tutta evidenza di un *repêchage* studiato e posto al centro del cartellone.

La struttura gerarchica del sistema dei teatri stabili bundesrepubblicani, d'altronde, su cui si basa una simile produzione, sta proprio allora per essere definitivamente rovesciata, con il passaggio dall'autoritarismo dello *Intendantentheater* alla politicizzazione e parziale democratizzazione del *Regietheater*. E l'insofferenza di giovani autori e artisti verso le inveterate strutture e retoriche del teatro rispecchia lo scontro generazionale che caratterizza i tardi anni Sessanta sul piano politico e culturale generale, dentro e fuori la Rft. E, nella Darmstadt del 1967, il recupero e prima messinscena assoluta di *Ithaka* oppone mondo dei 'padri' e mondo dei 'figli' su due piani: quello del Primo almeno tanto quanto quello del Secondo Novecento, nel sistema di riferimento del testo come in quello della rappresentazione. Lo spettacolo non propone l'accostamento come mera riproposizione di eguali eternamente ritornanti nel passaggio *from page to stage*. Piuttosto, la figura del 'ribelle' Rönne e la stessa complessiva 'ribellione' al sistema che si produce sulla scena fino all'acme tragico recano i segni dell'ambiguità. Sul punto Rolf Michaelis, che recensisce lo spettacolo per «Theater heute»[4], è precisissimo: tra i 'figli' che 'uccidono' il 'padre' negli anni Dieci, questo il sotto-testo della lettura registica, ci sono anche coloro che negli anni Trenta e Quaranta vivono la dittatura nazio-

---

4   Cfr. R. Michaelis, *Hymnen an die Nacht. Gottfried Benn «Ithaka» und «Etappe» (Uraufführungen). «Drei alte Männer». Landestheater Darmstadt*, in «Theater heute», 8 (1967), 12, pp. 47-48.

nalsocialista e la guerra da essa scatenata e che proprio negli anni Sessanta sono chiamati dalla nuova generazione a rendere conto. Si tratta di un procedimento che caratterizza la messinscena di Darmstadt come spiccatamente ideotestuale. Lo spettacolo apre cioè il testo teatrale in più direzioni, varcando gli orizzonti interni della sua compiutezza formale e del suo contesto storico-estetico e ponendolo in relazione con luogo, tempo e pubblico della rappresentazione e con le questioni storiche, politiche e culturali che la relazione tra i due *hic et nunc* – quello del testo e quello dello spettacolo – possono attivare. Se è vero, come è vero, che la messinscena ideotestuale è tipicamente applicata alla rappresentazione dei classici, la cui proverbiale validità è messa alla prova attraverso il descritto procedimento e secondo un equilibrio di volta in volta diverso fra attualizzazione e storicizzazione, e se è vero, come è vero, che *Ithaka* di Benn non era e tuttora non è affatto un classico del teatro, e anzi esperiva in quel 1967 per la prima volta la sua potenzialità scenica, la circostanza assume un particolare interesse. A essere sottoposto al 'trattamento', si può sostenere sul piano generale, non è tanto il dramma in sé e per sé, quanto il suo autore e la sua statura di classico della modernità all'uscita dalla prima fase del secondo dopoguerra tedesco. Ciò è già spia di una particolare curvatura del confronto pubblico bundesrepubblicano con Benn e con la sua opera: una curvatura inscindibile dalla questione della sua iniziale, breve ma non certo impercettibile adesione al nazionalsocialismo. Le parole di Michaelis, rilette oggi, sono termometro della situazione ricettiva creata allora dallo spettacolo: il critico sente, nelle «grida esaltate» degli studenti che si ribellano al professore fino ad annientarlo, una sorta di premonizione delle urla di giubilo con cui sono mandate al rogo, dal 1933 in avanti, prima i libri e poi le persone; non la *pars destruens* dell'afflato espressionista dunque emerge nella messinscena di *Ithaka*, bensì l'«estasi del sangue e delle anime»[5].

Hering e la sua squadra di artisti e attori, lungi dal limitarsi al raffinato recupero di un pezzo teatrale dimenticato del grande poeta dei decenni adenaueriani Benn, problematizzano dunque le ambiguità del testo, con l'occhio a quelle del suo autore e, soprattutto, ricapitolando sulla scorta del lavoro sui personaggi e sui motivi del dramma le strette politico-culturali della storia e dell'attualità tedesca. Un procedi-

5   *Ivi*, p. 47.

mento lontano da accuse e/o assoluzioni *ad hoc*, se mai capace di aprire una riflessione a tutto tondo. Un parallelo con alcuni loci della
critica su *Ithaka* lungo i decenni addietro[6] mostra interessanti spunti.
Nelle sparute riflessioni sul dramma degli anni Sessanta si avvertono
alcune singole riserve ideologiche[7]; con dovizia di riscontri filologici,
altrove si tende a distinguere la consapevolezza critica di Benn drammaturgo dal vitalismo velleitario di alcuni suoi contemporanei quali
Johst[8] oppure si giunge a menzionare *Ithaka* in trattazioni più generali
o a indagare il dramma in studi programmaticamente lontani dalla dimensione politica[9]. Già Secci pone chiaramente in primo piano l'affinità di *Ithaka* con la drammaturgia espressionista sul parricidio e dunque
avalla una lettura sostanzialmente simbolica della violenza sul professore – una linea che ritorna fin dal 1972 in Ritchie[10], il quale nega ogni
anticipazione del clima nazionalsocialista, e troverà consenso critico
nei decenni successivi, ad esempio in Miller, per la quale il dramma di
Benn è «la trasposizione del contrasto padre-figlio nel milieu
universitario»[11]. Oggi, in una sede per sua natura indicativa dello *status
quaestionis* come il *Benn-Handbuch*, Hanna definisce senza mezzi termini «errore interpretativo» quello di studiosi irretiti dal «rapido tramutarsi degli affetti irrazionalistici in brutale aggressione»: del tutto er-
rato è cioè intravvedere in *Ithaka* l'«anticipazione o addirittura la
legittimazione di atti di violenza fascista o nazionalsocialista»[12].

---

6   Per un orientamento generale e aggiornato criticamente si veda Ch.M. Hanna, F. Reents (Hrsg.), *Benn-Handbuch*, cit.; un accesso alla ricezione italiana di Benn
è offerto da A. Valtolina, L. Zenobi (a cura di), *Ah, la terra lontana... Gottfried Benn
in Italia*, Pacini, Pisa 2018. La biografia intellettuale e poetica di Benn è raccontata tra
distanza ed empatia in F.J. Raddatz, *Gottfried Benn. Leben – niederer Wahn. Eine Biographie*, Ullstein, Berlin 2006².
7   H. Kaufmann, *Krisen und Wandlungen der deutschen Literatur von Wedekind bis Feuchtwanger. Fünfzehn Vorlesungen*, Aufbau, Berlin *et al.* 1966, pp. 189-197.
8   L. Secci, *Il mito greco nel teatro espressionista tedesco*, Bulzoni, Roma 1969,
pp. 100-111.
9   Cfr. ad es. H. Brunner, *Die poetische Insel. Inseln und Inselvorstellungen in
der deutschen Literatur*, Metzler, Stuttgart 1967.
10   J.M. Ritchie, *Gottfried Benn. The Unreconstructed Expressionist*, Wolff,
London 1972.
11   G.F. Miller, *Die Bedeutung des Entwicklungsbegriffs für Menschenbild und
Dichtungstheorie bei Gottfried Benn*, Lang, New York 1990, p. 25.
12   Ch.M. Hanna, F. Reents (Hrsg.), *Benn-Handbuch*, cit., p. 239.

Hanna, accanto ad alcuni aspetti delle riflessioni di von Petersdorff[13], si riferisce in particolare alla lettura che di *Ithaka* propose Kaiser[14]. Questi aveva in realtà usato molta cautela nel formulare il punto centrale della sua riflessione: capire cioè se alcune posizioni pubblicamente espresse da Benn negli anni 1933-34, quelli di notevole vicinanza al discorso del potere, potessero essere ricostruite sulla base di quanto accade nel dramma – la circostanza che, dal contrasto generazionale e di visione della scienza e del mondo, si sviluppi un vero e proprio *Mord am Andersdenkenden*, l'omicidio di chi la pensa diversamente. La prossimità a quanto la realtà avrebbe proposto nel dodicennio nero, ad esempio quella di «ragazzotti nazisti che non solo disprezzano ma martirizzano un professore ebreo», su cui Kaiser si sofferma a metà anni Ottanta, non si discosta di molto dalle domande che la messinscena di due decenni prima, calato il sipario, lasciava aperte, e il parallelo che Kaiser istituisce con *Die Maßnahme* di Bertolt Brecht (La linea di condotta, 1930), innalzando anche *Ithaka* a testo chiave per comprendere il Novecento, potrebbe sostenere una lettura della vicenda accademico-scientifica ideata da Benn in chiave di *modello* – di nuovo, a non grande distanza dal procedimento scenico di ri-attualizzazione critica che abbiamo visto agire nella messinscena di Darmstadt. Se sviluppato in questa direzione, lo spunto critico di Kaiser non mi parrebbe affatto catalogabile quale «errore interpretativo» (Hanna), anzi: potrebbe fungere da punto di partenza per una lettura originale del pezzo, e in realtà di tutta la drammaturgia giovanile di Benn, come una sorta di laboratorio sperimentale delle crisi gnoseologiche, estetiche ed esistenziali del primo Novecento – non nel senso di un'anticipazione e tanto meno di una legittimazione della violenza quanto della messinscena dei possibili effetti di determinati presupposti: una sorta dunque di teatro scientifico, di ipotesi drammatica.

A questo Kaiser non perviene, tuttavia, perché anche la sua riflessione parte dal presupposto cui non sfugge praticamente nessuna delle interpretazioni di *Ithaka* che ho potuto consultare. Vale a dire il

---

13   D. von Petersdorff, *Wie modern ist die ästhetische Moderne? Gottfried Benns Kunst-Vorstellungen in ihrer Entstehung und ihren Folgen*, in «Zeitschrift für deutsche Philologie», 118 (1999), pp. 165-185.

14   J. Kaiser, *Beglaubigt Leidensdruck den terroristischen Rausch? Eine «Ithaka»-Betrachtung*, in Id., *Erlebte Literatur. Vom «Doktor Faustus» zum «Fettfleck». Deutsche Schriftsteller unserer Zeit*, Piper, München *et al.* 1988, pp. 137-143.

presupposto, talora tanto acriticamente assunto da finire per essere un pregiudizio, che *Ithaka* non sia un 'vero e proprio' dramma bensì una dichiarazione/confessione soggettiva, dietro la maschera, autoprodotta, del Dr. Rönne. Anche in Kaiser si legge che il protagonista è 'l'alter ego' di Benn, una locuzione che ricorre incessante fino al già citato *Benn-Handbuch*. I due aspetti del presupposto critico dominante sono strettamente legati: riconoscere in uno dei personaggi del dramma il «portavoce»[15] dell'autore – un corto circuito che, come noto, risulta indotto anche dal fatto che un personaggio con lo stesso nome è protagonista di un ciclo di novelle di pochi anni successivo, letto perlopiù in chiave autobiografica[16] – porta a negare al testo stesso una piena validità drammatica e/o a non leggerlo con gli strumenti di analisi drammaturgica. Non di rado gli interpreti minimizzano la sostanziale differenza di genere, trattando *Ithaka* alla stregua di una prosa narrativa o finanche saggistica, o sorvolano del tutto sulla strutturale plurivocità del testo teatrale, estraendone porzioni o brani e utilizzandoli per la propria argomentazione senza segnalare, talvolta senza nemmeno considerare, che essi provengono da battute di figure differenti. Ancora, lo spazio, il tempo, l'azione e la configurazione scenica del dramma sono tralasciati o ridotti a mera ambientazione di contorno per le questioni tematiche, così da incorrere in errori valutativi dovuti alla mancata considerazione di elementari principi di drammaturgia. Leggendo parte della letteratura critica senza conoscere la fonte, si potrebbe addirittura ritenere che *Ithaka* sia un monologo del Dr. Rönne o, al più, un suo dialogo serrato con il professore, tanto poco è tenuto in considerazione lo statuto drammatico del testo.

15   J.-L. Besson, *Les drames de jeunesse de Gottfried Benn*, cit., pp. 53-55.
16   Il ciclo di cinque 'novelle' esce nel 1916 con il titolo *Gehirne* (Cervelli), che è anche il titolo del primo testo. Benn stesso rimarca in alcune sue riflessioni la propria vicinanza al Dr. Rönne (ad es. nella prosa autobiografica del 1934 *Lebensweg eines Intellektualisten*, Curriculum di un intellettualista), in altre la marginalità assoluta del biografico («Origini, Curriculum – sciocchezze!», così in *Doppelleben*, Doppia vita, cfr. *SW* V: 169). Parte della critica ha mostrato il carattere artificiale e sperimentale del personaggio e delle sue elucubrazioni su scienza, mito e malinconia; letture più contenutistiche tendono a discutere i testi rönniani al di fuori della costruzione di finzione, come mero specchio di dibattiti scientifici, si veda Y. Wübben, *«Ein Bluff für den Mittelstand». Gottfried Benn und die Hirnforschung*, in H.L. Arnold (Hrsg.), *Gottfried Benn*, edition text + kritik, München 2006, pp. 71-82.

Uno sguardo panoramico alle definizioni di genere letterario e/o te-stuale che si rincorrono nei vari studi può dare un'idea dell'incertezza e/o della scarsa stima critica nei confronti della perizia dell'autore nel costruire il suo dramma. Pur essendo *Ithaka* palesemente un'opera completa, la cui azione ha un corso preciso e compiuto, senza lacune, c'è chi parla di 'frammento' o di 'frammento drammatico'. Nonostante il dramma sia evidentemente suddiviso in tre scene, definizioni al singo-lare come 'scena' o 'scena drammatica' non si contano; sebbene la strut-turazione dell'azione sia serrata e tecnicamente assai tradizionale, c'è chi riconosce la pluralità di scene ma, forse tradito dalla collocazione in epoca espressionista, le considera 'serie di scene', senza dunque una compattezza drammatica. Termini come 'dialogo pubblico', 'dialogo drammatico', 'saggio a più voci' o 'monologhi suddivisi su ruoli' non derivano tanto da una mancata contezza del genere quanto vogliono piuttosto segnalare, biasimandola, la scarsa 'vivacità drammaturgica', in altri termini: l'inadeguatezza e inefficacia teatrale del testo; simile l'im-mancabile riferimento al concetto, in verità piuttosto anacronistico, di *Lesedrama*. La definizione tecnicamente corretta di 'atto unico', assai raramente utilizzata, non spinge mai a ulteriore dettaglio analitico. Ep-pure l'atto unico in tre scene di Benn, composto da un breve monologo, un veloce dialogo a due e un più mosso e ampio dialogo a quattro voci, denuncia anche con la strettissima aderenza all'unità di luogo, tempo e azione e nell'accelerazione progressiva della tensione la propria incon-fondibile natura drammatica, oltreché un cospicuo talento costruttivo.

Tenendo ferme queste considerazioni, converrà ora proporre un'a-nalisi del testo drammatico come tale, con un obiettivo che arriviamo a considerare almeno duplice: da un lato aprire a una riconsiderazione della costruzione formale e tematica di *Ithaka*, al cui centro è l'irridu-cibile plurivocità della comunicazione teatrale; dall'altro, riconsiderare proprio alla luce di questo *close reading* le questioni critiche già solle-vate – definiamole brevemente come 'autobiografismo' e 'nazismo' – e almeno altri due costellazioni interpretative centrali negli studi su Benn, e certo non solo sul dramma in questione: quella epistemologica e quella filosofica. Alla fine della trattazione si proverà dunque a trarre conclusioni interpretative che evidenzino il carattere doppiamente sperimentale del dramma: quello di un *Versuch*, di tema scientifico e di natura teatrale, in cui l'autore verifica l'effetto delle distorsioni cere-brali di personaggi fatti muovere e scontrare nell'agone tragico.

Ripercorriamo dunque nel dettaglio la costruzione drammaturgica. Il luogo di ambientazione è un'aula / laboratorio universitario tedesco, e rimane lo stesso fino alla conclusione; la collocazione temporale non è esplicitamente indicata e può essere ritenuta sostanzialmente contemporanea o di poco precedente alla stesura. Il tempo della rappresentazione equivale al tempo rappresentato, stimabile in circa un'ora. Albrecht, professore di patologia, chiude il suo corso offrendo agli studenti quella che ritiene «una sorpresa tutta speciale» (171): i risultati di un suo esperimento sulla colorazione di cervelli di ratti che, pur nella loro estrema specificità gli paiono «degni di una pubblicazione precisa», addirittura possono essere intesi come «passo avanti verso la conoscenza delle grandi relazioni che muovono l'universo» (171); detto ciò, congeda gli uditori. Dopo questo primo momento scenico, interamente occupato dalla lunga battuta di Albrecht, una breve didascalia indica il cambiamento di compagine – gli studenti Lutz e Kautski non si allontanano dal laboratorio. La breve seconda scena vede Lutz (tre battute) incalzare il professore (due battute); Kautski non interviene. Lo studente chiede se non si possa andare oltre la raccolta e osservazione di dati, giungere a «qualche conclusione […]. Qualcosa di funzionale» (172); Albrecht ribatte ricordando la necessità di non azzardare alcunché prima di aver letto l'intero scibile sul tema e rifiuta in ogni caso l'idea che la scienza moderna possa offrire «conclusioni», verità definitive, pena la regressione alla teologia. A tale richiamo – certo in tono professorale, paternalistico e non privo di sarcasmo, ma del tutto plausibile nelle dinamiche sociali e culturali del contesto in cui ci troviamo – Lutz risponde con un'inusitata intimidazione, la prima battuta di *Ithaka* in cui, per ora nel modo congiuntivo della possibilità, si delinea lo strappo deformante che ribalta la prassi vigente, la parola che disegna una rivolta dei 'figli' contro la cultura (scientifica) dei 'padri': «E se un giorno tutto il suo uditorio si alzasse e le urlasse in faccia che preferirebbe sentire la mistica più oscura, piuttosto che lo scricchiolio sabbioso delle sue acrobazie intellettuali», e ancora, passando dalla veemenza verbale alla minaccia di una vera e propria violenza fisica: «e la facesse volar via dalla cattedra a forza di calci nel sedere, che direbbe allora?» (172).

Causa l'immediato ingresso, a questo punto, del quarto e ultimo personaggio a presentarsi in scena, il Dr. Rönne, Albrecht non ha possibilità di reagire; la tensione drammatica si allenta un poco e si torna

brevemente a discutere nel merito metodologico della ricerca scientifica, in particolare di quella di matrice positivista. L'assistente si rifiuta di
condurre lo studio «sull'apertura nel peritoneo del neonato» affidato-
gli dal professore, poiché non ha il «minimo interesse» a «descrivere»,
secondo le consuetudini di lavoro, i risultati di un'autopsia nei termini
e per un pubblico di «persone sconosciute, pre-addestrate in una certa direzione» (172); a impedirgli di rimanere nell'alveo della routine,
oltre all'evidente disagio verso un sistema predefinito e autoritario, che
avverte come sterile nel suo mero descrittivismo e nella sua estrema au-
toreferenzialità, è un problema gnoseologico complessivo. La «lieve e
autosoddisfatta ingenuità di un caso unico», il frammento dunque del
vasto «gioco» della vita intesa in senso enfatico (*lebensphilosophisch*), è
per Rönne irriducibile al metodo analitico preordinato: «nel cervello»,
afferma Rönne, non è possibile «distrugger[lo] e dissolver[lo]» (172),
tantomeno dunque poi ricostruirlo. Albrecht ribatte seccato che asse-
gnerà il lavoro ad altri e che Rönne non capisce «che non si tratta affatto di quest'unico caso, bensì che in ogni singola ricerca è in questione
la sistemazione del sapere in sé, l'organizzazione dell'esperienza, in una
parola, la scienza» (173). Seguono altre due battute di Rönne e una
breve di Albrecht – si noti la ripetizione strutturale e tematica dello
schema drammaturgico che reggeva il secondo momento scenico: di
nuovo, come con Lutz, il professore si trova a ribattere ad accuse in un
crescendo di tensione, di nuovo il terzo attacco opera uno spostamento dalla discussione, anche aspra, con chiari riferimenti a storia e metodo del sapere scientifico, a una dimensione deformata della plausibile
realtà dell'agire contestuale, che afferma un'espressionistica autenticità del sentire soggettivo e, prospetticamente, dell'agire volitivo. Rönne
infatti, dopo aver instillato ad Albrecht il dubbio che, forse, fra due-
cento anni si riderà di lui e dei suoi esperimenti esattamente come egli
può sorridere pensando alle descrizioni della natura che due secoli prima tendevano a «dimostra[re] la sapienza di Dio», rifiuta *in toto* la
possibilità di occuparsi di lavori affidatigli in quel contesto – il professore cerca con questa offerta di chiudere lì la questione –, definisce
«raccogliere esperienze, sistematizzare» come «le attività cerebrali più
subalterne», accusa i sedicenti scienziati degli ultimi cent'anni di non
essere stati capaci «di produrre nemmeno l'atomo di un pensiero che
esuli dalla banalità» e giunge in chiusa al vero e proprio insulto: «mucchio di talpe e fronti di scimmie – un gregge da sputi» (173).

Con questo botta-risposta si apre il terzo e ultimo momento scenico di *Ithaka*, di un'ampiezza pari a oltre quattro volte i primi due assieme, e assai più complesso sul piano drammaturgico, con la presenza
eloquente di tutti e quattro i personaggi. Spettatori non previsti del
confronto tra professore e assistente – Rönne è giunto per parlare con
Albrecht nella convinzione che, conclusa la lezione, avrebbe potuto
trovarlo solo – i due studenti intervengono infatti in maniera determinante nel dialogo e nell'azione drammatica, come finora gli studiosi
hanno mancato di tenere, a mio parere, nella dovuta considerazione.
Massimamente in questa terza sezione, *Ithaka* propone una varietà di
strumenti drammatici, una caratterizzazione dei personaggi, una strut-
turazione dell'azione, una conduzione dei motivi verso l'acme tragico
e una differenziazione e precisione linguistica che permettono nel
complesso di considerarlo un dramma completo nonché assai riuscito.

È Lutz, coerentemente al suo ruolo di primo disturbatore, a schie-
rarsi dalla parte di Rönne e a ridicolizzare il sapere di cui Albrecht è
socialmente e personalmente rappresentante («Cosa sa veramente?
Che i lombrichi non mangiano con coltello e forchetta e che le felci
non hanno calli sul sedere»), a provocarlo («Sa qualcos'altro?») e a
incalzarlo minaccioso senza ascoltare le sue prime rimostranze («Di-
gnità? Chi è lei? Rispondere deve. Avanti» 174). Albrecht richiama
l'utilità sociale dei risultati concreti che la scienza moderna ha ottenuto, citando sieri e farmaci che salvano vite e parlando espressamen-
te di «umanità» – un linguaggio e una concezione che gli procurano
solo sprezzanti commenti da parte di Lutz («strappare alla morte po-
vera gente, se a uno piace») e di Rönne («Bambini che muoiono e
ogni modo di crepare fanno parte dell'esistenza» 174). Al più tardi in
questo frangente è lampante che in questione è il diverso referente
che sta dietro alle parole, come 'vita', 'umanità', 'conoscenza', 'evoluzione', 'cervello', usate dai vari interlocutori – si può ben dire, dalle
due generazioni. Qui, ad esempio, il *Leben* al quale Rönne fa riferimento non ha nulla a che fare con la sopravvivenza biologica e rimanda piuttosto a un elitarismo vitalista di sapore marcatamente
nietzscheano: «Non banalizziamo la vita» (174), lo sentiamo quasi urlare di fronte all'accorato bozzetto di madri e famiglie riconoscenti
verso la medicina che Albrecht disegna.

Il richiamo del professore a questioni concrete, messo in atto nel
chiaro intento di placare i toni accesi di Rönne e di Lutz ma sostan-

zialmente fraintendendone l'origine e la portata, è ulteriormente palesato come inefficace nell'ultima battuta che Lutz pronuncia a quest'altezza mediana dell'agone drammatico (per poi scomparire dal dialogo, ma non dalla scena, e riprendere parola solo nella stretta finale). I «punti di vista pratici», afferma Lutz, non interessano certo né lui né Rönne. La questione è un'altra, assieme più ampia e più attuale: «dove lo prende in coraggio», chiede lo studente ad Albrecht coinvolgendo idealmente l'intera cultura guglielmina, «di avviare la gioventù a una scienza di cui sa che la possibilità di conoscenza si chiude con l'Ignorabimus?» (174).

Il contrasto generazionale, così caro all'Espressionismo, è declinato su uno dei concetti chiave dell'epistemologia tardo-ottocentesca, che diviene terreno di scontro fra i 'padri' positivisti, che mirano alla sistematizzazione del sapere entro i confini che il reale impone e lo scienziato deve umilmente accettare, e i 'figli' che invece non riconoscono tali 'limiti della conoscenza della natura'. Proprio su questo tema, *Über die Grenzen des Naturerkennens*, verteva il discorso che Emil Du Bois-Reymond tenne a Lipsia nel 1872 e che culminava esattamente nel monito latino *ignorabimus!*: nel contesto di un radicale ottimismo nel progresso della scienza, il celebre fisiologo del gruppo berlinese di biofisica poneva come irrisolvibili due quesiti di fondo – l'essenza della materia e della forza e la loro facoltà di pensiero –, situandosi dunque al di qua dei tentativi, già allora in corso, di affrontare in termini naturalistico-sperimentali concetti della tradizione filosofica come coscienza e spirito. Nei decenni che intercorrono fra il discorso di Du Bois-Reymond e il dramma *Ithaka*, il dibattito scientifico ha sviscerato la questione in parallelo agli sviluppi dell'Evoluzionismo e della cosiddetta *Hirnforschung* – Ernst Haeckel ad esempio è annoverato fra i maggiori oppositori di Du Bois-Reymond, ed è stato dimostrato come Benn fosse perfettamente informato delle posizioni in merito[17].

17   Cfr. soprattutto U. Kirchdorfer-Boßmann, *«Eine Pranke in den Nacken der Erkenntnis». Zur Beziehung von Dichtung und Naturwissenschaft im Frühwerk Gottfried Benns*, Röhrig, St. Ingbert 2003; M. Hahn, *Über einen Fall von innerer Einklemmung zwischen Literatur und Wissenschaft. Gottfried Benns «Ithaka»*, in H.L. Arnold (Hrsg.), *Gottfried Benn*, cit., pp. 50-57; Y. Wübben, *Gottfried Benn und die Hirnforschung*, cit.

È questo un esempio lampante della maniera in cui, nel breve giro scenico di *Ithaka*, emergono tracce evidenti della storia della scienza, soprattutto del mezzo secolo precedente al 1914. Il fatto va certamente legato alla formazione e professione scientifica e in generale al sapere e talento composito dell'autore e alla sua concezione del rapporto fra arte e scienza – una pista che la critica benniana ha seguito e segue con giusta passione ed eccellenti risultati di contestualizzazione, anche in forza degli evidenti richiami intratestuali ad altre note opere di questa sua stagione espressionista, nel dramma e soprattutto nella lirica, da *Morgue* (1912) a *Fleisch* (Carne, 1917), e nelle prose saggistiche e di finzione fino alla raccolta di novelle *Gehirne* (Cervelli, 1916). Ritengo sia però eccessivo interpretare l'intero dramma come una sorta di malcelata resa dei conti del giovane scienziato Benn con veri e falsi maestri, nei termini insomma di un «banale pezzo di critica della scienza»[18], nel nome di una perfetta identità fra il personaggio fittizio del Dr. Rönne e l'autore[19] o addirittura con l'affermazione di una prevalenza qualitativa della dimensione filosofica, gnoseologica ed epistemologica sulla parola letteraria, per cui i testi rönniani sarebbero «un test per il genio. Per coloro che comprendono il loro vero contenuto di storia dello spirito divengono un testo chiave. Per tutti gli altri sono letteratura»[20].

Mi pare assai rischioso, sul piano generale, sovrascrivere con riferimenti culturali, epistemologici e filosofici e con dati in ultima analisi autobiografici un tessuto drammatico di finzione, per sua stessa natura plurivoco, in una sorta di deriva metodologica in cui il contesto finisce per inghiottire il testo e metterne a tacere le ambiguità, l'irriducibilità all'univoco – ciò che è invece in tutta evidenza il marchio distintivo e il potere sovversivo della scrittura poetica. L'importantissimo lavoro di scavo nelle competenze e letture di Benn e nei loro presupposti storici ci offre materiali di grande utilità, purché non intesi come fini a se stessi. Torniamo perciò al testo e al punto in cui Lutz cita lo *Ignorabimus* – dico citare in senso stretto: lo studente evidente-

18   M. Hahn, *Über einen Fall von innerer Einklemmung zwischen Literatur und Wissenschaft*, cit., p. 51.
19   Esplicitamente ad es. in S. Ray, *Beyond Nihilism. Gottfried Benn's Postmodernist Poetics*, Lang, Oxford *et al.* 2003, pp. 131-160, qui p. 133, oppure nei già citati lavori di J.-L. Besson, J. Kaiser, U. Kirchdorfer-Boßmann, Y. Wübben.
20   Y. Wübben, *Gottfried Benn und die Hirnforschung*, cit., p. 81.

mente recupera parole udite in quel lungo antefatto a *Ithaka* che è stato l'intero corso di Albrecht, di cui noi vediamo solo l'estrema conclusione. Il professore deve avere più volte richiamato il monito du bois-reymondiano – lo suggerisce peraltro una circostanza che qui conviene anticipare: quando, alla fine del dramma, Albrecht si troverà accerchiato e ghermito da Lutz, ripeterà due volte proprio il termine latino (saranno le sue ultime parole), e lo studente in tutta risposta gli sbatterà la fronte da una parte all'altra iterando a sua volta il monito, come a nominare la colpa per la quale è punito: «Ignorabimus! Questo per Ignorabimus!» (179).

Nella costruzione del dramma, 'Ignorabimus' è dunque uno dei termini che, estratti da quel mondo scientifico che costituisce l'ambientazione della vicenda, assume una funzione discorsiva – chi guarda alla plausibilità della costruzione letteraria potrà essere soddisfatto dal sapere che si tratta effettivamente di una parola d'ordine di un determinato orientamento scientifico tardo-ottocentesco e che attorno ad essa ben funziona (ma non si esaurisce) la polarizzazione tra generazioni. Se Benn avesse inteso recuperare nel dettaglio una contrapposizione fra metodi, a questo punto del dramma ci aspetteremmo una replica del professore – quel che troviamo sono solo puntini di sospensione. È invece Rönne a inserirsi, reintroducendo un concetto chiave che, comparso fin dall'inizio del dramma come oggetto di ricerca e sperimentazione, assume nel concitato procedere dell'azione connotati ben diversi. Un termine centrale per tutta la scrittura di Benn: *Gehirn*, cervello. Non quello dei ratti che Albrecht ha a lungo studiato (primo momento scenico); non quello di un animale di maggior taglia che un altro Rönne, nell'omonima novella, apre tra le mani come un «un grosso morbido frutto» (*SW* III, 32); non quello di cadaveri sezionati sui tavoli di *Morgue*, dove scivola un fiore violaceo (*Kleine Aster*, Piccolo astero, v. 9, *SW* I, 11) o che giace, già «tempio di Dio», accanto ai testicoli, «stalla del diavolo», nell'immagine forse più radicalmente provocatoria della raccolta d'esordio (*Requiem*, seconda quartina, *SW* I, 13). Qui il *Gehirn* è quello umano e vivo di Rönne, che in un passaggio commentato sopra era già stato dichiarato non più in grado di attenersi alle ritualità della prassi scientifica acquisita e che ora equivale a una condanna, un tormento, una malattia. «Io ho masticato tutto il cosmo con il mio cranio» (175), accusa l'assistente, come a rendere colpevole il professore e con lui tutta la scienza ottocentesca della sua condizione d'infermità *troppo* mentale, «*Io* ho pensato fino ad avere la bava alla bocca. *Io* sono stato logico fino a vomitare merda» (175). L'addestramento a perfetto scienziato guglielmino ha lasciato in mano a Rönne solo «parole e il cervello. Parole e il cervello. Sempre e poi sempre nient'altro che questo terribile, quest'eterno cervello», poi declinato in un *climax* ascendente di apposizioni metaforiche quale «croce», «incesto» e «stupro contro le cose» (175). Il *Fazit*, alla battuta successiva, è la frase più citata del dramma: «Il cervello è una strada sbagliata. Un bluff per la classe media» (176), affermazione ad effetto cui segue una serie di immagini che sono, in tipico modo espressionista, esito di una percezione soggettivamente distorta: il cervello, dice Rönne, «sta come una tigna nel mio cranio», «[è] in agguato dovunque: giallo, giallo: cervello, cervello», fino alla deformazione in elefantiaco e cadente genitale: «Mi pende giù tra le gambe…. sento chiaramente che mi sbatte sulle caviglie» (176).

Intervenendo sulle parole di Lutz e sul silenzio di Albrecht, Rönne mostra da un lato di essere totalmente immerso nella sua crisi soggettiva, scientifica ed esistenziale, senza ancora aprirsi alle istanze degli studenti: l'assistente minaccia sì Albrecht di ucciderlo – questa seconda intimidazione, apertamente performativa, potenzia quella di Lutz nel secondo momento scenico e, naturalmente, anche gli insulti che lo stesso Rönne ha pronunciato poco prima – ma lo fa ancora del tutto entro la propria personale rivendicazione: «[S]e osa ancora una sola volta alzare la sua voce nelle vecchie bugie di cui mi sono nutrito fino ad ammalarmene, io la strangolo con queste mie mani»; il punto è «la mia esistenza, questi tormenti, questo terribile essere-alla-fine» (175). Dall'altro lato, le due battute tematicamente (e strutturalmente!) centrali di Rönne, attorno al motivo del cervello come «strada sbagliata», provocano una svolta decisiva nel corso dell'azione e scoprono del tutto le carte in tavola, causando in ultima analisi fin d'ora l'epilogo tragico.

Dichiarando apertamente la 'malattia del cervello' da cui è afflitto, Rönne mobilita definitivamente un repertorio concettuale e un linguaggio di chiara matrice nietzscheana che, come hanno notato i più attenti esegeti della questione, conduce la *Kultur- und Erkenntniskritik*, il richiamo del dionisiaco e del mitico e soprattutto il desiderio di regressione e annullamento del soggetto a un piano ancor più radicale di quello invocato dal filosofo sassone, oltre ad averlo, come naturale sul piano storico, ulteriormente aggiornato rispetto al progresso della civilizzazione e del sapere soggetti a decostruzione:[21] «Per conto mio avremmo potuto restare meduse. Io non do la minima importanza a tutta la storia dell'evoluzione» (176), afferma l'assistente, e ancora: «O, vorrei ridiventare così: prato, sabbia, disseminato di fiori, un'ampia prateria. In onde tepide e fresche la terra porta tutto a uno. Niente più fronte. Si viene vissuti» (176). Il tema, ampiamente studiato e talvolta appiattito a traccia della biografia intellettuale dell'autore, interessa qui per la sua strutturazione drammaturgica e gestione stilistica. Proliferano qui figurazioni cupe, allucinate o distorte, disperata o grottesca espressione del disagio, della ribellione o della fuga di fronte all'ottusità positivista: oltre alle immagini già citate, si veda ad esempio quella del soggetto «grigio, erto, morto», simile pare di intuire a un albero rinsecchito, posto sulla riva di un «cosmo» che «passa scrosciando» ma incapace coi suoi rami di trarre vita da quell'acqua fluente, essendo essi solipsisticamente intrappolati nel proprio «interno, nel farsi sera del loro sangue, nel raffreddarsi delle loro membra» (176); o ancora, con deformazione caricaturale, l'amara ridicolizzazione delle *magnifiche sorti e progressive* immaginate dal professore per l'*homo faber*[22], piegate da Rönne in un quadro già surrealista, finanche

---

21 Sul tema si parta da M. Meli, *Olimpo dell'apparenza. La ricezione del pensiero di Nietzsche nell'opera di Gottfried Benn*, ETS, Pisa 2006 e, dello stesso autore, dalla scheda che ne sistematizza la periodizzazione in Ch.M. Hanna, F. Reents (Hrsg.), *Benn-Handbuch*, cit., pp. 43-45. Per *Ithaka* cfr. M. Gehrke, *Probleme der Epochenkonstituierung des Expressionismus. Diskussion von Thesen zur epochenspezifischen Qualität des Utopischen*, Lang, Frankfurt am Main *et al.* 1990, pp. 220-242 e G. von Essen, *Resonanzen Nietzsches im Drama des expressionistischen Jahrzehnts*, in Th. Valk (Hrsg.), *Friedrich Nietzsche und die Literatur der klassischen Moderne*, De Gruyter, Berlin-New York 2009, pp. 101-128. Per l'incrocio con la costellazione Benn-*Antike* cfr. L. Secci, *Il mito greco nel teatro espressionista tedesco*, cit., e Th. Pittrof, *Gottfried Benns Antikerezeption bis 1934*, in A. Aurnhammer, Th. Pittrof (Hrsg.), *«Mehr Dionysos als Apoll». Antiklassizistische Antike-Rezeption um 1900*, Klostermann, Frankfurt am Main 2002, pp. 471-501.

22 Come anche altri passaggi di *Ithaka*, è qui riconoscibile la traccia delle letture saggistiche e scientifiche di Benn (qui Henri Bergson). Anche la sua scrittura scientifica aleggia dietro la finzione di *Ithaka* – in maniera particolarmente ironica quando Rönne si rifiuta di elaborare la ricerca affidatagli da Albrecht su un tema assai prossimo all'articolo che Benn, nella realtà, diede alle stampe: *Über einen Fall von innerer Einklemmung infolge Mesenteriallücke bei einem Neugeborenen* (Su un caso di schiacciamento interno causato da lacuna mesenteriale in un neonato, «Arbeiten

postmoderno, di come il razionalismo scientifico-tecnologico ridurrà l'essere umano: «una robusta corteccia cerebrale infilata su si trascina un poco; dita stanno dritte come compassi; dentature sono trasformate in macchine calcolatrici – oh si diventerà un intestino con sopra un alambicco che secerne sistemi...» (176).

La cesura nel linguaggio (da concreto-oggettivo a immaginifico-allusivo, con progressivo avvicinamento a un *ductus* lirico marcato anche graficamente), nei contenuti (da 'scientifico-metodologici' a 'filosofico-esistenziali') e nelle forme del dialogo (la stringenza drammatica viaggia ora anche sui binari dell'allusione tematica e non solo del botta-risposta), nell'azione (da drammatica a tragica, con stretta finale) che riscontriamo in queste due battute di Rönne non è comunque affatto limitata nei suoi effetti all'assistente e ai suoi interventi. Al contrario, a dimostrazione di una saldissima gestione della plurivocità e della performatività del testo teatrale, questo passaggio è costruito da Benn come chiave di volta complessiva per l'intera compagine dei personaggi. Lo strappo di Rönne fa sì che si smascherino il linguaggio e l'atteggiamento di Albrecht, che mostra così quelle distorsioni psicologiche e ideologiche che Rönne declina in immagini grottesche, causa l'intervento nella contrapposizione tra i due di Kautski, fino a quel momento silente e ora decisivo nel sostenere Rönne con accenti poetici e volitivi, e prelude al passaggio esiziale dalle parole all'azione. Nulla di più lontano da un monologo solipsistico di Rönne *alias* Benn!

La reazione di Albrecht alle parole dell'assistente, anzitutto, palesa come dietro alla sobrietà e cautela scientifica di cui il professore ha fatto mostra finora si celino autoritarismo, sprezzo per l'umano e spietato militarismo del progresso. Egli non risponde affatto sul merito a Rönne e non offre alcuna prospettiva al suo disagio, bensì lo esclude a priori dalla discussione, definendolo «degenerato, nevrastenico», un mistico in preda a «esigenze medievali», lo invita a non accodarsi, visto che è troppo «debole», al «cammino verso la nuova conoscenza» della scienza moderna, i cui eroi (evidentemente lui compreso) sono definiti come «un esercito: teste che dominano, cervelli che conquistano», in

auf dem Gebiete der pathologischen Anatomie und Bakteriologie aus dem Pathologisch-anatomischen Institut zu Tübingen», 9 (1914), 1, pp. 129-133, cfr. *SW* 7/1, pp. 399-403; cfr. M. Hahn, *Über einen Fall von innerer Einklemmung zwischen Literatur und Wissenschaft*, cit.).

un'ininterrotta linea di progresso tecno-razionalistico: «Ciò che tagliò l'ascia dalla pietra, che custodì il fuoco, che generò Kant, che costruì le macchine – è affidato a noi» (175 s.). Poco oltre il professore diffida gli studenti dal lasciarsi «confondere» da Rönne, che è «logorato per aver pensato» – il suo assistente è irrecuperabile e non c'è tempo o motivo per rammaricarsene: «Dovranno esserci simili vittime sul nostro cammino» (177). «*Proseguendo*» poi il discorso, come dice la didascalia, e incurante delle parole che Rönne rivolge a Kautski, il professore sminuisce «queste strane esigenze e sentimenti» dei giovani e suggerisce che siano meri rimasugli di un'epoca prerazionale, «vecchie ulcere del nostro sangue, di tempi antichi, che si perderanno nel corso dell'evoluzione» (177). «Tutte le esigenze speculativo-trascendentali», prosegue imperterrito, «non potrebbero forse, nel corso del tempo, depurarsi, chiarirsi e calmarsi nel lavoro per la formazione delle cose terrene», in altri termini nell'affermazione di un *brave new world* dominato da «un homo faber, invece che [...] un homo sapiens come finora» (178).

Passiamo a Kautski. Egli interviene per la prima volta in assoluto proprio dopo che Rönne ha pronunciato la seconda delle sue battute centrali. La figura dello studente è certamente la più enigmatica del dramma: detentore del minor numero di battute (due, di cui una molto breve) e complessivamente anche del minor numero di parole, egli è presente in scena dall'inizio alla fine e non compie alcun gesto o azione, se si esclude il fatto di non uscire dall'aula alla fine della lezione in apertura. Egli non ha poi nessuna parte, né come carnefice né come vittima, nel *climax* tragico, di cui è solo e unicamente spettatore; eppure, il suo intervento verbale appare decisivo – tutto questo mi parrebbe per altro un indizio per immaginare, se è proprio necessario farlo, in lui e non in Rönne l'*alter ego* dell'autore, che spinge a questo punto del dramma il pulsante che rende irreversibile la catastrofe e torna poi a osservare da fuori il suo esperimento drammatico.

Kautski, infatti, offre a Rönne un luogo ideale dove ritrovare senso: «Vede», lo incalza «l'aurora attorno alle nostre membra?» (177). La regressione evolutiva in cui Rönne vedeva l'unica prospettiva rigenerante si trasforma in futuro mitico, perché il giovane mondo che Kautski annuncia è capace di liberarsi dalla «grande bestia divoratrice, avida di dominio: l'uomo che conosce», possibilità latente nell'umano per «millenni» che ha spadroneggiato nel lungo Ottocento. Quel «secolo è alla fine», proclama solenne Kautski, «noi siamo più antichi.

Noi siamo il sangue; dai mari caldi, dalle madri che diedero la vita» (177). Ribaltando le parole del professore, e dando così alla crisi di Rönne per la prima volta una prospettiva, Kautski definisce la modernità scientifico-tecnologica una «malattia», ora alfine «sconfitta», il tormento dell'assistente quello di un «viaggio oscuro» che ora finalmente può concludersi. Le parole di Kautski offrono figurazioni dell'antico, del vitale, dell'originario, del mediterraneo come «patria sopra il mare» che Rönne è invitato a riabbracciare, come in un'agnizione oltre le distanze spaziali e temporali: «Venga a casa. Io la chiamo» (177). Lucidissimo (al contrario di Rönne, che reagisce con affannati balbettii), Kautski evoca nelle poche parole della sua seconda e ultima battuta l'immagine definitiva, allusione all'isola del titolo e scaturigine del finale del dramma: «Ma c'era una terra: frullante di colombe, brivido marmoreo da mare a mare; sogno ed ebbrezza –» (178).

Evocato il luogo a cui tornare, in una regressione al mito che è allo stesso tempo progressione verso una nuova vita autentica nel segno epocale della sintesi dionisiaca tra arcaismo e avanguardia, Kautski non ha bisogno di dire o fare altro, e rimane in scena silente e inattivo. Rönne esperisce la sua *Heimkehr* gridando, nella sua ultima battuta ormai pienamente lirico-frammentaria, la fine del lungo *nóstos*, l'avvistamento della terra materna: «Itaca! – Itaca!... –» (178). Immerso in un «ebbrezza [che] è più forte della morte», l'assistente afferra il professore; questi reagisce promettendo di cambiare rotta nell'insegnamento e provandosi inutilmente in un estremo richiamo alla solidarietà fra scienziati («Noi siamo medici»). Lutz si unisce all'aggressione fisica di Rönne e anzi la incrementa; ripetendo le parole del professore conferma: «Assassinio! Assassinio!» e lo esalta come inizio di una carneficina che coinvolgerà tutti i simili di Albrecht: «Dalla nostra fronte devono cadere flagelli su questa genìa» (179). Al professore rimane solo la maledizione – «*rantolando*» preconizza che la generazione che lo manda al supplizio verrà a sua volta sconfitta e martirizzata: «voi sarete dissanguati e la massa si godrà sul vostro sangue una colazione con brindisi ed evviva!» (179).

L'*explicit* del dramma, lo sappiamo, è affidato a Lutz, che oltre a ripetere la condanna dell'*Ignorabimus* condensa nelle sue ultime parole motivazioni e prospettive della ribellione: «Noi siamo la giovinezza». Parole e immagini con cui Lutz inneggia in chiusa al trionfo del «sud [che] gonfia alti i colli» e che riprendono palesemente il linguaggio 'mitico' di Kautski. Quanto questi evocava suggestivamente diviene qui parola d'ordine: «Il nostro sangue invoca cielo e terra, non cellule e vermi», e ancora: «Noi vogliamo il sogno. Noi vogliamo l'ebbrezza»; quanto era annuncio si fa azione: «Anima, dispiega le ali, sì, anima, anima!»; quanto risuonava implicito diventa riferimento esplicito: «Noi invochiamo Dioniso e Itaca» (179). Se già nell'ultima battuta di Rönne si rintracciavano palesi riprese dell'immaginario arcaico-avanguardistico di Kautski, inserite nel parlare associativo di un soggetto frammentato e solipsistico che dà espressione lirica alla sua percezione distorta e, con un salto estatico, passa al gesto aggressivo, quello di Lutz è un dire programmatico, dichiarativo, che si fa interprete di una dinamica di gruppo e trasforma la distorsione regressivo-utopistica in affermazione volitiva e performativa: parlare e agire hanno in lui piena consequenzialità, senza remora alcuna sui mezzi da utilizzare per raggiungere il fine estaticamente intravvisto.

La sperimentazione sul campo ha prodotto il suo risultato. Le distorsioni nei personaggi di finzione – quelle a lungo nascoste dietro l'*éthos* scientifico di Albrecht, quelle esplicite della crisi 'cerebrale' di Rönne, quelle esaltate degli studenti, che portano prima Kautski a fornire le parole d'ordine al tramutarsi in estasi e azione della crisi di Rönne, poi Lutz, già primo intimidatore di Albrecht, a concretizzare fatalmente le sue parole nel gesto omicida finale – hanno mostrato il loro tragico effetto. L'autore-osservatore ha fatto partire l'azione e, assieme al suo ideale pubblico, vede ora la conclusione cui giunge lo scontro fra le soggettive deformazioni conoscitive e percettive delle quattro figure di finzione. Senza dubbio la prova in laboratorio è stata messo in atto sulla base di una piena contezza dei dati di partenza (del sapere filosofico, fisiologico, culturale in senso lato) e con ampia esperienza personale del contesto accademico-scientifico; *Ithaka* è in ogni caso – anche e soprattutto in quanto testo drammatico – ben altro che autobiografismo in forma dialogica e assai di più che un «banale pezzo di critica della scienza» o una serie di assaggi di «storia dello spirito» per chi non si fa irretire dalle belle lettere. È piuttosto, proprio grazie al suo statuto aperto di testo letterario, un riuscito esperimento drammatico sulle persistenti ambiguità del razionalismo tecnico-scientifico, sulla suggestione di una sua crisi, decostruzione e sovversione, e sulle derive violente che per entrambe le vie ne scaturiscono: un pezzo per il teatro moderno e contemporaneo che non smette di essere attuale.

Il personaggio di Rönne in *Gehirne* di Gottfried Benn: un passeggiatore solo a spasso per la città invisibile

di Stefania Sbarra

Il dr. Rönne, protagonista del ciclo di novelle che Gottfried Benn pubblica nel volumetto *Gehirne* nel 1916, è un passeggiatore solitario in una delle città al centro di quell'aurora catastrofica del secolo breve che è la Prima guerra mondiale: evento appena percepibile nelle pagine ambientate in una Bruxelles riconoscibile soltanto per un'allusione al quartiere Marolles nell'ultima delle novelle, *Der Geburtstag*, e perlopiù nascosta allo sguardo del lettore magneticamente risucchiato in una prosa allucinata e antimimetica che ingaggia un serrato confronto con la scienza dell'epoca[1]. Nulla trapela della Bruxelles occhio del ciclone del conflitto di cui parla Helmuth Lethen[2], e nemmeno la dimensione propriamente metropolitana è dirompente come nelle poesie dell'Espressionismo, che tanto devono alla fortunata categoria del *blasé* di Georg Simmel, il nuovo tipo metropolitano al centro di *Die Großstadt und das Geistesleben* del 1903, che offre alla generazione dell'avanguardia una chiave di lettura della sua situazione nell'orizzonte della modernità: «La base psicologica su cui si erge il tipo delle individualità metropolitane è l'intensificazione della vita nervosa, che è prodotta dal rapido e ininterrotto avvicendarsi di impressioni esteriori e interiori»[3]. Il *blasé* allora, per far fronte all'accelerazione della

---

1 Cfr. M. Hahn, *Assoziation und Autorschaft. Gottfried Benns Rönne- und Pameelen-Texte und die Psychologien Theodor Ziehens und Semi Meyers* in «Deutsche Vierteljahrsschrift für Literaturwissenschaft und Geistesgeschichte», 2 (2006), pp. 245-316; O. Breidbach, *Das Selbst im Schädelinnenraum. Gottfried Benns* Gehirne *und die Hirnforschung nach 1900* in N. Elsner, W. Frick (Hrsg.), *„Scientia poetica". Literatur und Naturwissenschaft*, Wallstein, Göttingen 2004, pp. 317-334.

2 H. Lethen, *Sound der Väter. Gottfried Benn und seine Zeit*, Rowohlt, Berlin 2006, p. 16.

3 G. Simmel, *La metropoli e la vita dello spirito*, a cura di P. Jedlowski, Ar-

propria attività cosciente, sviluppa un «organo di difesa contro lo
sradicamento»[4] per adattarsi rapidamente all'ambiente: questo strumento è un pronunciato «intellettualismo», volto alla «difesa della
vita soggettiva contro la violenza della metropoli»[5].

Rönne non è, o non è stato capace di essere, un *blasé* per il semplice fatto che approda alla prima pagina di *Gehirne*, mentre è in viaggio
e dal treno guarda fuori, «sfinito in maniera strana e inspiegata»[6]. Ovvero, le risorse cui il *blasé* simmeliano deve poter attingere per costruire una struttura psichica difensiva che respinga l'eccesso di stimoli e
di sensazioni del tessuto metropolitano, in Rönne sono irrimediabilmente compromesse fin dapprincipio dal lavoro degli ultimi anni:
«per due anni aveva lavorato in un istituto di patologia, in altre parole gli erano passati tra le mani inavvertitamente circa duemila
cadaveri»[7]. Due pagine dopo, sempre nella prima delle cinque novelle del ciclo, è la voce dello stesso protagonista a descrivere il proprio
stato di prostrazione nei termini di una bancarotta della sede delle facoltà razionali, con la percezione del venir meno della stabilità geometrica dello spazio: «Sono spossato da qualcosa sopra di me. Non ho
più un sostegno dietro gli occhi. Lo spazio ondeggia senza fine; un
tempo fluiva verso un punto. Si è disfatta la corteccia che mi portava»[8].
È utile soffermarsi sulla breve descrizione dell'attività di Rönne fatta
dal narratore: essa, anche senza la matrice autobiografica delle circa
trecento autopsie condotte da Benn presso l'ospedale berlinese di
Charlottenburg nel 1912, allude, con il riferimento all'istituto e al numero dei cadaveri, a una dimensione metropolitana del personaggio
che precede il tempo narrato e la nuova esperienza in una città del
Nord. Il sintagma più problematico di queste poche righe, «ohne Be-
sinnen» (inavvertitamente), con ogni probabilità legato a Rönne e non
ai cadaveri, è rivelatore sullo sfondo del testo di Simmel, molto popolare nella generazione degli espressionisti e probabilmente noto anche
a Benn: quel sintagma dice che i sensi di Rönne erano esposti ai cada-

mando, Roma 1995, p. 36.
    4   *Ivi*, p. 37.
    5   *Ibidem*.
    6   G. Benn, *Cervelli*, trad. it. e cura di M. Fancelli, con un saggio di R. Calas-
so, Adelphi, Milano 1986, p. 11.
    7   *Ibidem*.
    8   *Ivi*, p. 15.

veri senza che egli mobilitasse le sue facoltà intellettive per attuare strategie difensive, e interporre una distanza tra sé e i cadaveri stessi, come fa il soggetto *blasé* per preservarsi dallo choc degli stimoli sensoriali del fittissimo tessuto metropolitano, e come del resto aveva fatto l'io lirico di *Morgue*, il cui sguardo preciso, distaccato e talora ironico esibiva una sovranità che difetta al protagonista delle prose. La mancata distanza dagli oggetti che per due anni lo hanno assediato si esprime materialmente non soltanto nella ripetuta allusione del personaggio stesso alle proprie mani, ovvero all'esperienza tattile di una esposizione diretta agli organi (ai cervelli), ma anche nell'immagine di Rönne disteso: «c'era in lui qualcosa di rigido e cereo, come trasmesso dai corpi che erano stati la sua compagnia»[9].

Il problema che avverte Rönne ora, nella spossatezza indotta dall'esperienza di anatomo-patologo, non è tanto quello di un eccessivo avvicendarsi di stimoli contro i quali erigere lo schermo intellettualistico dell'indifferenza, quanto quello, in un certo senso opposto, di non riuscire a trattenere le immagini e le impressioni del vissuto. E perciò dopo aver visto dal finestrino un paesaggio che restituisce poeticamente, mobilita la sua volontà in una dichiarazione d'intenti che non avrà seguito, a livello di trama, nelle pagine successive: «Voglio comprarmi carta e matita; ora voglio annotare più che posso perché tutto non continui a scorrere via. Quanti anni ho vissuto, e tutto è sprofondato»[10]. I fatti della vita, le cose viste e vissute, lo spazio e il tempo, e con esso la storia: Rönne non ha presa su nulla. E quindi si prefigge un superamento di questa condizione, cerca una strategia risemantizzando il celebre esperimento sulle associazioni mentali di Francis Galton, che nel 1879, a Londra, passeggiava lungo il Pall Mall prendendo nota meticolosamente di tutte le idee che sorgono alla coscienza, delle parole e della loro provenienza[11]. Non se lo procura Rönne, questo libro per annotare le sue sensazioni, ma lo fa in sua vece il narratore che oscilla tra la propria autorialità extradiegetica e il discorso indiretto libero del suo personaggio, mettendo insieme un registro delle oscillazioni di una coscienza impegnata a osservare se stessa sullo sfondo di una città che potrebbe essere ovunque, se non

---

9   *Ivi*, p. 17.
10   *Ivi*, p. 11.
11   M. Hahn, *Assoziation und Autorschaft*, cit., p. 265.

fosse per la menzione finale del quartiere Les Marolles: il libro che voleva compilare Rönne si materializza sul piano metadiegetico nelle pagine che andiamo leggendo.

Va detto che, certamente, con il tipo simmeliano Rönne condivide l'ipertrofia della coscienza e una vita nervosa intensificata, ma ciò, ribadiamo, non significa che egli possa anche rivolgersi all'intelletto come a una protezione contro lo sradicamento per contenere il loro effetto destabilizzante. Rönne, cioè, è un *blasé* abortito: non solo il narratore lo dichiara «scosso» e riferisce un «sentiva in profondità»[12], ma come si diceva poc'anzi la sede dell'intelletto stesso agisce per indebolirlo. Che egli sia irrimediabilmente esposto alla sua *Entwurzelung* emerge esplicitamente nella terza novella, *Die Reise*, dove il radicamento, come esito di un ripristino della razionalità, è un *desideratum* che gli balena alla coscienza in uno stato di paralisi a seguito di un incontro casuale con un «signore» che lo riporta per un attimo nelle coordinate della convenzione: «Allora si accostò a lui un signore, e ah ah ah si parlò subito del tempo, passato e futuro per un momento nello spazio categoriale»[13]. Il momento successivo precipita di nuovo il protagonista in una vertigine al di fuori delle categorie spazio-temporali valide nella comunità degli uomini. Il passo appena citato assieme al successivo restituisce la struttura oscillatoria della coscienza di Rönne in un reiterato avvicendarsi di perdita e di riconquista di un terreno noto: «Quando si allontanò, Rönne barcollava. Vivevano tutti con il centro di gravità fisso su meridiani, tra rifrattori e barometri»[14]. In tutto questo la città, come ha osservato recentemente Huyssen, funge non tanto da oggetto di una rappresentazione urbana per una «descrizione ekfrastica», quanto come «messa in scena dello stato psichico del protagonista in relazione con le sue condizioni fisiche»[15]. E lo stato psichico di Rönne, come ha definitivamente dimostrato Marcus Hahn, è intriso del sapere di Benn circa la psicologia associativa di Theodor Ziehen, suo maestro a Berlino dove compie gli studi di medicina. Hahn liquida definitivamente le tentazioni di una critica che

---

12   G. Benn, *Cervelli*, cit., p. 14.
13   *Ivi*, p. 39.
14   *Ibidem*.
15   A. Huyssen, *Miniature Metropolis. Literature in the Age of Photography and Film*, Harvard University Press, Cambridge Massachusetts, London 2015, p. 88.

considera il complesso di Rönne la rappresentazione dell'antagonismo irriducibile tra la scienza e la razionalità da un lato e la sfera estetica della poesia dall'altra[16], mettendo in luce proprio nella ambivalenza della stessa funzionalità dei processi associativi una indissolubile partecipazione di scienza e arte a uno stesso orizzonte speculativo. Prima di vedere come quindi la peripezia cerebrale in questo «ritratto dell'artista da giovane»[17] cui la città fa da sfondo con una fisionomia occultata, frammentata e intermittente investa il rapporto tra scienza e poesia, è utile segnalare come questa concomitanza informi alcuni testi chiave della prosa benniana che si trovano a monte dell'orizzonte in cui Rönne si mette in viaggio.

Il protagonista delle prose di *Gehirne* (1916) fa la sua prima comparsa in *Ithaka* (1914), dove la contrapposizione tra scienza e visione dionisiaca del mondo è esibita nella plasticità evocativa di un atto unico in cui a dettare il profilo dei personaggi è la ricezione della *Nascita della tragedia* e della celebrazione della gioventù rigeneratrice della cultura nella prima *Considerazione inattuale* di Nietzsche. Lo scontro tra l'ebbrezza dionisiaca e lo scientismo positivista, polarizzato come in un vero e proprio manifesto, si conclude con il massacro del professore per mano degli studenti e di un assistente, Rönne: un precedente ingombrante nella carriera del personaggio, che si può ridimensionare come esercizio militante di ricezione nietzschiana soltanto alla luce di alcuni brevi scritti che vedono la luce tra il 1910 e il 1913, dove la relazione tra scienza e arte non è affatto ridotta a un insanabile antagonismo. Tra questi testi figura il seminale *Unter der Großhirnrinde* (1911): una sorta di riscrittura del *Chandosbrief* di Hofmannsthal per la forma e per la radicalità di quanto il soggetto scrivente comunica al destinatario di queste «lettere dal mare», come recita la seconda parte del titolo, da leggere in relazione al coevo *Gespräch* (1910), dove di

---

16   Cfr. anche W. Riedel, *Endogene Bilder. Anthropologie und Poetik bei Gottfried Benn*, in H. Pfotenhauer, W. Riedel, S. Schneider (Hrsg.), *Poetik der Evidenz. Die Herausforderung der Bilder in der Literatur um 1900*, Königshausen u. Neumann, Würzburg 2005, pp. 163–201, in particolare pp. 172 ss.; F. F. Günther, *Arzt und Tod. Ein ästhetisches Verhältnis?* in F. F. Günther, Th. Hoffmann (Hrsg.), *Anthropologien der Endlichkeit*, Wallstein, Göttingen 2011, pp. 175–198.

17   A. Wolf, *Ausdruckswelt. Eine Studie über Nihilismus und Kunst bei Benn und Nietzsche*, Georg Olms Verlag, Hildesheim 1988, pp. 85-99, qui p. 85.

nuovo Hofmannsthal sembra aver indirizzato la scelta formale di Benn con il *Gespräch über Gedichte*.

In una lettera al compagno di studi Leo Königsmann del 2 maggio 1912 sulla genesi di *Morgue*, a monte di questa prosa compare la catastrofe interiore del medico:

> Le scienze naturali e la medicina mi hanno completamente distrutto interiormente. Vivo da anni vis à vis de rien. Morte sospesa. Rasente ai diversi abissi. Allora dal mio nichilismo ho farfugliato questa roba deforme perché altri vedessero in che mondo campano quelli come noi. Al di là del bene e del male è solo una parola stupida da letterati. Saggezza da ginnasiale. Ma al di là di cancro e sifilide, e infarto e soffocamento, dove viviamo noi, non è cosa per rammolliti. Se questo caso ti interessa fatti spedire: Frankfurter Zeitung del 15 ottobre 1911, edizione domenicale. C'è una cosa mia, Sotto la corteccia cerebrale: là comincia questa mia epoca[18].

Unter der Grosshirnrinde è qui il documento di un'emancipazione paradossale da Nietzsche, diminuito in un canone scolastico, paradossale perché si pone nei termini di una sua radicalizzazione nell'esperienza dello scienziato. Un medico scrive di aver riposto gli strumenti della sua professione e di aver raggiunto il mare, al cui cospetto si innesca una serie di associazioni regressive, immagini di vita primordiale nei mari caldi di ere remote. Meduse, fango, enti elementari che restituiscono l'uomo, altamente differenziato all'apice della sua evoluzione, a una orizzontalità ristoratrice. Se balena un'immagine di futuro è un'immagine distopica che sottrae all'uomo anche l'ultimo contatto con i tempi remoti, il sonno, requie dall'intelletto. Il testo è costruito su di una semantica oppositiva binaria i cui termini sono alto e basso, verticale e orizzontale, tempo presente e tempo remoto, coscienza e incoscienza, differenziazione e semplicità. Il primo termine è quello della scissione, della perdita, nel secondo termine balena l'oggetto della perdita, l'ebbrezza del primordiale da cui scaturisce il desiderio regressivo di essere i nostri *Ururahnen* che conosciamo dalle liriche di *Gesänge*. Sulla china di questa perdita si è consumata la morte di Dio:

---

18   *Ein unbekannter Brief des jungen Gottfried Benn an einen Studienfreund*, in «FAZ», 11.01.2007, n. 9, p. 33.

La vita, prima, deve essere stata più facile quanto Dio benediva l'inizio e la fine di tutte le scienze [...] Ora la nostra volontà ha riacquistato il potere sul creato e l'increato; siamo diventati il posto letto del mondo, dove dorme e si desta; siamo diventati culla e bara di Dio e il nostro trono si erge alto. Sì, la campana azzurra pende su di noi e il grande meriggio splende[19].

La morte di Dio non è descritta, come in Nietzsche, nei termini di un deicidio, ovvero di un'azione, e di un'azione tanto tragica quanto esaltante. Dio sembra una cosa tra le cose del mondo che nell'uomo, contenitore del mondo, nascono e si spengono. L'uomo ha un grande potere – lo illumina il grande meriggio nietzschiano – ma ha non la gioia di esercitarlo. Il prossimo capoverso si apre infatti con un avversativo che introduce quale primo effetto del venir meno di Dio la perdita, la mutilazione, il silenzio di una immensa solitudine: «Ma lo stormire dei boschi è perduto, come l'eco dei monti. Tutto è muto e vive come con un labbro solo. Vorrei gettarmi a terra e battere la fronte sulle pietre, se nascesse un suono»[20]. L'uomo della conoscenza figura qui come «il grande animale divoratore bramoso di dominio», il campione della verticalità, che «si levò ritto di cielo in cielo e dalla sua fronte fece apparire il mondo»[21], ma è una verticalità che contiene le premesse del suo rovesciamento in una caduta. Nel 1913 infatti si legge ancora in *Heinrich Mann. Ein Untergang*:

Un tempo, nel mio paese ogni cosa veniva collegata a Dio o alla morte, e mai con alcunché di terreno. Allora le cose stavano salde al loro posto e giungevano fino al cuore della terra. Finché non mi colpì la malattia della conoscenza: non accade nulla da nessuna parte; accade tutto solamente nel mio cervello. Le cose iniziarono a vacillare, divennero disprezzabili e indegne di essere guardate. E persino le cose grandi: chi è Dio? E chi è la morte? Piccolezze. Animali araldici[22].

---

19   G. Benn, *Sämtliche Werke. Stuttgarter Ausgabe*, hrsg. von G. Schuster und H. Hof, Klett-Cotta, Stuttgart 1986-2003, vol. VII/1, p. 359.

20   *Ibidem.*

21   *Ibidem.*

22   G. Benn, *Sämtliche Werke*, cit., vol. III/1, p. 26.

Insistiamo sulla pervasività di queste immagini ricorrenti nei testi del primo Benn, perché ritengo siano una trappola ermeneutica tesa al lettore, che può facilmente, sorretto dal testo, interpretare l'atteggiamento di Benn verso la scienza nei termini di una dura contestazione che come avviene in *Ithaka* preclude a un suo rifiuto *in toto*. Nel *Gespräch* del 1910, vicino a *Unter der Großhirnrinde,* gli accenti sono invece molto diversi, ovvero la scienza non è esperienza della perdita, come vedremo a breve. C'è da chiedersi allora come mai nelle lettere dal mare l'io scientifico, che vuole diventare io lirico attraverso le immagini della regressione, registri un'ostilità che gli cresce dentro contro gli scienziati che hanno volto l'evoluzione in progressiva perdita[23]. Il fatto, tutto letterario, è che a determinare gli assunti di questo testo è, supponiamo, il confronto con *Ein Brief* di Hofmannsthal. Qui infatti non vi è soltanto la finzione della lettera a un amico di chi depone gli strumenti del proprio mestiere, né soltanto l'argomentazione volta a screditare un linguaggio che si è allontanato dalla vita delle cose: vi è anche la parentesi di un'epifania della semplicità della vita che si porge allo sguardo solo nella sospensione della coscienza razionale. La versione benniana di questa epifania passa però per una visione scientifica che la incornicia. La possibilità di sospendere un modo di pensare considerandolo soltanto uno dei modi possibili, il più comune nei nostri processi psichici, ma non per questo il solo e necessario, questa possibilità, che contiene forse una maggiore felicità, balena al pensiero di un «rammollimento cerebrale», laddove Chandos suggeriva la possibilità di «pensare con il cuore»[24]:

> E mentre pensavo, d'un tratto tutto il mio travaglio per la verità decadde come una fiaccola spenta e rotta e d'un tratto vidi la vita di fronte a me così tremendamente semplice e inebriante: come un crepuscolo e un profumo di fiori e il breve dormiveglia tra i due lunghi sonni: – Sedevo su una panchina sul mare e l'acqua era grigia. Poi però, all'improvviso, vi fu della debole luce, come un grande cigno, sulle onde, e forse grazie a questa impressione si compì qualcosa in alto, nel sistema nervoso centrale; uno spostamento molecolare, uno spostamento strutturale, qualcosa di molto fugace si verificò: il sentimento di un amore improvviso, sussultorio, scat-

---

23   *Ivi*, vol. VII/1, p. 359-360.
24   H. von Hofmannsthal, *Lettera di Lord Chandos e altri scritti*, trad. e cura di M. Rispoli, Marsilio, Venezia 2017, p. 87.

tante per la vita, come se mi avessero graziato sul patibolo. Ma fu una
cosa molto fugace che non durò[25].

Se Lord Chandos non sa se attribuire le rare epifanie che lo inon-
dano di felicità al corpo o allo spirito, l'io lirico/scientifico di Benn
stabilisce un nesso ipotetico di percezione e sistema nervoso centrale,
un fremito molecolare che sfocia in uno scatto d'amore per la vita. Se
allora è uno sguardo scientifico ad aprire a un momento di ebbrezza
vitale, potremmo dire che in Benn c'è un uso della scienza che, in una
riedizione del sentimentale schilleriano, può restituire all'uomo quel
che la scienza stessa gli ha tolto, e che quindi Benn distingue diverse
qualità e funzioni della scienza così come Nietzsche individua tre diversi tipi di storia nella seconda *Considerazione inattuale* e distingue-
va utilità e danno della stessa per la vita. L'epifania descritta in *Unter
der Großhirnrinde*, e subito seguita dallo scaturire di un'ostilità contro
gli scienziati, è un momento di intertestualità che ci rimanda al *Gespräch* del 1910 dove la scienza è celebrata come metodo che apre lo
sguardo alle cose.

Voce dominante nel dialogo benniano è Thom, che riconoscendo-
si nella scrittura di Jens Peter Jacobsen intese le lodi di un autore la
cui parola deve la sua densità al commercio con le scienze naturali.
Una parola, cioè, che dalla scienza stessa è riempita e inverata. La maestria del poeta si dà solo a condizione di una rigorosa consapevolezza scientifica della genealogia delle parole, della loro filiazione, della
loro provenienza, di una loro araldica:

> Devi avere un battaglione di parole e immagini e rappresentazioni cui im-
> partire ordini; e le devi adattare le une alle altre, e le devi modificare, de-
> vono essere duttili al tuo cospetto, e credi che lo potresti fare senza sape-
> re bene da dove esse vengano davvero e che cosa si celi dentro di loro?
> Credi forse che potresti fartene qualcosa di parole vagabonde che venis-
> sero da te pallide, smorte e stanche?[26]

La parola che ha in mente Thom non è mero nome, bensì incontro
di nome e cosa come, appunto, in Jacobsen: «Lui dimora nella patria

---

25   G. Benn, *Sämtliche Werke*, cit., VII/1, p. 359.
26   *Ivi*, vol. III/1, p. 166.

di tutte queste parole; tra cose di cui altri conoscono solo il nome, vive la sua vita»[27]. Parola, dunque, come spazio abitabile, strutturato da più «contenuto» e «relazioni» di quanto uno sguardo non scientifico possa dischiudere. È in queste parole «su odori, colori e rumori, su corporeo e animale» che lo scrittore trova il materiale per descrivere «qualcosa di nuovo, qualcosa di vivo, mobile», poiché lo scrittore le ha raccolte, queste parole, da «cose vive, mobili, che giocano l'una con l'altra»[28]. Affiora qui il problema di un'epoca intera che aborre il linguaggio omologato per farlo risplendere, nella poesia, in una sempre rinnovata e irripetibile bellezza, ma affiora anche una fiducia nelle cose, nella loro disponibilità a essere dette proprio in virtù della scienza come assicurazione sulla visibilità della cosa nella parola. Il testo benniano sembra a tratti giocare con la serenità dell'arte, in una parodia della crisi annunciata da Hofmannsthal e risolta qui in una epifania tutta naturalistica e perciò antidecadente e antidepressiva, quella evocata dalla cellula, dove origine e astrazione coincidono, lo schema comunica direttamente con, e struttura la vita. La vita allora è forma, ordine, recupera trasparenza su un piano di simultaneità tra schema e forma vivente che non conosce l'entropia del tempo storico che come sappiamo è centrale nella critica nietzscheana del linguaggio. Perché simultaneo e sempre presente a se stesso è il mondo della cellula al centro di questa pagina benniana: «Guarda, tutto il caos di accadimenti che emerge dai reciproci rapporti tra gli uomini, tutti i sogni sognabili e tutti gli struggimenti patibili, tutto in fondo può ricondursi senza eccezioni a pochissime funzioni che sono appunto le funzioni della vita in sé e che si dispiegano mute in ogni cellula»[29]. Soltanto ora a Thom si dischiude il nitore delle cose in un'epifania paradossale che non irrompe inattesa, bensì preparata, come in *Unter der Großhirnrinde*, con gli strumenti analitici della scienza: «Non ti coglie, con questi pensieri, un sentimento, come se tutto quanto in te vi era di inquieto si placasse e vedessi ora, attorno a una gran confusione, chiari, grandi confini?»[30] La quadratura del cerchio dell'*als ob*, perché di questo in fondo si tratta, come in ogni costrutto sentimentale, è la fan-

27   *Ivi*, p. 167.
28   *Ibidem.*
29   *Ivi*, p. 168.
30   *Ibidem.*

tasia di Thom che immagina il connubio perfetto tra l'uomo, l'animale massimamente differenziato, e la vita indifferenziata, riuniti nello
spazio di una raccolta contiguità schiacciata sulla pienezza del presente. Così Thom si figura, con un sentimento del tutto particolare, che
Jacobsen si cali nello studio di una cellula al microscopio, novello
Faust felice e appagato tra i suoi strumenti di scienziato, che raccoglie
il tempo dell'evoluzione come tessitura di relazioni nel mondo vivente, mai in perdita, per vedere

> come la vita, culminata in uno dei suoi esemplari più sottili, in cui lo psi-
> chico, il cerebrale si è sfilacciato nelle sue più fini ed estreme vibrazioni,
> si pieghi su un'altra vita: ottusa, istintiva, umida, una cosa accanto all'al-
> tra, e come comunque entrambe si appartengano, e attraverso entrambe
> scorra un'onda e come di entrambe i corpi siano imparentati, fino alla
> composizione chimica dei rispettivi umori[31].

Il tempo vettoriale dell'evoluzione si piega, nel *Niels Lyhne* di Jacobsen, alla circolarità di un ritorno a casa schillerianamente sentimentale, sbilanciato verso la regressione:

> È come un cerchio che si chiude: il risultato di un'evoluzione di milioni di
> anni, l'animale del cervello, la creatura cerebrale, ora viene revocato ver-
> so il vegetativo, vegetale [...]; ora sta lì, come mai disturbato dalla beati-
> tudine di antenati senza cerebro, come tornato a casa, stanco del lungo
> cammino, quieto al sole – un riempimento dello spazio[32].

Ricondurre l'animale cerebrale a *Raumausfüllung*, riportare la *res
cogitans* ad essere *res extensa* sembra possibile, nel *Gespräch*, sulla pagina letteraria. Ma questa *Raumausfüllung* che è Niels Lyhne ha delle
sensazioni che solo uno scrittore che ha colto la dinamica dell'evoluzione può restituire, poiché è penetrato dal sentimento dell'eterno
scorrere delle forme: «egli sa che 'tutto ciò scivola e scorre via' e che
non sono più gli stessi fiumi anche se entriamo negli stessi fiumi»[33]. È
forse il Niels Lyhne al corrente dello scorrere di tutto, quindi, lo stadio embrionale del dott. Rönne, e il suo nome un fantasioso congiun-

31   *Ibidem.*
32   *Ibidem.*
33   *Ivi*, p. 170.

tivo ottativo del verbo *rinnen*[34] in cui si dischiude il senso dell'evoluzione per Thom nel *Gespräch*. Per dimostrare come l'autore danese attinga al metodo scientifico per scrivere come scrive, e non agisca per un istinto artistico, Thom cita una lettera a Eduard Brandes del marzo 1880 in cui Jacobsen lamenta che la letteratura non abbia applicato abbastanza le leggi dell'evoluzione, proponendo personaggi completi, rotondi, senza un vero sviluppo, «una certa forma rigida» che acquista solidità, ma non vita. A ciò contrappone «La vera storia dell'evoluzione (voir venir les choses)», a costo di personaggi «un po' privi di coerenza»[35], anzi, proprio per ottenerne di simili perché «ci sono alcuni aspetti degli esseri umani che sono privi di coerenza; e come, ci si potrebbe chiedere, qualcosa di così complesso, educato e influenzato e composito come l'aspetto spirituale dell'essere umano dovrebbe essere un tutto organico»[36]. I libri del resto, continua Thom, non devono essere enciclopedie dell'umana conoscenza, gli scrittori devono sfidare l'intelligenza dei lettori.

E proprio di questo pare si tratti nelle novelle di *Gehirne*, attraversate dall'ambivalenza di Rönne da un lato e dalla tensione tra narratore e discorso diretto libero del protagonista dall'altro. La provocazione al lettore è potente, il ductus dei pensieri di Rönne forza la convenzione, optando per associazioni idiosincratiche che si sottraggono al consueto ordine razionale, attingendo a immagini di un sud dionisiaco che scompagina i nessi logici noti per crearne di inauditi. Sulla scelta delle parole per associazione Benn dirà nella *Schöpferische Konfession* del 1919:

Grande effetto ha su di me la parola senza alcun riguardo per il suo carattere descrittivo, puramente come motivo associativo, e poi avverto molto concretamente la sua qualità di concetto logico come la sezione attraverso catastrofi condensate. E poiché non vedo mai persone, ma sempre e solo l'io, e mai accadimenti, bensì solo l'essere, poiché non conosco alcuna arte e alcuna fede, alcuna scienza e alcun mito, bensì sempre solo la coscienza, eternamente insensata, eternamente tormentata – in fondo è essa

34   Cfr. R. Junkerjürgen, *Aggregatszustände einer Figur. Zur Deutung des Namens Dr. Werff Rönne aus Benns Novellengruppe Gehirne*, in «Etudes germaniques», 54 (1999), 2, pp. 283-288.
35   G. Benn, *Sämtliche Werke*, cit., vol. III/1, p. 171.
36   *Ibidem*.

da cui mi difendo con lo stritolamento meridionale e che cerco di condurre in complessi liguri fino all'eccesso o alla cancellazione nel fuori di sé
dell'ebbrezza o del venir meno[37].

Hahn ha mostrato che la trasformazione letteraria del concetto di
associazione che si sviluppa nella filosofia a partire dal Settecento e
domina fino al 1910 la psicologia, è l'operazione centrale dei testi su
Rönne e su Pameelen, e che la psicologia di Theodor Ziehen costituisce il contesto scientifico e umanistico di tutto quanto Benn concepisce fino al 1920[38]. Ziehen – è interessante ricordarlo – ha una passione pronunciata per la filosofia che nel suo percorso di studi medici lo
spinge a scegliere la psichiatria come campo di una possibile intersezione disciplinare, e mentre lavora a Jena con Otto Binswanger, vi
giunge nel 1889 come paziente Nietzsche, di cui si occupa fino a
quando viene dimesso nel 1890. Tra il 1905 e il 1910 Benn frequenta
le sue lezioni a Berlino e apprende quell'approccio che Hahn descrive
nei termini di un panpsichismo ascrivibile alla tradizione della critica
radicale della conoscenza iniziata con Hume e Berkeley: quella che
nega la cosa in sé kantiana e riconosce quale sola realtà oggettiva le
sensazioni (*Empfindungen*) e le rappresentazioni (*Vorstellungen*). In
questa tradizione che fa capo a Hume l'associazione non è un elemento disturbatore del pensiero logico, bensì il suo principio strutturale[39].
Collocando Ziehen in questa linea inglese (Hume, Berkeley e Hartley)
Hahn può dire che «la psicologia intorno al 1900 non considera l'associazione come un disturbo della razionalità, bensì come il suo
presupposto»[40]. I nessi causali, prodotti delle nostre rappresentazioni,
sarebbero il risultato di una trasformazione delle nostre sensazioni.
Anche l'idea di Dio, secondo Ziehen, è una rappresentazione che nasce da un processo associativo[41], così come il concetto di io, che sappiamo essere decostruito da Nietzsche e da Mach tra la fine dell'Ottocento e l'inizio del Novecento, anche negli studi di Ziehen è una

---

37   *Ivi*, p. 109.
38   M. *Hahn, Assoziation und Autorschaft, cit.,* pp. 249-250; cfr. anche Id.,
Gottfried Benn und das Wissen der Moderne, Wallstein, Göttingen 2011, vol. 1 (1905-
1920), p. 152-186.
39   M. *Hahn, Assoziation und Autorschaft, cit.*, p. 259.
40   *Ivi*, p. 260.
41   *Ivi*, p. 267.

finzione teorica che viene trattata sia nel *Leitfaden der physiologischen Psychologie in fünfzehn Vorlesungen* (1891/1906), sia nella *Psychopathologische Erkenntnistheorie* (1898/1907). Sullo sfondo della psicologia associativa di Ziehen, Rönne potrebbe essere interpretato, come suggerisce Hahn, come un caso di nevrastenia in preda sia a momenti di 'Denkhemmung', di inibizione del pensiero, che di 'Ideenflucht', di un rincorrersi incontrollato di pensieri, che esibisce l'ambivalenza dell'associazione che comprende sia il momento dell'integrazione di elementi diversi nel pensiero, nel ricordo e nella fantasia, sia il momento di una disintegrazione, senza che si possa definire con certezza il limite tra il normale e il patologico[42].

Va ricordato, a questo punto, che la lettura di Hahn rischia di ridimensionare oltre misura la presenza di Nietzsche in questa fase della scrittura di Benn. Un aspetto su cui si sofferma a ragione Günther, che sottolinea il confronto del testo benniano con il fondamentale *Über Wahrheit und Lüge*. Del resto è lo stesso Rönne che nella novella *Die Insel* fa il bilancio delle conquiste della psicologia, della fisiologia cerebrale e della teoria della conoscenza[43], che si arrestano presso un confine ancora invalicato: «Che ne era del confronto con se stessi, dove aveva luogo? E dove si era compiuta la sua espressione, il linguaggio?»[44]. Rönne, impegnato a progettare una «nuova sintassi», reca in sé la critica al linguaggio che Nietzsche articola in *Über Wahrheit und Lüge*, quando avverte nella metafora «un tentativo di fuga, una sorta di visione e una mancanza di fedeltà»[45], e nello sguardo freddo che getta sul proprio cervello avverte un punto di non ritorno nell'alienazione scientistica dell'uomo: «Siamo alla fine, sentì, abbiamo superato il nostro ultimo organo»[46]. In un testo costruito sull'intermittenza delle percezioni e dei nessi logici destabilizzati, l'effetto più doloroso della perdita di un linguaggio convenzionale è l'angoscia della solitudine e dell'isolamento sociale, cui Rönne si sente

---

42   *Ivi*, p. 278.
43   Huyssen, ricordando come Benn non amasse *Die Insel*, suppone che la ragione risieda nella visibilità immediata del discorso scientifico e del confronto con Ziehen che nelle altre novelle è mascherato nella diegesi. Cfr. A. Huyssen, *Miniature Metropolis*, cit., p. 115.
44   G. Benn, *Cervelli*, cit, p. 49.
45   *Ivi*, p. 48.
46   *Ivi*, p. 52.

consegnato. E del resto fin dalla prima novella il linguaggio come menzogna è riconosciuto nella sua necessità sociale e come procrastinazione, per quanto labile, della morte, ed è nel suo servizio alla vita che questo stesso linguaggio cessa di essere menzognero perché diventa, potremmo suggerire, militante. Ecco il passo in cui le riflessioni prodotte da *Über Wahrheit und Lüge* si calano nella situazione in cui il medico mente al malato terminale e lo manda a casa: «Chi crede che con le parole si possa mentire potrebbe pensare che qui ciò avvenga. Ma se potessi mentire con le parole non sarei qui. Ovunque io guardi, c'è bisogno di una parola per vivere»[47]. In *Die Insel* il meccanismo che presiede alla parola è spiegato, sullo sfondo della psicologia associativa di Ziehen, come un processo costruttivo che ricorda le architetture concettuali evocate da Nietzsche nella sua critica al linguaggio. Ogni elemento nuovo e ignoto va omologato, la contraddizione sciolta, il dubbio fugato con la parola, che «serve a gettare un ponte sulla spaccatura»[48]. Nietzsche si era avvalso di metafore architettoniche per illustrare la genesi dei concetti che formano la verità, quel «mobile esercito di metafore, metonimie, antropomorfismi […] che dopo un lungo uso sembrano a un popolo solide, canoniche, vincolanti»[49]. Il «potente genio costruttivo» che è l'uomo presiede alla genesi del linguaggio e della scienza e si pone *ab origine* al servizio della vita. Così già gli antichi procedevano all'istituzione dei fondamenti della loro cultura in modo architettonico:

> come i Romani e gli Etruschi dividevano il cielo con rigide linee matematiche, e in ciascuna di queste caselle, come in un *templum*, relegavano un dio, così ogni popolo trova sopra di sé un siffatto cielo concettuale suddiviso matematicamente, e per esigenze della verità intende il ricercare ogni dio concettuale unicamente nella *sua* sfera[50].

Nel suo commento, Scheibenberger fa notare come Nietzsche attinga questa metaforica architettonica nella *Geschichte des Materialismus* (1866) di Friedrich Albert Lange che parla di un simile «tempio

47   *Ivi*, p. 14.
48   *Ivi*, p. 50.
49   F. Nietzsche, *La filosofia nell'epoca tragica dei Greci e Scritti 1870-1873*, trad. it. di G. Colli, Adelphi, Milano 1991, p. 233.
50   *Ivi*, p. 235.

di concetti» e di un «segreto istinto costruttivo dell'uomo»[51]. Questa metaforica che associa linguaggio e architettura ricorre inoltre anche in altre probabili fonti ottocentesche. La utilizza Gustav Gerber in *Die Sprache als Kunst* (1871-1874) che propone l'immagine del tempio come la si ritrova nel passo citato, e della dimora come metafora dei concetti: «con i pezzi in lavorazione che [la lingua] fornisce, lo spirito teorico dell'uomo si costruisce non soltanto le sue dimore, ma anche i suoi templi sontuosi»[52]. Scheibenberger suppone anche che Nietzsche avesse presente *Das Templum. Antiquarische Untersuchungen* (1869) dello storico dell'antichità Heinrich Nissen dove, come riassume il commento, «la limitazione, la separazione di forme rettangolari di proprietà terriera legittimata religiosamente solo a posteriori – forme che si riflettono nei *templa* celesti – è all'origine del concetto romano di ordine sociale»[53]. Più tardi Nietzsche, ne *Il viandante e la sua ombra* all'aforisma 21 *L'uomo come misuratore*, ricondurrà l'etimo di *Mensch* (uomo) e *messen* (misurare) a una stessa comune radice.

In questo volontarismo costruttivo, che coglie Rönne in modo intermittente e digressivo mentre al cospetto della sua coscienza si affollano immagini liriche in quella «concorrenza di associazioni»[54] che ormai è l'io, irrompe a scompaginare gli assetti qualcosa che non è riconducibile alla meccanica dello spirito, e che rimane impenetrabile alla conoscenza, inclassificabile nelle costruzioni associative: il «sentimento», come qualcosa che si colloca a un livello più profondo delle funzioni intellettive, il «segreto della nostra esistenza»[55], sulla cui origine non esistono risposte, indipendente dagli stimoli, sganciato dalle sensazioni. Latore di questo inaudito è, non citato ma riconoscibile, Semi Meyer con il suo *Probleme der Entwicklung des Geistes* che, secondo Hahn, viene messo in scena per abrogare la psicologia del primo Novecento, riempiendo le lacune della scienza con una semantica della creazione, del mistero, dell'enigma e del nuovo particolarmente consono alle richieste di rinnovamento dell'avanguardia. È da questa dimensione davvero extralogica che si fa strada la risemantizzazione

---

51   S. Scheibenberger, *Ueber Wahrheit und Lüge im aussermoralischen Sinne*, De Gruyter, Berlin-Boston 2016, p. 52.
52   *Ibidem*.
53   *Ibidem*.
54   G. Benn, *Cervelli*, op. cit., p. 51.
55   *Ivi*, pp. 54-55.

della città nordica nella prospettiva della parola poetica che lussureg-
gia soltanto nell'ultima novella. Rönne, alla fine di *Die Insel*, è ancora
un misuratore che entra determinato nel giardino del'istituto impo-
nendogli un ordine, e sistemando la bellezza che liricamente si affaccia alla sua coscienza nelle coordinate del suo sguardo di scienziato
(«fioriva azzurra l'essenza di giacinto in curve odorose di pure
formule»[56]). Nell'ultima novella, *Der Geburtstag*, lo avvince una volontà ferrea di ricostruire i nessi che preludono a un linguaggio condi-
viso: «gli stimoli e le sensazioni che oggi gli sarebbero venuti incontro
agganciarli a quelli finora accumulati, senza ometterne nessuno, ciascuno collegato all'altro»[57]. Solo ora dalla sua fantasia erompe l'immagine di una donna con un nome e un cognome, Edmée Denso[58], ove
Denso, in tedesco *dicht*, induce nel lettore l'associazione con *Dichtung*,
poesia. È dopo l'incontro immaginato tra corpi che Rönne formula
questo bilancio: «Qual era stato il cammino dell'umanità fino a quel
punto? Aveva voluto mettere ordine in ciò che sarebbe dovuto rimanere un gioco. Ma alla fine era rimasto un gioco, poiché niente era
reale»[59]. La consapevolezza del gioco e della finzione negli ordina-
menti umani, idea fondante della critica al linguaggio di Nietzsche, è
la conquista di Rönne in questo testo che esibisce la fluidità dell'essere, la lotta dello scienziato progredito in eccesso nell'astrazione si pla-
ca nell'invito alla freschezza dell'intuizione annunciata dopo la lettura
di Meyer: «L'uomo creativo! Rielaborarsi dell'idea di evoluzione dal
matematico verso l'intuitivo»[60]. Rönne non si trasforma però in un genio ispirato, come suggeriva per lo scrittore l'interlocutore di Thom
nel *Gespräch*: è un artigiano della scienza che, come il danese Jacobsen, trae il proprio metodo dalle scienze naturali restituendo alle
associazioni, che strutturano la retorica e la inarrestabile semiosi
dell'uomo, il massimo grado di libertà. Studio e creazione come polarità di apollineo e dionisiaco si annunciano in queste righe che preludono a un rinnovamento del linguaggio e a un ripensamento radicale
della relazione sociale:

56   *Ivi*, p. 57.
57   *Ivi*, p. 62.
58   Il nome non è inventato. E. Denso era la moglie del poeta Friedrich
Schnack. Cfr. W. Riedel, *Endogene Bilder*, cit., p. 170
59   G. Benn, *Cervelli*, cit., p. 69.
60   *Ivi*, p. 56.

Rönne viveva solo, dedito alla sua evoluzione, e lavorava molto. Scopo dei suoi studi era la fondazione di una nuova sintassi. Si trattava di portare a compimento la visione del mondo che il lavoro del secolo scorso aveva elaborato. Cancellare il tu dal sistema grammaticale [...], rivolgere la parola a un altro era diventato un fatto mitico[61].

Non un abbandono della scienza, quindi, ma una sua apertura al «complesso del porto»[62], un chiasmo tra nord razionale e sud intuitivo all'insegna dello scorrere contenuto nel nome di Rönne, che si scopre infine chiamarsi Werff. Quale associazione, se non con *Werft*, cantiere. Un cantiere come lo ospita soltanto una grande città, e nella parola si affaccia tanto il mare del complesso meridionale, quanto la metropoli delle grandi costruzioni. L'uomo non più come contenitore, *Wiege* e *Sarg* di Dio, bensì come cantiere di un conio perpetuo di metafore proibite.

Le ultime pagine di *Der Geburtstag* chiudono il ciclo di novelle, introdotto da una domanda insolitamente referenziale: «Ma che ne è del quartiere delle marasche, si chiese poco dopo?»[63]. Marasche, o meglio, visciole, una varietà di ciliegia di un rosso scuro che si stende sull'umanità da fiera premoderna che popola il quartiere dietro un palazzo coperto di alloro: venditrici di lumache, indovini e zingare pescivendole, bambini e un'accozzaglia di oggetti e visioni incontrollate in un catalogo ironico che risponde a bisogni immediati e bisogni metafisici in una destabilizzante oscillazione della coscienza. Il quartiere è *pars pro toto*, è la Bruxelles in cui Rönne vaga, ma via via la sua parzialità di figura retorica si apre alla semiosi illimitata di una città che ospita tutta la pienezza vitale del dionisiaco benniano. A riplasmare la città all'insegna della parola meridionale, del «complesso del porto», è il suono di un flauto che trasfigura il paesaggio urbano e irrora il protagonista di felicità nello scorrere della corrente vitale. Con la metafora proibita «gli accadde l'oliva»[64], frutto meridionale e oggetto anatomico allo stesso tempo, alla coscienza di Rönne si presenta il Mar Ligure, una Bruxelles baccantica, infine Venezia, meridione aperto all'oriente, e di nuovo la strada, che lo accoglie. L'ultimo aggettivo

61   *Ivi*, p. 48.
62   *Ivi*, p. 73.
63   *Ivi*, p. 70.
64   *Ivi*, p. 73.

destinato a Rönne alla fine del ciclo è, significativamente, «imprevedibile»[65]: un io diventato imprevedibile, incalcolabile, ma anche sterminato, immenso nelle sue potenzialità di *Entgrenzung*, come priva di confini è la Bruxelles così poco simmeliana, trasfigurata in palcoscenico di una coscienza fluida.

65   *Ivi*, p. 76.

Le forme dello spirito.
La poetica artistica di Franz Marc e il destino animale
di Micaela Latini

«Quando cadde il cavaliere azzurro…
Le nostre anime si unirono come anelli: –
Ci baciammo sulla bocca come fratelli.
I nostri occhi divennero arpe,
Quando piansero: celeste concerto.
Ora i nostri cuori sono angeli orfani.
La sua divinità ferita nel profondo
È spenta nell'immagine: destino d'animale»
Else Lasker-Schüler

1. Visioni e forme

Così annotava la scrittrice e poetessa Else Lasker-Schüler (1869-1945) per ricordare l'amico pittore Franz Marc, caduto a Verdun, nell'ambito di quella tragedia epocale che fu la Prima Guerra mondiale, il pomeriggio del 4 marzo 1916. Con lui aveva avviato negli anni precedenti il colpo di tuono un'intensa attività epistolare[1], che, oltre a restituire il senso della loro amicizia intellettuale, rappresenta anche una vivida testimonianza del movimento espressionista tedesco, nel suo fertile rapporto tra parola e immagine, tra

---

1   Del loro scambio epistolare tra il 1913 e il 1915, ci restano cartoline 'meravigliose', e una serie di lettere, raccolte nel volume F. Marc-E. Lasker-Schüler, *Lettere al cavaliere azzurro*, a cura di P.-K. Schuster, trad. it. di G. Baioni e P. Scibelli, Einaudi, Torino 1971. Cfr. anche F. Marc, *Messaggi al principe Yusuf*, il Saggiatore, Milano 1959. Vale la pena notare che per questo epistolario Marc scelse lo pseudonimo di Prinz Yusuf, con probabile allusione alle leggende arabe legate a questo nome. La dimensione orientale svolge anche un importante ruolo per leggere e interpretare le figure di animali.

poesia e pittura, tra cultura mistica e teosofia[2]. Se queste note riguardano la fine, partiamo dall'inizio.

Alsaziano da parte di madre, Franz Marc era nato a Monaco l'8 febbraio del 1880. Suo padre, un pittore di paesaggio, era conosciuto come un 'sognatore', mentre la madre, proveniente da una famiglia calvinista, era donna dal carattere severo. La polarità di 'anima ed esattezza' venne ereditata da Marc, segnando il suo percorso biografico. Indirizzato dai genitori allo studio della teologia, decise nel 1900, al voltare del secolo, di sterzare il timone della sua vita verso lo studio della storia dell'arte, e così s'iscrisse all'Accademia di Monaco. Nella capitale bavarese trascorse la sua giovinezza e il suo periodo di maggiore attività artistica. La 'scintillante Monaco' – per usare un'espressione felice di Thomas Mann – era allora una della più ambite capitali artistiche, capace di attrarre giovani da ogni angolo d'Europa. Intorno alla figura carismatica del pittore franco-russo Vasilij Vasil'evi Kandinskij (1866-1944) si era infatti radunato negli anni d'inizio Novecento un fitto gruppo di intellettuali (tra i quali il viennese Alfred Kubin), attivi nella neonata *Neue Künstlervereinigung München,* sorta nel 1909 in seguito alla scissione dalla Secessione (nata nel 1892). Grazie anche alla stretta collaborazione di questi artisti e al loro impegno culturale, Monaco divenne presto il punto di incontro tra tradizione e modernità, il luogo dove il processo di modernizzazione trovava una potente cassa di risonanza. La *Münchner Moderne* fa perno soprattutto sul quartiere di Schwabing, anche geograficamente a sé stante, posto al di là della grande Porta. Quest'area si configurò come una repubblica autonoma, dove vigeva la concezione dell'arte come trasgressione, tipica della *bohème* monacense squattrinata. Più che un quartiere, Schwabing rappresentava allora una 'condizione spirituale', all'interno della quale si dipingeva, si beveva senza mezze misure, si discuteva di filosofia. Qui un individuo, uomo o donna, senza una ta-

---

2   Si rimanda al lavoro di Maria Passaro, *Pittura e poesia. Franz Marc e Else Lasker-Schüler,* La città del Sole, Napoli 2000, soprattutto pp. 47-56, ma anche a Georg Schmidt, *Über das Poetische in der Kunst Franz Marcs,* in F. Marc, *Botschaften an den Prinzen Jussuf,* Piper &Co. Verlag, München 1954, pp. 41-55. Sul rapporto tra Franz Marc ed Else Lasker-Schüler si segnala anche l'articolo di Marianne Schuller dal titolo *Bilder in gezeichneter Schrift,* in K. Fliedl (Hrsg.), *Kunst im Text,* Stroemfeld, Basel-Frankfurt am Main 2005, pp. 13-30.

vola da pittura e una tela, avrebbe subito attratto l'attenzione[3]. In quest'atmosfera *leuchtende* trovò i suoi natali la corrente artistica *Der Blaue Reiter*, fondata alla fine del 1911 da Franz Marc e Vasilij Vasil'evič Kandinskij sulle ceneri della dissolta *Neue Künstlervereinigung München*. Il titolo riassumeva già la convergenza d'interessi dei due artisti: dall'immagine fiabesca del cavaliere come romantico messaggero, caldeggiata da Kandinskij, alla passione per i cavalli fatati sponsorizzati dal pennello di Marc[4]. A cementare la profonda intesa spirituale e il sodalizio artistico dei due è il colore azzurro, un vero e proprio omaggio a due comuni maestri: Novalis (sul piano poetico) e Philipp Otto Runge (su quello pittorico); ma *blau* è anche la tonalità che evoca la dimensione esoterica del sovrannaturale, del sogno, dell'infinito, dell'infanzia, dello spirituale, insomma la *Stimmung* del movimento[5]. La figura nell'insieme del cavaliere azzurro incarna la lotta dell'arte moderna contro la pittura naturalista. È così, dal matrimonio tra spiritualità e vitalità, che nasce l'idea del cavaliere azzurro e dei cavalli dalle tonalità del blu che, pur non esistendo in natura, affollano i quadri di Marc[6].

La prima esposizione del comitato centrale del *Blauer Reiter* si tenne l'11 dicembre, a Monaco, presso la Moderne Gallerie di Heinrich Tannhauser. In questa occasione, lo storico dell'arte Wilhelm Worringer (1881-1965) tenne una lettura tratta dal suo capolavoro *Abstraktion und Einfühlung: ein Beitrag zur Stilpsychologie* (*Astrazione ed empatia. Un contributo alla psicologia dello stile*), del 1907, un testo chiave per il movimento espressionista. La mostra del *Blauer Reiter* fu subito un successo mondiale. A questa epocale esposizione ne seguì una secon-

---

3   Cfr. R. Calabrese, *Monaco*, in F. Fiorentino, G. Sampaolo (a cura di), *Atlante della letteratura tedesca*, Quodlibet, Macerata 2009, pp. 105-110, qui p. 107.

4   Cfr. K. Lankheit, *Der Blaue Reiter. Präzisierungen,* in *Der Blaue Reiter*, Austellungskatalog Kunstmuseum, Bern 1986, p. 224. Vedi anche, dello stesso autore, *Franz Marc, L'uomo e l'opera*, in Id. (a cura di), *Indivisibile bellezza. Acquerelli e disegni di Franz Marc*, Il Saggiatore, Milano 1959, pp. 12-23.

5   È questa una delle tesi della teoria sui colori esposta da Kandinsky nel suo studio *Über das Geistige in der Kunst* (*Lo spirituale nell'arte*, 1912). Cfr. E. Di Stefano, *Kandinskij*, Giunti, Milano 1993, pp. 12-13. Si rimanda anche a G. Di Giacomo, *Icona e arte astratta. La questione dell'immagine tra presentazione e rappresentazione*, Aesthetica Preprint, Palermo 2000, pp. 35-48.

6   Cfr. E. Osterkamp, *Die Pferde des Expressionismus. Triumph und Tod einer Metapher,* Carl Friedrich von Siemens Stiftung, München 2010, pp. 26-28.

da, a febbraio del 1913, nella galleria monacense Goltz. In questa occasione il gruppo poteva vantare tra i suoi adepti il nome sacro di Paul
Klee (1879-1940), presente alla collettiva con diciassette opere. Anche
Der Almanach "Der Blaue Reiter", edito da Piper Verlag, trovò ampia
eco. Le copie vendute furono numerose, tanto che nel 1914 si rese necessaria una seconda edizione[7]. Al centro del manifesto artistico del
Blauer Reiter era l'idea di evasione dal mondo, che, ben lungi dal configurarsi come un ritorno al selvaggio, assume qui i connotati di una ricerca dello spirituale, al di là dell'involucro materiale[8]. Una 'via di
scampo', quindi, che si traduce nella ricerca di un Paradiso perduto, di
un rapporto originario e simbolico con l'essenza delle cose[9]. La scelta
artistica diviene un tutt'uno con l'esperienza mistica. Lo stesso Marc
chiarirà questo punto, sostenendo che nel *Blauer Reiter* la mistica è ri-
nata nell'anima e, con essa, gli originari elementi dell'arte.

2. La negromante dell'umanità

Come si legge in un passo dell'opera di Marc, il compito dell'arte è
quello di negare la naturalezza, di superare la realtà per ergersi a
Nekromantik der Menschheit:

> La natura è in ogni luogo, in noi e fuori di noi. C'è solo una cosa che non
> è natura, ma piuttosto il suo superamento e la sua chiarificazione, la cui
> forza deriva da una fonte sconosciuta: l'arte. L'arte è sempre stata ed è per
> essenza il più audace distacco dalla natura e dalla naturalità, il ponte ver-
> so *il regno dello spirito* [*Brücke ins Geisterreich*], la negromante dell'uma-
> nità[10].

7   Per una ricostruzione del progetto dell'Almanacco si rimanda all'epistolario
tra Vasilij Kandinskij e Franz Marc, *Prima del Cavaliere azzurro. Lettere 1911-1914,*
trad. it. a cura di M. D'Attanasio, Archinto, Milano 1997. Si veda anche J. Nigro-Co-
vre, *L'arte tedesca del Novecento,* Carocci, Roma 1998, in particolare pp. 41-64.

8   Cfr. M. De Micheli, *Le avanguardie artistiche del Novecento,* Feltrinelli, Milano 1992, pp. 99-118. Si veda anche, più in generale, S. Givone, *Hybris e Melancho-
lia. Studi sulle poetiche del Novecento,* Mursia, Milano 1974 (soprattutto pp. 119-138).

9   Cfr. M. Cometa, *Il demone della redenzione. Tragedia e cultura da Hebbel a
Lukács,* Aletheia, Firenze 1999, pp. 99-100.

10   F. Marc, *La nuova pittura (Die neue Malerei,* 1912), in Id., *La seconda vista.
Aforismi e altri scritti,* trad. it. a c. di E. Pontiggia, SE, Milano 1999, pp. 19-31, qui p.

'Geist' è la parola chiave della poetica di Kandinskij, che nel 1912 pubblica – grazie al sostegno di Franz Marc – un'opera avanguardistica per il Novecento artistico, dal titolo *Über das Geistige in der Kunst, insbesondere in der Malerei* (*Sullo spirituale nell'arte*). Il filo rosso di questo studio rivoluzionario è la *innere Notwendigkeit* dell'arte astratta, intesa come un principio di costruzione capace di riscattare il reale dalla dipendenza dalle cose esistenti e risalire alle leggi pure dell'anima. La 'forma' della pittura moderna di cui qui si parla scaturisce infatti da una 'intima struttura mistica dell'immagine del mondo' (*mystische innerliche Kontruktion*) e non da uno stimolo esterno, come volevano i naturalisti. Tale necessità ha dunque la pretesa di produrre una 'progressiva astrazione', da intendersi come sigla del contenuto mistico dell'arte. Non è un caso se un filosofo espressionista del calibro di Ernst Bloch (1885-1977), nel contesto della sua opera espressionista *Geist der Utopie* (1918 e 1923) – (ancora spirito!) –, ravvisò nel movimento avanguardistico, e nel suo tentativo di produrre la dimensione più intima, il versante pittorico-figurativo della sua poetica[11]. Nelle pagine di Bloch troviamo una difesa molto netta e appassionata delle avanguardie artistiche del Novecento, e in particolare della pittura di Franz Marc. Nella prospettiva blochiana agli espressionisti va il merito di deformare volutamente la piattezza dello stato di cose, di scomporla facendo emergere effetti di verità e portando in primo piano la violenza e le lacerazioni reali che gli uomini subiscono in questo mondo. Certo, in Kandinskij e in Marc la deformazione fisica si declina in una liberazione della verità dalla cortina di materia che la copre. Una distorsione della rappresentazione visuale che serve a ritrovare il contatto tra uomo e arte.

Per tale forma di *Erlösung* occorre mettere all'opera un occhio interno, al quale non spetta il compito di fotografare la realtà – riservato ai procedimenti tecnici quale appunto la fotografia – ma di formarla come l'individuo la vede, cioè la ricrea dentro di sé, e quindi

23. Per un'analisi dell'opera pittorica di Marc, portata avanti in un fecondo confronto con la sua produzione teorica, si rimanda allo studio di Jolanda Nigro Covre, *Franz Marc. Dal pensiero alla forma,* Martano, Torino 1971.

11   Mi sia permesso rimandare al mio studio: *Il possibile e il marginale. Studio su Ernst Bloch,* Mimesis, Milano 2005, in particolare pp. 137-141.

deformandola. Questo significa che non è in gioco una visione ottico-retinica, ma una dimensione spirituale, quasi mistica.

In termini che ricordano da vicino la filosofia di Arthur Schopenhauer, Marc affida alla prima annotazione dei suoi *100 Aphorismen* una questione di primaria importanza per la sua poetica artistica, e che può essere riassunta nei seguenti accenti: E se noi raggiungessimo solo l'involucro delle cose, anziché l'essenza? E se la maschera delle cose ci accecasse al punto di renderci impossibile l'accesso alla verità?[12].

È in gioco per lui una 'volontà di vedere forme', che non si traduce affatto in un'autonomia dalla schiavitù nei riguardi dell'oggetto, ma, più in profondità, nell'anelito verso una diversa concezione dell'oggettività, intesa come ripulita dalle scorie dell'accidentalità e della superficialità[13]. Franz Marc si sentiva guidato da una ricerca di essenzialità. Come si legge nel contesto intimo delle sue *Briefe aus dem Feld*:

> [...] hinter allem ist immer noch etwas; wenn man dafür einmal das Ohr und Augen bekommen hat [...] Auch das Auge! Ich beginne immer hinter oder besser gesagt: *durch* die Dingen zu *sehen*, ein Dahinter, das die Dingen mit ihrem Schein eher verbergen, meist raffiniert verbergen, indem sie dem Menschen etwas ganz anders vortäuschen, als was sie thatsächlich bergen[14].

Si tratta quindi di un *durch-sehen,* di uno sguardo-attraverso, di un vedere che insieme anche un sentire[15]. Marc non ha dubbi: per cogliere le cose nella loro essenza occorre affidarsi non alla visione dell'oc-

---

12   Cfr. F. Marc, *I cento aforismi/La seconda vista,* in Id., *La seconda vista,* cit., pp. 34-72, qui p. 35. Su questo cfr. P. Chiarini, *L'Espressionismo. Storia e struttura,* La Nuova Italia, Firenze 1969; F. Masini, *Gli schiavi di Efesto,* Editori Riuniti, Roma 1982, pp. 65-76. H. Bahr, *Espressionismo,* trad. it di F. Cambi, Silvy, Scurelle (TN) 2012. Per lo stesso tema rimando al canonico scritto di H. Bahr, *Il superamento del naturalismo,* trad. it. a cura di G. Tateo, SE, Milano 1994. Cfr. anche R. Brinkmann (Hrsg.), *Expressionismus. Internationale Forschung zu einem internationalen Phänomen,* Metzler, Stuttgart 1980.

13   Per questo si rinvia a L. Mittner, *Storia della letteratura tedesca,* Einaudi, Torino, vol. III, p. 1196.

14   F. Marc, *Briefe aus dem Feld,* Helmut Rauschenbusch Verlag, Stollhamm-Berlin 1941, p. 41.

15   Il rimando è al volume di E. Garroni, *Estetica. Uno sguardo-attraverso,* Garzanti, Milano 1992.

chio, ma a quella dello sguardo, inteso come un 'occhio interno', come un 'secondo sguardo'. È qui in gioco una visione perspicua, che non si accontenta della *nackte Tatsache*, ma si rivolge all''altro' del fenomeno, e che si mostra capace di risalire dall'apparenza delle cose al loro (celato) orizzonte di possibilità.

La concezione di Franz Marc può essere compresa solo all'interno delle coordinate offerte dall'Espressionismo tedesco: necessità, nuova moralità, costruzione, astrazione, intimità, monumentalità, nuova religiosità. Al centro del movimento d'avanguardia è la rivolta dell'interiorità contro ogni standardizzazione, e contro ogni forma di identificazione canonizzata. Significativo è quanto Franz Marc scrive in un passo in cui sintetizza il senso ultimo della poetica della corrente del *Blauer Reiter* nella osservazione della struttura organica delle cose e nella ricerca del loro significato spirituale: «Noi cerchiamo di dipingere la dimensione interiore, spirituale della natura non per capriccio o noia, ma perché *vediamo* questa dimensione [...]»[16].

Vedere l'invisibile, quindi, carpire la dimensione spirituale, ovvero riconoscere l'umano nei geroglifici delle cose, o ancora meglio produrlo, evocarlo. Con tutto questo ha a che 'vedere' la 'seconda vista'.

In linea con le posizioni del capogruppo del *Blauer Reiter*, Vasilij Kandinskij, anche per Franz Marc ogni forma possiede un suo 'contenuto-forza' che, ben lungi dal darsi come contenuto oggettivo, si lascia piuttosto identificare con una capacità di agire come stimolo psicologico. A cogliere questo contenuto non è l'occhio normale, ma la 'seconda vista', che mette in connessione *Umwelt* e *Innenwelt* e che è «più vicina al cuore della natura»[17]. Si tratta di un vedere che è un tornare a guardare, una sorta di discesa all'origine dello stesso guardare.

A differenza dell'astrattismo kandinskyano però Marc rimane legato alla figura, che viene tradotta nella forma della *Nervenkunst* di cui è metafora l'animale non umano; è in questa figura che va individuato il protagonista indiscusso della sua arte, e questo sin dal 1905. Il pittore aveva analizzato i movimenti animali più tipici sia attraverso lo studio dal vivo, sia attraverso il confronto con l'opera del biologo tedesco Alfred Edmund Brehm (1828-1884). È attraverso l'animalizza-

16 F. Marc, *La nuova pittura*, cit., p. 21.
17 *Ivi*, p. 20.

zione dell'arte che, secondo Marc, si può «avvertire il ritmo organico di tutte le cose, [...] le vibrazioni e le stille di sangue della natura [...]»[18]. Il vedere significa anche «sentire l'intima vita palpitante»[19] degli animali. E questa dimensione dell'animalità, già presente nella tessitura pittorica di Franz Marc, diventa centrale con l'esperienza mostruosa della Prima guerra mondiale.

3. Guerra e animalità

È forse proprio con l'idea di liberarsi dai vincoli esteriori e 'vivere nello spirito', a contatto con l'essenza, che Franz Marc rispose con entusiasmo al colpo di tuono, arruolandosi volontario. Agli inizi di agosto 1914 venne inviato sul fronte francese. *Unter dem Dröhnen der Geschütze*[20], Marc schizza all'inizio del 1915 le osservazioni poi pubblicate con il titolo *Die 100 Aphorismen/Das zweite Gesicht* (*I cento aforismi. La seconda vista*)[21]. Si tratta di appunti sparsi, testimonianza 'in presa diretta' dell'orrore della guerra, e della traiettoria di uno sguardo che, nella vertigine del presente[22], prima cerca un appiglio per il futuro e poi una via di fuga. Da questo punto di vista Marc può scrivere in uno dei suoi aforismi più celebri: «sapete, amici, che cosa sono i quadri: il riemergere in un altro luogo»[23]. In questo *Auftauchen an einem anderen Ort,* così come nella volontà di essere-altro, si condensa la dimensione utopica della poetica artistica marchiana.

Come molti altri suoi contemporanei che si sono lasciati prendere dall'euforia collettiva per il colpo di tuono, anche Marc inizialmente vedeva la guerra come una tappa di un 'misterioso divenire', o anche

---

18   F. Marc, *Gli animali nell'arte, ivi,* p. 13.
19   *Ibidem.*
20   *Ivi,* p. 57.
21   Finite nel febbraio del 1915, furono spedite in patria dal fronte il 22 febbraio dello stesso anno (cfr. K. Lankheit, *Bibliographische Nachweise,* in F. Marc, *Schriften,* DuMont, Köln 1978, p. 226).
22   Di questa vertigine è testimonianza un noto aforisma, che recita: «La guerra, questa 'sublime festa dei filosofi', ci ha fatto mancare sotto i piedi il terreno dei nostri padri. Fluttuiamo nel nulla. Ora dobbiamo creare, riempire il mondo, per poter vivere». F. Marc, *La seconda vista,* cit., p. 47.
23   *Ivi,* p. 66.

nella forma di un 'accadimento apocalittico'. In questo senso non doveva essere intesa non come attacco alle nazioni, ma come opposizione ai nemici dello spirito europeo, della modernità. In altre parole il conflitto veniva letto come un 'male necessario': nel 'purgatorio della guerra' vengono infatti purificati gli animi, vengono espiati i vecchi peccati, vengono estirpati dal suolo i rami 'impuri'[24]. Solo dopo questa *pars destruens* – così Marc – si può attivare una *pars construens*, e sulle macerie di questa distruzione edificare la via verso il nuovo regno dello spirito. Di qui la confessione di Marc: «Le sono grato (*scil.* alla guerra) fin nel profondo del mio cuore. Non c'era nessun'altra via per raggiungere l'epoca della spiritualità»[25].

Per lungo tempo l'artista monacense aveva depositato nell'esperienza bellica quelle aspettative che avevano caratterizzato la sua poetica pittorica, in primo luogo l'idea di una 'seconda vista' capace di muoversi oltre l'accidente di quel che accade, per entrare così in contatto con l'anima della natura.

L'esperienza del fronte viene descritta da Marc, usando il registro scopico (e come potrebbe essere diversamente!), come una 'visione che acceca', ma anche come una 'volontà del destino' che si nasconde dietro uno scenario, ovvero (e qui circola la lezione filosofica di Schopenhauer) dietro la parvenza della volontà individuale[26]. Se questa ultima viene definita come uno *Vordergrundspiel* è perché Marc era convinto che oltre il «folle spettacolo della guerra» ci fosse un senso ultimo e profondo (*letzten tiefsten Sinn*)[27]. Nello scenario aperto da Marc, solo alcuni possono esplorare questo fondamento, e sono coloro che sono dotati di una «seconda vista» (*zweites Gesicht*), di uno sguardo acuto (*Einsicht*) (per dirla con un altro famoso milite volontario noto, ovvero Ludwig Wittgenstein)[28].

Ma già a ottobre del 1914, la sua opinione cambia, fino a descrivere la guerra come la più crudele cattura di essere umani alla quale ci siamo arresi. In un importante dattiloscritto dell'autunno dello stesso anno, dal titolo *Im Fegefeuer des Krieges*, Marc espone due aspetti che

---

24   *Ivi*, p. 45.
25   *Ivi*, p. 61.
26   *Ivi*, pp. 38-39.
27   *Ivi*, p. 39.
28   Cfr. L. Wittgenstein, *Pensieri diversi*, trad. it. a cura di M. Ranchetti, Adelphi, Milano 1980, p. 122.

in seguito diventeranno canonici negli studi sulla trasformazione dell'identità dei combattenti: l'eccezionalità dell'evento bellico e la difficoltà di trasformarlo da evento vissuto (*Erlebnis*) in *Erfahrung*, in esperienza comunicabile[29]. La guerra viene prodotta dall'uomo, ma recalcitra di fronte a ogni tentativo di comprensione, di assimilazione a un'azione. Con le parole del pittore (che riprende il sommo poeta): «"In principio era l'azione". Ciò che noi soldati stiamo vivendo in questi mesi supera di molto la nostra capacità di pensiero. Ci vorranno anni prima che possiamo considerare questa indicibile guerra come un'azione, come una nostra esperienza»[30].

La vita al fronte è una continua esposizione alle immagini della violenza e alla violenza delle immagini. Come Marc annota nell'aforisma 72: «Ero circondato da forme strane e disegnavo quello che vedevo: forme dure, infelici, nere, azzurro-acciaio e verdi, che si urtavano e mi facevano urlare di dolore [*Weh*], vedevo infatti che tutto era disgregato e nel dolore si dilaniava. Era un'immagine orribile»[31].

Di fronte alla brutalità della guerra, esposta allo *choc* continuo, l'umanità senza mondo di Marc è costretta a strapparsi dal binario abituale del mondo sensibile, e rivolgersi allo spirito[32]. Lo si legge nell'aforisma 71: «Legai stretti i miei sensi, perché non udissero, non vedessero e non toccassero. Solo il mio spirito era in rapporto con le cose, che raccontavano tutti i loro felici segreti a lui, il nuovo buon Europeo»[33].

La dimensione spirituale collega, come un filo sotterraneo, l'uomo all'animale non-umano. Sul fronte opposto rispetto allo sguardo 'razionale' dell'uomo europeo si colloca infatti il modo di vedere degli animali[34]. La loro visione, il loro sguardo, si muove in comunione con

---

29   La vicinanza con le note tesi di Walter Benjamin è tracciata da Giorgio Franck nel saggio *L'«ora dei vincitori»: astrazione e purezza in Franz Marc*, introduzione a F. Marc, *I cento aforismi. La seconda vista*, trad. it. a cura di R. Troncon, Feltrinelli, Milano 1982, pp. 7-37.

30   Cfr. F. Marc, *Nel purgatorio della guerra*, in Id., *La seconda vista*, cit., pp. 27-32, qui p. 27.

31   F. Marc, *I cento aforismi*, cit., p. 63.

32   Anche l'aforisma 56 muove in questa stessa direzione (cfr. *ivi*, p. 56).

33   F. Marc, *La seconda vista*, cit., p. 62.

34   Su questo rimando a M. R. De Rosa, *Il cavaliere azzurro. Figure e problemi*, Guerini e Associati, Milano 1994.

la totalità, in accordo senza fratture con l'universo[35]. Le tele di Marc ci propongono un cosmo vivente da sogno, abitato da forme di vita altre, da creature di un mondo puro, da quelle immagini della meraviglia che solo le figure zoomorfiche possono rappresentare. Il che non significa affatto entrare in uno stato di innocenza e ingenuità, ma semmai implica un esercizio di liberazione del proprio sguardo dai gravami dei preconcetti 'troppo umani'. Non è forse un caso se gli animali di Marc spesso sono ritratti mentre dormono, acciambellati, ripiegati su stessi, sospesi tra il sonno e la veglia. Quel che i *Tierbilder* producono è la potenzialità utopica del mondo, quelle vibrazioni che attraversano la natura, gli alberi, gli animali, l'aria[36]. Insomma il vedere è qui sinonimo di un sentire quasi mistico[37]. Gli animali di Marc sono forme d'essere, che non rappresentano la natura, ma *sono* la natura. Sono quella presenza mobile e vivida, imprevedibile, che Marc cala sul solco tra l'io e l'infinito[38]. Con il loro 'sguardo altro', gli animali rivelano l'essenza di ogni natura e di ogni mondo possibile[39]. Così scrive Marc: «il mondo ideale non è un castello di carte con cui ci trastulliamo, ma racchiude in sé gli elementi di un moto che oggi fa sentire le sue vibrazioni in tutto il mondo»[40]. Non si tratta di un *Luftschloß*, quindi di un'utopia irraggiungibile, ma di un'immagine di desiderio, che è nel mondo pur non essendo del mondo. Come nelle possibilità del reale, da intendersi come realtà che non si son ancora date, ma che in assenza, influenzano il reale.

In questo scenario si comprende meglio il ruolo di primissimo piano che Marc affida all'animale. La tensione verso l'animalità rientra

---

35   È per questo che un autore dello spessore di Hans Seldmayr, interpretando l'opera di Marc, accosta la figura dell'animale a quello di Dio. Cfr. H. Seldmayr, *Franz Marc oder die Unschuld der Tiere*, in «Universitas», (1952), p. 1166.

36   Cfr. S. Partsch, *Franz Marc*, trad. it. di L. Caglioti, L'espresso, Milano 2001, p. 38.

37   Cfr. *ivi*, p. 62. Si segnala anche l'articolo di Ulisse Dogà, *La seconda vista,* in «Cenere. Rivista di letteratura, filosofia, estetica», (2000), pp. 7-8.

38   Sulla questione dello sguardo dell'animale Hans Bünemann propone un interessante collegamento tra F. Marc e R.M. Rilke. Cfr. *Franz Marc. Zeichnungen-Aquarelle*, Bruckmann, München 1984, pp. 23-24. Per una prospettiva generale su questo si rimanda a: G. Agamben, *L'aperto. L'uomo e l'animale*, Bollati-Boringhieri, Torino 2002.

39   Per la 'visione altra', in una prospettiva generale sulle figure animali, segnalo: F. Cimatti, *Sguardi animali,* Mimesis, Milano-Udine 2017.

40   F. Marc, *Beni spirituali*, in Id., *La seconda vista,* cit., p. 174.

perfettamente nella sua aspirazione marciana all'eliminazione del soggetto. L'immagine pittorica, nella sua *tierische Verwandlung*, deve rinunciare all'univocità oggettiva, in favore di una plurivocità di significati (di qui anche la deformazione delle proporzioni). In questo senso il suo 'movimento artistico' è anche un movimento di trasformazione del reale: l'obiettivo finale della poetica pittorica di Marc è infatti quello della dissoluzione dell'io, della rinuncia al narratore onnisciente, della inesorabile e irresistibile riduzione della figurazione allo schematismo, all'astrattismo.

Negli ultimi aforismi è come se una patina opaca si fosse posata sulla natura, rendendola *altra,* 'brutta e sfortunata' (*häßlich und unselig*), o cosa 'infelice' (*unfreudig*), 'falsa' (*unwahr*), 'odiosa' (*häßlich*). È come se il *Lied vom Leid* dell'albero risuonasse in tutto il creato, dalle manifestazioni più alte all'entità più disgustose. Fino a una sorta di orazione funebre per la natura, per la quale – si legge nell'aforisma 98 – si può solo provare una grande tristezza, come per i prigionieri di guerra. Anche qui ricorre l'idea che l'"antico dolore del mondo' (*alter Weltschmerz*)[41] circoli in tutto quel che lo circonda e si condensi nella 'storia naturale della distruzione'. Su questa 'natura morta' il *Tiermaler* Franz Marc getta l'ultimo sguardo della sua breve vita, e sarà una visione tragicamente premonitrice della fine, che lo colse nella forma deformante di una granata il pomeriggio del 4 marzo 1916.

41   *Ivi*, p. 71.

Distorsioni percettive in *Die Ermordung einer Butterblume* di Alfred Döblin

di Raul Calzoni

L'arte figurativa del *Frühexpressionismus* si fonda sulla distorsione visiva, come testimoniano i dipinti riconducibili all'avanguardia dei movimenti *Die Brücke*, fondato a Dresda nel 1905 e scioltosi nel 1913, e *Der blaue Reiter*, formatosi a Monaco nel 1909 e attivo sino al 1914, i cui esponenti intrapresero percorsi figurativi innovativi rispetto a una *mimesis* realistica o impressionistica del mondo[1]. Nella pittura e nel cinema dello *Spätexpressionismus* – si pensi a *Das Cabinet des Dr. Caligari* (1920) e a *Nosferatu* (1922) – questa distorsione avrebbe assunto persino i tratti della deformità, mentre in altre forme artistiche, come la scrittura e il radiodramma, la deformazione percettiva avrebbe trasceso l'ambito visivo e coinvolto nelle diverse fasi dell'Espressionismo anche quello acustico del reale[2]. Responsabile di tale sincretica distorsione del mondo fu la volontà di rappresentare, da un lato, la 'velocità' della vita durante la *Moderne*, incarnata all'epoca da Berlino e intesa come un vero e proprio «articolo di fede»[3]

---

1   Cfr. L. Dittmann, *Weltbilder moderner Kunst: Werke von Kandinsky, Klee, Beckmann, Mondrian, Kokoschka im Licht phänomenologischer Philosophien*, Böhlhau, Köln 2013.

2   Sulla periodizzazione dell'Espressionismo tedesco, con particolare riferimento alle peculiarità delle sue due fasi, ovvero del *Frühexpressionsmus* (circa 1910-1914) e dello *Spätexpressionismus* (circa 1914-1925), cfr. T. Anz, *Literatur des Expressionismus*, Metzler, Stuttgart 2016, p. 24 ss. Per un primo orientamento sul movimento, sulle sue figure di spicco, fasi e luoghi, cfr. P. Chiarini, *L'Espressionismo tedesco*, Silvy, Scurelle (TN) 2011.

3   Cfr. E. Schütz, *Beyond Glittering Reflections of Asphalt: Changing Images of Berlin in Weimar Journalism*, in T. W. Kniesche, S. Brockmann (eds.), *Dancing on the Volcano. Essays on the Culture of the Weimar Republic*, Camden House, Columbia 1994, p. 120: «La velocità, o "*Tempo*", è il concetto chiave che Berlino ha di sé durante la Repubblica di Weimar. La velocità è un articolo di fede generato prevalentemen-

nella Germania guglielmina e nella successiva Repubblica di Weimar, e, dall'altro, «un'umanità già deturpata dall'orrore delle condizioni materiali in cui si trova[va] a dover vivere»[4]. Tali distorsioni percettive discendevano, quindi, dal desiderio di offrire un'estetica dell'uomo, della metropoli e della natura capace di trascendere l'Impressionismo letterario viennese di fine secolo grazie alla rappresentazione di corpi segnati dal dolore, dalla sofferenza e dal trauma che, nel caso dello *Spätexpressionismus*, sarebbero anche stati conseguenti al primo conflitto mondiale[5].

Frutto di un troppo rapido processo di modernizzazione, che aveva inciso in modo irreparabile sugli onirici *Seelenzustände* (paesaggi dell'anima)[6] della Vienna di fine secolo, che erano divenuti il luogo della fioritura artistico-letteraria dello *Jung-Wien*, la sofferenza vissuta dall'individuo che abitava la metropoli tedesca di inizio Novecento divenne ben presto un tema centrale del *Frühexpressionismus*. Sin dai suoi primi testi programmatici, apparsi attorno al 1910 sull'onda lunga del *Manifesto* futurista di Marinetti, il movimento si configurò, perciò, come un tentativo di superare l'inclinazione alla *Nervenkunst* (arte dei nervi) e alla malattia tipica della letteratura del *fin de siècle* austriaco e tedesco. Da un lato, Hugo von Hofmannsthal con le sue *Terzinen über Vergänglichkeit* e, dall'altro, Stefan George con *Das Jahr der Seele* rappresentavano all'epoca il vertice di una letteratura moderna in lingua tedesca fondata rispettivamente sull'ipersensibilità

te dai media "veloci": i grandi giornali e le riviste, più tardi il cinema e la radio, dei quali Berlino costituiva il centro economico e istituzionale. In letteratura, il mito di Berlino venne creato dalla poesia e dalla musica, dai racconti brevi e dalla saggistica, dai resoconti e dalle cronache brevi, dagli aneddoti, dai pamphlet, dai programmi, dai compendi, dalle polemiche. Tali testi veloci e moderni aggiunsero dettagli e smalto all'immagine di Berlino intesa come metropoli della velocità». Sulla metropoli tedesca fra Età guglielmina e Repubblica di Weimar, cfr. P. Chiarini, A. Gargano, *La Berlino dell'Espressionismo*, Editori riuniti, Roma 1997 e A. Gargano, *Progetto metropoli. La Berlino dell'Espressionismo*, Silvy, Scurelle (TN) 2012.

4   W. Busch, *Il primo Novecento*, in A. Chiarloni (a cura di), *La poesia tedesca del Novecento*, Laterza, Bari 2009, p. 24.

5   Cfr. J. Golec, *Neue Kriegsinstrumente und die Versuche einer neuen Kriegsästhetik im deutschen Expressionismus*, in C. Glunz, T. F. Schneider (Hrsg.), *Wahrheitsmaschinen: Der Einfluss technischer Innovationen auf die Darstellung und das Bild des Krieges in den Medien und Künsten*, V&R unipress, Göttingen 2010, pp. 263-272.

6   Cfr. M. Freschi, *La Vienna di fine secolo*, Editori riuniti, Roma 1997.

della percezione 'nervosa' e sull'estetismo[7], che gli scrittori e i critici dell'Espressionismo volevano superare, difendendo la creazione artistica come un atto vitalistico attraverso il quale il singolo poteva affermare la propria volontà di espressione sulla natura, sul proprio corpo, ovvero sugli organi umani della percezione, e sullo stesso materiale estetico. In questo contesto, l'arte figurativa e la letteratura espressioniste trovarono presto nella rivista «Der Sturm», fondata da Herwarth Walden nel 1910, un luogo di discussione e rilancio di un vitalismo dionisiaco di matrice nietzschiana[8], che si opponeva alla languida passività dell'Estetismo di fine secondo e al Realismo dell'arte ufficiale della Germania guglielmina.

Nel maggio del 1913 apparve sulla rivista *An Romanautoren und ihre Kritiker. Berliner Programm* di Alfred Döblin, un testo programmatico, come rivela il suo titolo, che si confrontava già con un metodo percettivo basato su una poetica dell'esperimento sensoriale[9] che avrebbe in seguito reso possibile all'autore far deflagrare le forme tradizionali della rappresentazione e aprire nuove possibilità al romanzo. Già tutta discussa nel *Programma berlinese* del 1913, la «crisi del romanzo» moderno, per citare il titolo della recensione di Benjamin al successivo *Berlin Alexanderplatz* (1929) di Döblin[10], era frutto dello stallo dell'arte realistica – di «maniera psicologica»,

---

7   Cfr. M. Worbs, *Nervenkunst: Literatur und Psychoanalyse im Wien der Jahrhundertwende*, Europäische Verlagsanstalt, Frankfurt am Main 1983. Sulla raccolta di George, cfr. il denso capitolo «Astrazione e dissoluzione dell'immagine nello *Jahr der Seele*» di M. Pirro, *Come corda troppo tesa. Stile e ideologia in Stefan George*, Quodlibet, Macerata 2011, pp. 117-142. Sulla produzione di George, in particolare sul valore paradigmatico ed epistemologico della poetica del suo cenacolo riconducibile a una teoria della *Gestalt*, cfr. F. Rossi, *Gesamterkennen. Zur Wissenschaftskritik und Gestalttheorie im George-Kreis*, Königshausen & Neumann, Würzburg 2011.

8   Sul rapporto fra Nietzsche e l'Espressionismo, è fondamentale la silloge di studi di H. Ester, M. Evers (Hrsg.), *Zur Wirkung Nietzsches: Der deutsche Expressionismus*, Königshausen & Neumann, Würzburg 2001.

9   Sul metodo scientifico sperimentale applicato alla percezione estetica da Döblin, cfr. L. Perrone Capano, *Alfred Döblin und das wissenschaftliche Experiment*, in R. Calzoni, M. Salgaro (Hrsg.), *«Ein in der Phantasie durchgeführtes Experiment». Literatur und Wissenschaft nach Neunzehnhundert*, Vandenhoeck & Ruprecht, Göttingen 2010, pp. 129-144.

10   Cfr. W. Benjamin, *La crisi del romanzo*, trad. it. di A. Valtolina, in A. Döblin, *Berlin Alexanderplatz*, BUR, Milano, 1995, pp. 3-11.

come la definisce l'autore[11] –, che l'«elettrificazione» e la successiva «americanizzazione»[12] della vita durante la Repubblica di Weimar avrebbero ulteriormente aggravato. Il superamento di tale crisi nella rappresentazione estetica sarebbe stato possibile, secondo Döblin, solo imparando dalla psichiatria e, cioè, realizzando il cosiddetto 'romanzo epico' con il quale avvalersi di uno «stile cinematografico», fondato sul montaggio del «tesoro di visioni» reali, oniriche e distorte che il mondo offriva allo sguardo degli scrittori e di cui già si parla in *An Romanautoren und ihre Kritiker*:

> La facciata del romanzo non può che essere di pietra o di acciaio, lampeggiare elettricamente o rimanere buia; essa tace. La poesia vibra nello svolgimento come la musica tra i suoni formati. La rappresentazione richiede, data l'enorme massa di realtà formate, uno stile cinematografico. Il «tesoro di visioni» deve scorrere con estrema concisione e precisione. Occorre riuscire a tirar fuori dalla lingua il massimo di plasticità e vitalità. Il vecchio tran-tran narrativo non c'entra nulla col romanzo: non si racconta, ma si costruisce[13].

«Plasticità e vitalità» della lingua riguardano anche il ritmo e i suoni della metropoli che, nell'intera opera döbliniana del primo Novecento, hanno trovato espressione grazie al confronto dell'autore con il Futurismo italiano, ma pure con le tendenze e le dissonanze musicali caratteristiche della *Moderne*[14]. *An Romanautoren und ihre Kritiker. Berliner Programm* è, infatti, il risultato della riflessione di Döblin attorno ai limiti della parola e dell'arte, in generale, dinanzi alla modernità e, in particolare, rispetto alle innovazioni linguistiche, pittoriche, scultoree e musicali che il Futurismo di Marinetti aveva

11   A. Döblin, *Ai romanzieri tedeschi e ai loro critici. Programma berlinese*, in Id., *Scritti berlinesi*, a cura di G. Cantarutti, Il Mulino, Bologna 1994, pp. 43-48, qui p. 43.

12   Su questi due concetti fondamentali della modernità di Berlino nel primo Novecento, cfr. A. Liidtke, I. Marssolek, A. von Saldern (Hrsg.), *Amerikanisierung: Traum und Albtraum im Deutschland des 20. Jahrhunderts*, Franz Steiner Verlag, Stuttgart 1996.

13   A. Döblin, *Ai romanzieri tedeschi e ai loro critici*, cit., p. 45.

14   Sulla concezione del ritmo presso i futuristi, cfr. G. Cordibella, «*Ritmi futuristi*»: *Zum transmedialen Konzept des Rhythmus im italienischen Futurismus*, in M. Salgaro, M. Vangi (Hrsg.), *Mythos Rhythmus: Wissenschaft, Kunst und Literatur um 1900*, Steiner Verlag, Stuttgart 2016, pp. 157-170.

diffuso in Europa. Esse erano *in primis* note al pubblico tedesco ancora grazie a «Der Sturm» che, nel 1912, aveva fatto precedere un'esposizione di dipinti dei Futuristi nella Galleria sulla Tiergartenstraße con la pubblicazione di una serie di testi 'propedeutici' all'evento: il *Manifest der Futuristen*, il *Manifest des Futurismus von F.T. Marinetti* e *Futuristen. Die Aussteller an das Publikum*, un articolo firmato da Boccioni, Carrà, Russolo e Balla[15]. Come si evince anche da un ulteriore articolo di Döblin, intitolato *Die Bilder der Futuristen* e apparso su «Der Sturm» a ridosso dell'esposizione[16], già nei primi anni dieci del Novecento dalla riflessione dell'autore attorno al Futurismo e alle istanze del *Frühexpressionismus* era nata quella peculiare sensibilità nei confronti del mondo, definita «Döblinismo» dallo scrittore in una lettera aperta a Marinetti apparsa ancora sulla rivista di Walden nel marzo del 1913 con il titolo *Futuristische Worttechnik*, che corrispondeva a un preciso e personalissimo metodo letterario e, al contempo, gnoseologico e percettivo[17].

Alla luce di queste premesse e confrontandosi con il racconto *Die Ermordung einer Butterblume*, scritto fra il 1903 e il 1905 e originariamente apparso nel marzo del 1910 su «Der Sturm», questo articolo intende mettere in luce le peculiarità dello sguardo deformante del «Döblinismo» all'interno del primo Espressionismo tedesco. Il «Döblinismo» non deve essere, innanzitutto, inteso come un'opposizione all'avanguardia futurista, ma come il potenziamento dell'arte della visione, della dinamicità e della simultaneità di Marinetti e dei suoi sodali, particolarmente sensibili al movimento, alla tecnica e alla velocità. Döblin accolse, infatti, nel suo *Berliner Programm* i principi futuristici della depersonificazione, della defabulazione, della depsicologizzazione, della dedrammatizzazione e della destoricizzazione

---

15   Cfr. *Manifest der Futuristen*, in «Der Sturm. Wochenschrift für Kultur und die Künste», 103 (23 marzo 1912), pp. 822-824; *Manifest des Futurismus von F. T. Marinetti*, in «Der Sturm. Wochenschrift für Kultur und die Künste», 104 (30 marzo 1912), pp. 828-829; *Futuristen. Die Aussteller an das Publikum*, in «Der Sturm. Wochenschrift für Kultur und die Künste», 105 (6 aprile 1912), pp. 3-4.

16   A. Döblin, *Die Bilder der Futuristen*, in «Der Sturm. Wochenschrift für Kultur und die Künste», 110 (11 maggio 1912), pp. 41-42.

17   Cfr. A. Döblin, *Futuristische Worttechnik. Offener Brief an F. T. Marinetti*, in Id., *Aufsätze zur Literatur*, hrsg. von W. Muschg, Olten, Freiburg i. Br. 1963, pp. 9-15, qui p. 15: «Lei si occupi del suo Futurismo. Io mi occupo del mio Döblinismo».

della letteratura per renderli fruibili in una scrittura fondata su una ricezione soggettiva e spesso patologica di immagini[18], cioè su un amalgama di parole e di suoni della modernità che fu anche mediata dall'attività di psichiatra svolta dall'autore a partire dal 1911, quando aprì un proprio ambulatorio a Berlino nella Blücherstraße[19]. Innestandosi pure sulla riflessione musicologica del *fin de Siècle* e sugli studi medici e psichiatrici[20] e, come si vedrà, sociologici condotti dall'autore, il «Döblinismo» avrebbe trovato piena realizzazione nel primo grande romanzo di ispirazione orientale, *Die drei Sprünge des Wang-lun* (1913), e nei due romanzi berlinesi dello scrittore, cioè *Wadzeks Kampf mit der Dampfturbine* (1918) e *Berlin Alexanderplatz*. Con queste opere, infatti, l'autore avrebbe pienamente dimostrato che

il narratore si comporta come un contadino. È necessaria la parsimonia, la stringatezza verbale; espressioni fresche. Occorre fare ampio uso di periodi che permettano di sintetizzare rapidamente la compresenza e la successione del complesso. Rapido svolgersi di eventi, il loro aggrovigliarsi in poche parole chiave; si deve cercare di ottenere ovunque con espressioni suggestive [*suggestiv*] il massimo di esattezza. Il tutto non deve sembrare un discorso, ma come se fosse lì presente. L'arte della parola deve manifestarsi per via negativa, attraverso ciò che evita: nella mancanza di ornamento, nell'assenza di intenzione, nell'assenza della bellezza o dello slancio puramente verbali, nella messa al bando di ogni manierismo. Le immagini sono pericolose e vanno usate solo occasionalmente: ci si deve avvicinare come un cane che sente la selvaggina all'unicità di ogni accadi-

---

18   Cfr. L. Renzi, *Alfred Döblin – das Bild der Moderne in seiner Epik-Theorie*, in S. Becker, H. Kiesel (Hrsg.) in Zusammenarbeit mit R. Krause, *Literarische Moderne. Begriff und Phänomen*, Walter de Gruyter, Berlin-New York, 2007, pp. 181-198.

19   Cfr. S. Catani, *Die Geburt des Döblinismus aus dem Geist des Fin de Siècle: Döblins frühe Erzählungen im Spannungsfeld von Ästhetik, Poetik und Medizin*, in S. Davies, E. Schonfield (eds.), *Alfred Döblin: Paradigms of Modernism*, Walter de Gruyter, Berlin-New York, 2009, pp. 28-45.

20   Sulle ricadute della musica di fine secolo sull'opera del primo Döblin, anche in riferimento ai *Gespräche mit Kalypso*, cfr. R. Calzoni, *«Der Sturm» e la musica: dimensioni acustiche nella saggistica di Alfred Döblin*, in F. La Manna, F. Ottavio (a cura di), *«Der Sturm» (1910-1932): rivista di letteratura, arte e musica dell'Espressionismo tedesco*, Guida, Napoli 2018, pp. 63-87. Sull'influsso degli studi medici condotti dall'autore sulla sua prosa e saggistica, cfr. T. Anz, *Psychiatrie und Psychoanalyse*, in S. Becker (Hrsg.), *Döblin-Handbuch. Leben – Werk – Wirkung*, Metzler, Stuttgart 2016, pp. 266-273.

mento, comprendere la fisionomia e la crescita specifica di un evento e renderle in maniera precisa e oggettiva: le immagini sono comode.[21]

Queste considerazioni sono ancora tratte da *An Romanautoren und ihre Kritiker* e risalgono allo stesso anno in cui, oltre a *Die drei Sprünge des Wang-lun*, Döblin pubblicò – in realtà nel novembre del 1912, ma l'opera reca impressa la data del 1913 – la raccolta di racconti, già tutti precedentemente apparsi sulla rivista di Walden, intitolata *Die Ermordung einer Butterblume*. Per la sua prosa visionaria, la silloge fu salutata da Kurt Pinthus, che nel 1919 avrebbe curato l'antologia di riferimento per la poesia espressionista, *Menschheitsdämmerung. Symphonie jüngster Dichtung* (1919), come un punto di «svolta dall'Impressionismo all'Espressionismo» letterario[22]. In particolare, l'attento lettore era colpito dalla capacità dell'autore di strutturare il *ductus* narrativo dei suoi racconti attraverso una serie di *Bilder* distorti del reale che veicolavano la consapevolezza döbliniana, ribadita anche nel *Berliner Programm*, delle pericolosità delle immagini[23].

Se, da un punto di vista strutturale, avvalersi di una serie di immagini distorte montate cinematograficamente dimostrava che, come nella lirica, anche nella prosa espressionista era possibile il cosiddetto *Reihungsstil* (stile a filare)[24], da un punto di vista tematico, la raccolta e il racconto che le offre il titolo meritano un'attenzione particolare nel momento in cui si desideri indagare la contiguità del «Döblinismo» al *Frühexpressionismus* per tramite di una scrittura che si fonda su fantasie e visioni distorte, prodotte da un corpo inserito in una cultura – quella della *Moderne* berlinese del primo Novecento – che ne sollecitava incessantemente il sistema nervoso.

---

21   A. Döblin, *Ai romanzieri e ai loro critici*, cit., p. 45.

22   K. Pinthus, *Rezension zu Alfred Döblin «Die Ermordung einer Butterblume und andere Erzählungen»*, in I. Schuster, I. Bode (Hrsg.), *Alfred Döblin im Spiegel der zeitgenössischen Kritik*, Francke, Bern 1973, pp. 15-18, qui p. 15.

23   Cfr. L. Perrone Capano, *La scrittura e l'immaginario in Alfred Döblin*, Edizioni Scientifiche Italiane, Napoli 202.

24   Cfr. S. Vietta, *Großstadtwahrnehmung und ihre literarische Darstellung. Expressionistischer Reihungsstil und Collage*, in «Deutsche Vierteljahrsschrift für Literaturwissenschaft und Geistesgeschichte», 48 (1974), pp. 354–573. Sullo «stile a filare» e il collage nella poesia e nell'arte figurativa espressionista, cfr. F. Buono, *Stemma di Berlino. Poesia tedesca della metropoli*, Dedalo, Bari 2000.

A tale proposito, fondamentale per la ricezione di Berlino mediata dalla soggettività, riscontrabile trasversalmente nelle arti spaziali e temporali prodotte dall'Espressionismo, è stata la nascita nel 1903 del *blasé*, di cui Georg Simmel scrive in *Die Großstadt und das Geistesleben*. Di questa figura il *flâneur* berlinese degli anni Venti «costituirebbe la declinazione emotivamente disimpegnata»[25], come rivela *Spazieren in Berlin* (1929) di Franz Hessel, il cui protagonista «frantuma lo spettacolo della metropoli in frammenti, istanti soggettivi; l'occhio viene usato alla maniera degli altri sensi, mobile e penetrante […] Diorami, panorami, fotografie e stereografie, poi il cinematografo daranno una struttura e costruiranno un dispositivo per questo meccanismo neuroantropologico»[26]. Il *blasé* condivide con il *flâneur* il fatto di essere un «dispositivo neuro-antropologico» di percezione del reale, perché la sua «base psicologica», secondo quanto scrive Simmel, risiede nell'«intensificazione della vita nervosa, che è prodotta dal rapido e ininterrotto avvicendarsi di impressioni esteriori e interiori»[27]. Se, però, nella metropoli della *Moderne* il *flâneur* – che come è noto aveva trovato secondo Benjamin in Baudelaire nella Parigi di fine Ottocento il proprio *ubi consistam* – soffre di un'atrofizzazione dei sensi e della forza reattiva, il *blasé* difende la propria «vita soggettiva»[28] e spirituale dinanzi alle insidie della modernità cercando riparo e ristoro nella natura. Tuttavia, nel caso di Döblin, ma in generale del *Frühexpressionismus* letterario e pittorico, l'ambiente naturale si rivela essere ormai un antagonista dell'essere umano, perché questi si è irrimediabilmente distanziato da esso e si è consacrato a un unilaterale esercizio della ragione e della tecnologia, abdicando alla propria fisicità, anzi cercando in ogni modo di dominare razionalmente le necessità e gli istinti del corpo. Queste sono in fondo le caratteristiche del «visionario espressionista»[29] dalla

25   A. Lombardino, *Simmel, Benjamin e l'immaginario del flâneur: note sull'«atrofia progressiva dell'esperienza»*, in «Mediascapes journal», 9 (2017), pp. 5-17, qui p. 13

26   G. Fiorentino, *Il flâneur e lo spettatore. La fotografia dallo stereoscopio all'immagine digitale*, FrancoAngeli, Milano 2014, p. 27.

27   G. Simmel, *La metropoli e la vita dello spirito*, a cura di P. Jedlowski, Armando, Roma 1995, p. 36.

28   *Ibidem*.

29   W.G. Sebald, *Il passeggiatore solitario*, trad. it. di A. Vigliani, Adelphi, Milano 2015, p. 24.

percezione allucinata della natura che si incontra nel racconto *Die Ermordung einer Butterblume*, in cui non è stata solo la lezione di Simmel a guidare la penna di Döblin, come la critica ha messo giustamente in rilievo[30]. A riemergere dalla trama dell'opera e a indirizzare lo sguardo del suo nevrotico protagonista sono, infatti, anche gli studi medici, condotti dall'autore negli stessi anni in cui scrisse l'opera, che si conclusero nel 1905, quando a Freiburg si laureò in neurologia e psichiatria sotto la guida di Alfred Friedrich Hoche discutendo la tesi *Gedächtnisstörungen bei der Korsakoffschen Psychose*.

Die Ermordung einer Butterblume è una grande allucinazione in cui tutto sembra accadere a livello inconscio e attraverso una rapida successione di immagini distorte dei due luoghi in cui si svolgono i fatti narrati: un bosco, in cui durante un accesso d'ira un commerciante distrugge un cespuglio d'erba e decapita un ranuncolo, per la cui morte si sentirà colpevole, e una città, nella quale l'uomo inizialmente cerca una riconciliazione con la natura che ha offeso e assassinato, ma in cui alla fine troverà il modo di «prendersi gioco del bosco»[31]. Con il suo comportamento l'uomo non si accorge di compiere un atto di assoluta rimozione e di rifiuto della propria istintualità e, di conseguenza, si consegna all'alienazione di una vita borghese dedita all'esercizio del commercio, della ragione e del consumismo.

Michael Fischer, questo il nome dell'uomo che incontriamo nell'*incipt* del racconto «mentre sal[e] il largo sentiero tra gli abeti che conduce a St. Ottilien»[32] è, infatti, inizialmente descritto da Döblin con i tratti fisiognomici e con gli attributi del tipico esponente dell'alta borghesia dei primi del Novecento, tanto avversa all'Espressionismo, che simmelianamente ripete a se stesso: «[s]i diventa nervosi in città. La città mi rende nervoso».[33] Fischer è, però, da subito anche un nevrotico *à la* Korsakoff che, durante una passeggiata

---

30   Cfr. O. Jungen, *Döblin, die Stadt und das Licht*, Iudicum, München 2001; S. Sanna, *Selbststerben und Ganzwerdung: Alfred Döblins grosse Romane*, Peter Lang, Bern-New York-Frankfurt am Main 2003, p. 22 ss.; M. Pala, *Allegorie metropolitane: metropoli come poetiche moderniste in "Berlin Alexanderplatz" di Alfred Döblin e "Manhattan Transfer" di John Dos Passos*, CUEC, Cagliari 2005, p. 20 ss.
31   A. Döblin, *L'assassinio di un ranuncolo*, in Id., *L'assassinio di un ranuncolo e altri racconti*, a cura di E. Banchelli, Firenze, Passigli 2004, pp. 103-122, qui p. 121.
32   *Ivi*, p. 103
33   *Ivi*, p. 105.

in un bosco, è ossessionato dalla necessità di contare i propri passi, cercando così di «emanciparsi dal corpo materiale, dalle sue pulsioni e dai suoi istinti»[34]:

> il signore dall'abito nero si era messo dapprima a contare i propri passi – un, due, tre, fino a cento e viceversa – dondolandosi a destra e a sinistra così pesantemente che gli capitava di barcollare; poi se ne dimenticò. Gli occhi marroncini, bonariamente sporgenti, fissavano il suolo che correva sotto i piedi e le braccia ciondolavano dalle spalle facendo scendere i polsini bianchi fino a metà delle mani. Ogni volta che tra i tronchi un bagliore giallorosso della sera lo costringeva a strizzare gli occhi, la testa sussultava, le mani tracciavano rapidi, indignati gesti di difesa. Nella destra il sottile bastoncino da passeggio volteggiava al di sopra dell'erba e dei fiori lungo il ciglio del sentiero e scherzava con le corolle[35].

La disciplina del corpo è un tema a tal punto ricorrente nel racconto da configurarsi come una vera e propria nevrosi di Fischer, che ne condiziona profondamente il complesso duplice rapporto – tema questo squisitamente espressionista – con la propria «indifesa creaturalità»[36] e con la natura che, nel testo, si configura come la sola, reale ed esclusiva *anima mundi* nietzschiana[37]. Sono diversi i passi in cui il racconto fa riferimento all'indomabile corporeità del suo protagonista, che suda in modo incontrollato, soffre di palpitazioni, oppure si muove «meccanicamente» senza che il commerciante ne sia consapevole: «Intanto i suoi piedi continuavano a camminare. Quei piedi

---

34   M. Crowan, «*Die Tücke des Körpers*»: *Taming the Nervous Body in Alfred Döblin's "Die Ermordung einer Butterblume" and "Die Tänzerin und der Leib"*, in «Seminar», 43 (2007), 4, pp. 482-498, qui p. 483. Cfr., a tale riguardo, anche T. Anz, *Die Problematik des Autonomiebegriffs in Alfred Döblins frühen Erzählungen*, in «Wirkendes Wort», 24 (1974), pp. 388-402; H. Thomann Tewarson, *Döblin's Early Collection of Stories "Die Ermordung einer Butterblume": Toward a Modernist Aesthetic*, in R. Dollinger, W. Koepcke, H. Thomann Tewarson (eds.), *A Companion to the Works of Alfred Döblin*, Camden House, Rochester 2004, pp. 23-54.

35   A. Döblin, *L'assassinio di un ranuncolo*, cit., p. 103.

36   W. Busch, *Il primo Novecento*, cit., p. 24.

37   Cfr. H. Stegemann, *Studien zu Alfred Döblins Bildlichkeit. Die Ermordung einer Butterblume und andere Erzählungen*, Bern-Frankfurt am Main-Las Vegas 1978, pp. 21-25.

cominciavano a fargli rabbia. Volevano mettersi a spadroneggiare pure loro; l'ostinazione con cui andavano avanti per la loro strada lo indignava»[38].

Consapevole della necessità di mettere costantemente in dialogo l'estetica döbliniana, da un lato, con gli studi neurologici e psichiatrici condotti dall'autore e, dall'altro, con la sua attività di medico e psichiatra, la critica si è chiesta le ragioni per cui Döblin non abbia dato nel racconto spiegazioni precise relative alla patologia di cui soffre Fischer e al suo conseguente comportamento nevrotico. Si è, così, giunti a interpretazioni del testo che hanno riconosciuto nello stile 'antipsicologico' e 'anti-analitico' dell'*Assassinio di un ranuncolo*, da un lato, la trasposizione letteraria delle tesi sostenute dall'autore nella sua dissertazione dedicata alla sindrome di Korsakoff[39] e, dall'altro, una critica alla logica 'paranoica' che caratterizzava tutta la medicina nel primo Novecento. Secondo quest'ultima linea ermeneutica, la patologia di cui soffre Fischer, ossia la sua ostinazione a vedere nei fenomeni naturali attorno a lui intenzioni del tutto inesistenti, rappresenterebbe la paranoica inclinazione della medicina dell'epoca che dagli studi sull'amnesia di Théodule Ribot, attraverso l'analisi dei sintomi nevrastenici di Wilhelm Erb, sino alla definitiva definizione dell'isteria nell'opera di Josef Breuer e Sigmund Freud[40], era dominata da un vero e proprio 'delirio interpretativo' e diagnostico[41]. Ancora in questo contesto, un filone interpretativo di matrice freudiana ha insistito sulla simbologia erotica che soggiace

38   A. Döblin, *L'assassinio di un ranuncolo*, cit., pp. 109-110.

39   Cfr., a tale proposito, R. Dollinger, *Korsakoff's Syndrome and Modern German Literature: Alfred Doblin's Medical Dissertation*, in «Studies im 20th Century Literature», 22 (1998), 1, pp. 129-150. Più in generale, sul rapporto fra la scrittura di Döblin e gli studi medici intrapresi dall'autore, cfr. G. Reuchlein, «*Man lerne von der Psychiatrie*»: *Literatur, Psychologie und Psychopathologie in Alfred Döblins "Berliner Programm" und "Die Ermordung einer Butterblume"*, in «Jahrbuch für Internationale Germanistik», 23 (1991), pp. 10–68; V. Fuechtner, *"Arzt und Dichter": Döblin's Medical, Psychiatric, & Psychoanalytical Work*, in R. Dollinger, W. Koepcke, H. Thomann Tewarson (eds..), *A Companion to the Works of Alfred Döblin*, cit., pp. 111-40.

40   Cfr. T. Ribot, *Le maladies de la mémoire*, Germer Baillière, Paris 1881; W. Erb, *Über die wachsende Nervosität unserer Zeit*, in «Heidelberger Jahrbücher», 4 (1894), pp. 1- 30; J. Breuer, S. Freud, *Studien über Hysterie*, Deuticke, Wien 1895.

41   W. Schäffner, *Die Ordnung des Wahns: Zur Poetologie psychiatrischen Wissens bei Alfred Döblin*, Fink, München 1995, p. 117.

al ranuncolo nel racconto, scorgendo nell'assassinio del fiore da parte di Fischer la metafora di uno stupro[42] e nella sua successiva sostituzione con una giovane ed estranea piantina la soluzione del complesso edipico di cui soffrirebbe il protagonista dell'opera[43]. A fronte di diverse prospettive diagnostiche, nell'economia del racconto, la scelta di Döblin di non fornire esplicite spiegazioni sull'origine della malattia nervosa o del complesso psichico di cui soffre il signor Fischer avrebbe, inoltre, come obiettivo quello di indurre il lettore a indagare sulle ragioni culturali e sociologiche del comportamento del protagonista del racconto, per scoprire alla fine di condividere con lui quelle «ansie, repressioni, costrizioni e desideri segreti che apparivano a Döblin come peculiari del *milieu* sociale e storico»[44] della Germania del primo Novecento.

Già l'*incipit* del racconto rivela, d'altronde, che il suo protagonista – volutamente indicato solo come «il signore dall'abito nero» con valore di sineddoche per l'intera borghesia tedesca dell'epoca – soffre della sindrome di Korsakoff, intensamente e proficuamente studiata da Döblin, la quale nel suo primo stadio, detto anche encefalopatia di Wernicke, induce il paziente a sviluppare sintomi quali allucinazioni deliranti, disturbi e paralisi oculari, poi un'incapacità di coordinare il proprio corpo, rallentamento, marcia atassica e confusione, mentre nel secondo stadio della malattia le allucinazioni lasciano il posto a un disturbo anamnestico cronico[45]. Fischer, che sin dalle prime pagine di *Die Ermordung einer Butterblume* prova a controllare ossessivamente il movimento del proprio corpo e, senza che Döblin ne spieghi la ragione, subito se ne dimentica, incarna quindi perfettamente questi

---

42   Questa lettura è anche avvalorata dal fatto che il motivo ispiratore della «decapitazione» del ranuncolo sarebbe derivato dalla lirica goethiana *Heiderröslein*, come si legge in R. Marx, *Literatur und Zwangsneurose. Eine Gegenübertragungsimprovisation zu Alfred Döblins früher Erzählung "Die Ermordung einer Butterblume"*, in G. Sander (Hrsg.), «Jahrbuch für internationale Germanistik». *Internationales Alfred-Döblin-Kolloquium Leiden 1995*, Bonn-Bern-Frankfurt am Main 1997, pp. 49-60, il riferimento a Goethe si trova a p. 55.

43   Cfr. S. Kyora, *Der Novellenzyklus Die Ermordung einer Butterblume und andere Erzählungen* (1912), in S. Becker, *Döblin-Handbuch*, cit., pp. 29-41.

44   H. Thomann Tewarson, *Döblin's Early Collection of Stories "Die Ermordung einer Butterblume"*, cit., p. 48.

45   Cfr. R. Dollinger, *Korsakoff's Syndrome and Modern German Literature*, cit., pp. 135-136.

due stadi della patologia, dalla quale discendono anche le distorsioni percettive che lo inducono a vedere nella natura che lo circonda qualcosa da cui istintivamente difendersi. Quella descritta da Döblin è una natura che, non a caso, si colora di quel tipico 'giallorosso' della *Dämmerung* espressionista che è, al contempo, annuncio del tramonto della società borghese e alba di un'epoca nuova e di un mondo palingeneticamente risorto dalle proprie ceneri. In questo bosco, còlto da Döblin nel minaccioso – per un borghese come Fischer – momento del crepuscolo, lo sguardo diventa per il protagonista del racconto uno strumento gnoseologico fondamentale per misurarsi con il proprio corpo, con una natura personificata e antagonista, ma pure con la propria patologica psichiatrica e con la propria condizione sociale.

Queste questioni sono affrontate in *Die Ermordung einer Butterblume* attraverso una successione di immagini distorte del reale che sembrano essere state prodotte dalla mente di Fischer e raccolte da Döblin in un'opera fondata sulla tecnica del montaggio, che rinuncia a qualsiasi nesso di causalità. Basterà, a tale proposito, ricordare che l'autore non usa mai la congiunzione 'perché', in luogo della quale si avvale spesso dell'avverbio *plötzlich* (d'improvviso, d'un tratto)[46] che fornisce alla narrazione un movimento simultaneo, cosicché pure nel suo evolversi *Die Ermordung einer Butterblume* riproduce il funzionamento di una mente affetta dal disturbo anamnestico di Korsakoff, ovvero incapace di ordinare cronologicamente e razionalmente i propri ricordi. Il racconto, ma ciò vale in realtà per tutti i testi dell'omonima silloge di Döblin, è perciò un tentativo di dare concretezza alla prosa d'ispirazione 'psichiatrica' – opposta a quella di 'maniera psicologica' su cui si fonda il Realismo – e allo 'stile cinematografico', le cui peculiarità, enunciate nel *Berliner Programm*, implicano

un rapido susseguirsi di sequenze legate da un'incalzante paratassi e da una interpunzione nervosa, vistosa esclusione di qualsiasi nesso sintattico di tipo causale, scansione ossessivamente temporale per marcare svolte improvvise, repentini capovolgimenti di impulsi, sensazioni e desideri, un'estrema caratterizzazione o deformazione fisiognomica e ge-

---

46   Cfr. A. Döblin, *L'assassinio di un ranuncolo*, cit., p. 105 e p. 111.

stuale dei personaggi per mostrare corrispondenti dinamiche psichiche, ricorso a sinestesie e cromatismi con forte allusività simbolica[47].

Le «dinamiche psichiche» di Fischer sono restituite da Döblin attraverso lo sguardo del protagonista sulla natura, che è inizialmente «tranquillo e distratto»[48], veicolando così la sensazione che il commerciante sia in grado di dominare razionalmente il proprio corpo e l'ambiente che lo circonda. Il personaggio soccomberà, tuttavia, presto alle allucinazioni e alle paranoie che seguiranno al gesto enigmatico e compulsivo, ma al contempo indicativo della nevrosi su cui poggia la vita nella *Moderne*, di 'assassinare' un ranuncolo e le «rade erbacce»[49] attorno ad esso, colpevoli di avere avvinto il bastoncino da passeggio di Fischer:

> Fuori di sé il grassone rimase piantato lì per un istante. La bombetta gli era scesa sulla nuca. Fissò l'intrico di fiori, per avventarsi poi su di loro brandendo il bastoncino e infierire, paonazzo in volto, sulla muta vegetazione.
> I colpi sibilavano a destra e a sinistra. Sul sentiero volavano steli e foglie. Sbuffando, il signore riprese il suo cammino con sguardo fulminante. Gli alberi gli passavano accanto veloci; il signore non badava a nulla. Aveva il naso all'insù e un viso liscio, imberbe, un viso di vecchio bambino con una dolce boccuccia[50].

Affetto da un'acuta ipersensibilità, responsabile della sua inclinazione ad attribuire tendenze maligne all'ambiente e al mondo oggettuale che lo circonda in cui, per esempio, gli alberi personificati «gli passa[va]no accanto veloci», Fischer e il suo «sguardo» sulla natura, prima bonario e ora «fulminante», da questo momento svilupperanno una percezione del mondo viziata sempre più dall'incapacità di rapportarsi in modo armonico con il reale. Malato, quindi, pure della nevrosi della «malignità degli oggetti», secondo l'espressione già formulata da Theodor Vischer nel romanzo *Auch einer* (1878) e ricordata

---

47   E. Banchelli, *Prefazione*, in A. Döblin, *L'assassinio di un ranuncolo*, cit., pp. 5-24, qui p. 13.
48   A. Döblin, *L'assassinio di un ranuncolo*, cit., p. 103
49   *Ibidem*.
50   *Ivi*, p. 104.

esplicitamente da Freud in *Psychopathologie des Alltagslebens* (1901)[51], il commerciante, che ha perso completamente il controllo del proprio corpo, come si evince nel testo dal fatto che il suo sguardo è divenuto 'vuoto', rivede in un allucinato *flash back* se stesso nel momento in cui ha compiuto il gesto di decapitare quel ranuncolo il cui ricordo diventerà un'ossessione nella seconda parte del racconto. La duplice visione di sé, incapace di dominare le pulsioni del proprio corpo, e di una natura antropomorfizzata, dalla quale «sgorga[va] sangue bianco»[52] in seguito al violento gesto di Fischer, funge da diaframma nel racconto, tanto che alla fine dell'allucinazione il commerciante dismette gli abiti borghesi, dimentica il proprio «contegno» e si mette in cerca della testa mozzata del fiore[53]:

> Forse *la piantina* era ancora viva: in effetti, come faceva a sapere che era già morta? Gli attraversò la mente l'idea di potere ancora salvare la povera ferita, sostenendola con dei legnetti e magari avvolgendole attorno alla testa e allo stelo una benda adesiva. Accelerò il passo, dimenticò il proprio contegno, si mise a correre. D'improvviso una speranza febbrile lo fece tremare. E a una curva cadde lungo disteso contro un tronco tagliato, sbatté il petto e il mento, gemendo di dolore. Quando si rialzò in piedi, dimenticò la sua bombetta; il bastoncino, che si era spezzato, gli strappò la manica dall'interno; egli non s'accorse di nulla. Eh sì, cercavano di trattenerlo, ma niente doveva fermarlo; l'avrebbe trovata. Ridiscese il pendio. Dov'era il punto? Doveva trovarlo. Se solo avesse potuto gridare il nome *della piantina*. Ma qual era il suo nome? Non sapeva nemmeno come si chiamava. Ellen? Forse si chiamava Ellen, certamente, Ellen. Lo sussurrò nell'erba, si curvò a toccare i fiori con la mano[54].

---

51   L'espressione occorre per la prima volta nel romanzo di T. Vischer, *Auch einer. Eine Reisebekanntschaft* (Hesse & Becker, Leipzig 1878, p. 28) e ne caratterizza l'ipocondriaco protagonista, A.E., vittima della «malignità degli oggetti» alla quale si riferisce esplicitamente S. Freud in *Dimenticanza di impressioni e di propositi*, in Id., *Psicopatologia della vita quotidiana*, trad. it. di G. F. Piazza, M. Ranch/ietti, E. Sagittario, Boringhieri, Torino 1971, pp. 146-173 (il rimando si trova a p. 152).
52   A. Döblin, *L'assassinio di un ranuncolo*, cit., p. 106.
53   Cfr. O. Pander, *Revolution der Sprache*, in T. Anz, M. Stark (Hrsg.), *Expressionismus: Manifeste und Dokumente zur deutschen Literatur 1910–1920*, Metzler, Stuttgart 1982, pp. 612-613.
54   A. Döblin, *L'assassinio di un ranuncolo*, cit., pp. 111-112.

Attraverso i gesti di Fischer dettati dalla *pietas*, Döblin allude a quell'empatia fra natura ed essere umano che contraddistingue il *Naturmensch* espressionista, le cui caratteristiche sarebbero state descritte di lì a poco, sulla scorta dell'*Urmensch* nietzschiano, da Oswald Pander in un articolo del 1918 apparso sulla rivista «Das junge Deutschland». Tuttavia, il borghese Fischer è incapace di diventare un *Naturmensch* e, perciò, dopo avere abbandonato il bosco ed essere rientrato in città, vive nel rimorso di aver assassinato il piccolo fiore – «espiava, espiava la sua colpa misteriosa. Tributava al ranuncolo un culto divino»[55] –, spingendosi ad «accreditare al ranuncolo la somma di dieci marchi» in una cassetta postale a titolo di risarcimento e, come fosse un 'totem'[56], obbligando la sua cameriera a «tributare *alla piantina* offerte di cibo e di bevande»[57]. Il tentativo dell'uomo di riscattare con il denaro e con i beni materiali la propria colpa è destinato a naufragare, perché il ricordo e la presenza *in absentia* di Ellen, come l'uomo battezza il ranuncolo assassinato, privano Fischer di qualsiasi gioia di vivere. Infatti, «ogni cosa bella del mondo diventava per lei un atto di accusa nei suoi confronti»[58], al punto che il commerciante conduce «con la piantina una sorta di guerriglia perenne; e perennemente oscillava tra estasi e sofferenze mortali; provava una gioia mista a paura quando, di tanto in tanto, credeva di sentire le sue grida di rabbia»[59]. La «guerriglia perenne», ingaggiata da Fischer con l'immagine del ranuncolo che conserva nella sua mente, è in realtà la lotta che ciascun essere umano conduce nella Germania del primo Novecento con l'i-

---

55   *Ivi*, p. 117.

56   Il ranuncolo assume, così, nel racconto le caratteristiche ascritte al «totem» da S. Freud che riprende le ricerche di J. G. Frazer nel primo dei quattro saggi del celebre e affascinante studio, apparso anch'esso nel 1913, *Totem und Tabu: Einige Übereinstimmungen im Seelenleben der Wilden und der Neurotiker*, quando scrive che: «il totem protegge l'uomo e l'uomo esprime il suo rispetto per il totem in diversi modi, per esempio non uccidendolo, quando si tratta di un animale, non cogliendolo, quando si tratta di una pianta. Il totem si distingue dal feticcio in quanto esso non è mai un oggetto isolato, come quest'ultimo, ma sempre il rappresentante di una specie, animale o vegetale, più raramente di una classe di oggetti naturali inanimati, e più raramente ancora di oggetti fabbricati artificialmente», cfr. S. Freud, *Totem e tabù*, in Id., *Totem e tabù e altri scritti*, a cura di C. Musatti, Boringhieri, Torino 1975, pp. 1-164, qui p. 108.

57   A. Döblin, *L'assassinio di un ranuncolo*, cit., p. 116.

58   *Ivi*, p. 117.

59   *Ivi*, p. 119.

stintualità e con la propria fisicità. Diviene, così, perspicuo il fatto che il bosco, opposto alla città, rappresenta nel racconto l'inconscio di Fischer e per estensione della società a lui contemporanea che, negli anni in cui scrisse *Die Ermordung einer Butterblume*, Döblin vedeva come «una sorta di congerie psicopatologica»[60]. Confrontarsi con il bosco e con la natura non può, perciò, che comportare sofferenza e visioni allucinanti per l'uomo moderno, che perciò deve elaborare una serie di strategie di difesa per evitare di cadere vittima del perturbante incarnato nel racconto dal ranuncolo: «parte di lui, dei comfort della sua vita»[61], il fiore ricorda costantemente al borghese la propria repressa corporeità. Così, nelle ultime pagine di *Die Ermordung einer Butterblume*, Fischer opta per una compensazione, o meglio per uno «spostamento» che, secondo *Die Traumdeutung* (1900) di Freud, implica la sostituzione di una persona con un'altra nei confronti della quale l'affetto rimane immutato, ma viene trasferito su un estraneo. Che quest'opera di Freud e la sua simbologia siano alla base del racconto döbliniano, lo testimonia anche solo il fatto che Fischer, dopo essere tornato in città, «si ripeteva di continuo fino allo spasimo, che doveva essere stato tutto un sogno; eppure i graffi sulla fronte erano autentici. Ma allora accadono davvero cose incredibili. Gli alberi l'avevano percosso, per il fiore morto era stato intonato un lamento funebre»[62].

Sogno e realtà si intersecano anche nella mente di Fischer quando questi torna «a passeggiare con aria insolente nel bosco, vicino a St. Ottilien»[63] e mette in atto lo «spostamento» freudiano, decidendo di dare alla

cara *piantina* […] una bella lezione. Se adesso ne avesse estirpata un'altra, una figlia di quella morta, per trapiantarla a casa sua, allevarla e curarla, la vecchia avrebbe avuto una giovane rivale. Sì, a pensarci bene, quello sarebbe stato per lui un modo per espiare fino in fondo la morte di quella

60   L. Renzi, *Alfred Döblin. Ricerca della verità*, Messaggero di Sant'Antonio editrice, Padova 2004, p. 17.

61   A. Döblin, *L'assassinio di un ranuncolo*, cit., p. 119.

62   *Ivi*, p. 116.

63   *Ivi*, p. 119.

vecchia. Infatti, salvando la vita della piantina giovane, avrebbe compensato la morte della madre[64].

Una volta messo in pratica questo proposito, «la sicumera del signor Michael crebbe in modo esasperato. Talvolta aveva quasi degli accessi di megalomania. Mai la sua vita era trascorsa più serena»[65]. Se è vero che anche la megalomania è riconducibile ai sintomi della sindrome di Korsakoff, ciò che preme rilevare qui è che tale patologia è anche responsabile del delirio e delle visioni antropomorfizzate e allucinate della natura che il racconto di Döblin offre e contro le quali il soggetto moderno poco può fare, se non attendere che «la fortuna» (*das Glück*) agisca come un *deus ex machina* nella sua vita per risolvere la situazione. Così, la chiusa di *Die Ermordung einer Butterblume* dimostra che solo «la fortuna», cioè un'istanza superiore e incontrollabile, può decide della sorte di Fischer, intervenendo nella sua esistenza e liberandolo dalla colpa, senza che lui abbia alcun merito. La «governante» dell'uomo ha, infatti, rovesciato il tavolino sul quale si trovava la nuova piantina e l'ha fatta gettare via. L'incidente coincide con la liberazione di Fischer dal senso di colpa per avere assassinato il ranuncolo, tanto che dal quel momento egli è persuaso che

> nessuno poteva rimproverargli alcunché; non aveva desiderato la morte di quel fiore nemmeno nel più profondo del suo cuore, neanche l'ombra di quel pensiero gli aveva attraversato la mente. La vecchia, la suocera, adesso poteva pure imprecare e dire quel che le pareva. Lui non aveva più nulla a che spartire con lei. Era finita tra loro. Ormai si era liberato di tutta quanta la genìa dei ranuncoli. Il diritto e la fortuna stavano dalla sua parte. Non c'erano dubbi[66].

Così, il racconto si chiude con Fischer che «scompare [...] nell'oscurità del bosco montano»[67], in cui questi si addentra nuovamente senza avere elaborato il proprio trauma e quello della ferita che con il suo violento gesto ha inferto alla natura, dimostrando di essere come gli altri protagonisti dei racconti di *Die Ermordung einer Butterblume*

---

64   *Ivi*, pp. 119-120
65   *Ivi*, p. 120.
66   *Ivi*, p. 121.
67   *Ivi*, p. 122.

una di quelle «creature segnate da una corporeità bizzarra o goffa o inquietante [ch]e vengono colt[e], senza distinzione, nell'atto in cui il loro decoro fisico e psichico si frantuma sotto l'urto distruttivo dell'eros, della malattia, della morte che l[e] restituisce all'abisso oscuro da cui provengono»[68]. In questo «abisso oscuro», rappresentato nel racconto dal «bosco montano» che è proiezione dell'inconscio e della ferita narcisistica che l'umanità si è inferta allontanandosi durante la *Moderne* dalla natura, Fischer che ha rimosso e non ha elaborato il trauma dell'uccisione della piantina soffrirà, con molta probabilità, di nuove allucinazioni e di ulteriori accessi d'ira nella logica di un nietzschiano eterno ritorno dell'uguale e del rimosso individuale e collettivo cui Döblin allude nel momento in cui la conclusione del racconto può essere letta contiguamente al suo *incipit*.

---

68   E. Banchelli, *Le metamorfosi della bellezza: la cerchia dello "Sturm"*, in E. Agazzi, M. Lorandi (a cura di), *Il tradimento del bello. Le trans-figurazioni tra avanguardie e postmodernità*, Bruno Mondadori, Milano 2007, pp. 65-78, qui p. 72.

La lingua, il caos e il mondo degli oggetti frattali.
Su alcune prose di Kurt Schwitters
di Giulia A. Disanto

> Ed è forza confessare che il voler trattar le quistioni
> naturali senza geometria è un tentar di fare quello che è
> impossibile ad esser fatto.
> G. Galilei

1. Come la prospettiva divenne vertigine

Una foto, risalente al 1936/1937 e scattata dal figlio Ernst, coglie Kurt Schwitters di spalle davanti a un cavalletto, mentre è intento a dipingere il paesaggio norvegese in cui è immerso; l'autore e il suo quadro, entrambi sorretti da una struttura che li solleva leggermente dal suolo, si riparano dalla luce del sole grazie a un ombrellino scuro che si erge a prolungamento del cavalletto. La foto, oltre a rappresentare una preziosa *mise en abîme* della pratica pittorica attraverso quel medium fotografico che attirava la più giovane generazione di artisti[1], racconta di quel decisivo cambio di paradigma che riguardò l'artista moderno e che Fritz Novotny chiama «la fine della prospettiva scientifica»[2].

Per Novotny è Paul Cézanne il più emblematico esponente di un nuovo modo di rappresentare lo spazio e gli oggetti nell'ambiente. L'artista moderno, che dipinge all'aperto, ritrae i paesaggi direttamente sulla tela e non si limita più a disegnare schizzi preparatori per il lavoro in atelier, cerca così maniere immediate per ritrarre quel che osserva, per esempio, con un inusuale ricorso al colore e alla dinamica

---

1   Era proprio questo il caso di Ernst Schwitters, che divenne fotografo.
2   Cfr. F. Novotny, *Cézanne und das Ende der wissenschaftlichen Perspektive*, Schroll, Wien 1938.

delle luci. In questo frangente, l'artista reputa la questione prospettica ormai desueta, le tecniche della prospettiva lineare vengono messe
da parte a favore di nuove indagini sulla forma. Poco più che un decennio dopo Novotny, è Ernst H. Gombrich ad affermare che l'abbandono del disegno prospettico, inaugurato dagli impressionisti e
sancito dai cubisti, di fatto apriva la strada all'arte astratta[3].

La prospettiva, scienza del vedere e disciplina dagli incerti confini,
vicina alla scienza ottica, alla matematica (in particolare alla geometria
descrittiva) e alla storia dell'arte, si caratterizza per il suo sviluppo teorico disomogeneo e discontinuo nella storia della cultura e come materia speculativa per eccellenza. Essa vuol rendere atto della percezione del mondo, dello spazio e degli oggetti che lo compongono, nonché
dell'umano bisogno di comprensione e rappresentazione dell'universo, così come esso viene percepito a occhio nudo o attraverso svariati
dispositivi prospettici.

A essere messe in dubbio nel XIX secolo sono anche le basi scientifiche della prospettiva, in primis il presupposto che la concezione
dello spazio debba fondarsi sugli assunti della sola geometria eucli-
dea[4]. Inoltre, la circostanza che le tecniche prospettiche tradizionali
venissero quasi dimenticate era conseguenza del fatto che, a cavallo
fra Ottocento e Novecento, a passare in primo piano era la percezione soggettiva e ciò modificava la stessa idea di realtà. La vocazione al
realismo del secondo Ottocento non scompariva, ma si evolveva con
la sperimentazione formale delle avanguardie novecentesche (Surrealismo, *Neue Sachlichkeit,* Realismo magico ecc.), trovando nel Dadaismo una singolare affermazione.

Le opere narrative di Kurt Schwitters che, com'è noto, fu artista figurativo e scrittore insieme, sono un caso di studio di enorme interes-

---

3   E.H. Gombrich, *The Story of Art*, Phaidon, London 1950, pp. 428 ss.
4   Si pensi a B. Riemann, *Über die Hypothesen, welche der Geometrie zu Grun-
de liegen* (1854, pubblicato nel 1867), a H. von Helmholtz, *Handbuch der physiologischen Optik* (1867), ma anche allo studio risalente ai primi del Settecento *An Essay
Towards a New Theory of Vision* (1709) di G. Berkeley. Indubbiamente influenzato
dagli esiti che gli studi sulla curvatura del cristallino di Helmholtz ebbero per la teoria della visione è un altro hannoverano d'origine, E. Panofsky, autore del discusso e
fondamentale saggio *Die Perspektive als «symbolische Form»* (1927), in Id.,
Deutschsprachige Aufsätze, hrsg. von K. Michels, M. Warnke, Akademie Verlag, Berlin 1998, Bd. 2, pp. 664-757.

se per chi voglia sondare la resa letteraria della questione geometrico-prospettica fra *Moderne* e *Avantgarde*, rintracciando le distorsioni in cui le linee della rappresentazione visiva tradizionale andavano a dissolversi. Oggetto di questo studio saranno, in particolar modo, due prose degli anni Venti: la *Horizontale Geschichte* [Storia orizzontale][5], una grottesca e divertente narrazione che ha per argomento proprio la prospettiva, ironicamente disvelata come un fenomeno apparente, dietro cui null'altro si cela che una sensazione di vertigine; *Auguste Bolte* [Augusta Bolte][6], il «romanzo sensazionale»[7] di Kurt Schwitters, in cui l'astrazione geometrica trova una veste linguistica nel racconto dei percorsi che la protagonista traccia, correndo, nella topografia metropolitana. Si vedrà, inoltre, attraverso gli scritti programmatici dell'autore come, soprattutto nel confronto con il costruttivismo internazionale, Schwitters volga verso l'arte e la poesia concreta attraverso un'esplorazione tutta linguistica della questione geometrica.

Schwitters nasce nel 1887 a Hannover, città a cui si lega a doppio filo la sua produzione artistica e letteraria fino al 1937, quando, artista sgradito, deve lasciare la Germania nazionalsocialista. Dopo un periodo norvegese si trasferisce in Inghilterra, dove scompare nel gennaio del 1948. Il suo primo successo di pubblico molto deve a Herwarth Walden e alle iniziative ed esposizioni della galleria berlinese «Der Sturm». Ai letterati dello *Sturm-Kreis*, in primo luogo ad August Stramm e a Rudolf Blümner, è vicino anche il poeta Schwitters, almeno prima che si compia il suo passaggio all'arte Merz. Alla fine degli anni Dieci, dopo aver inutilmente cercato un'inclusione nella cerchia dei dadaisti berlinesi, Schwitters battezza la sua nuova fase artistica, felice concrezione di discipline e di materiali, con un'altra parola di sole quattro lettere: non Dada, ma Merz[8].

---

5   Cfr. K. Schwitters, *Horizontale Geschichte*, in Id. *Das literarische Werk*, hrsg. von F. Lach, 5 Bde., dtv, München 2005 (in seguito citata con la sigla LW, numero di volume e di pagina). Qui: vol. 2, pp. 260-265.

6   Cfr. LW, 2, pp. 68-93, trad. it. e cura di G.A. Disanto, *Augusta Bolte. A ANNA BELFIORE!*, La Grande Illusion, Pavia 2018, pp. 7-57.

7   Così in un annuncio pubblicitario della casa editrice *Der Sturm*, conservato in un taccuino dell'autore. Cfr. K. Schwitters, *8 UUR*, in Id., *Alle Texte*, hrsg. von U. Kocher und I. Schulz, Bd. 3: *Die Sammelkladden 1919-1923*, hrsg. von J. Nantke und A. Wulff, De Gruyter, Berlin 2014, p. 444.

8   Merz e Dada non erano sinonimi, indicavano piuttosto due modi distinti di

Chiamai il mio nuovo modo di creare, in linea di principio con ogni materiale, MERZ. Si tratta della seconda sillaba di «Kommerz» [commercio]. La parola nacque con il «Merzbild», un quadro in cui, tra forme astratte, si poteva leggere la parola MERZ, che era stata ritagliata da un annuncio della KOMMERZ UND PRIVATBANK e incollata. [...] Quando esposi per la prima volta i miei quadri, con parti incollate e inchiodate, alla galleria «Der Sturm» a Berlino, cercavo un nome collettivo per questo nuovo genere, poiché non potevo classificare le mie opere con vecchi concetti quali Espressionismo, Cubismo, Futurismo né in qualsiasi altro modo. Chiamai allora tutti i miei quadri come genere, secondo quel quadro caratteristico, quadri MERZ. In seguito, estesi la denominazione MERZ innanzi tutto alle mie opere letterarie – infatti compongo dal 1917 – e, infine, a tutta la mia attività artistica. Oggi mi chiamo MERZ io stesso[9].

Durante le sue passeggiate in bicicletta Schwitters raccoglieva materiali di scarto, che venivano prima scomposti in parti, poi riassemblati con nuovi accostamenti nei *collages* e nei quadri Merz; il medesimo processo veniva seguito nella composizione letteraria, dove si combinavano citazioni, registri stilistici e cifre numeriche. Se il Dadaismo nasceva, nel 1916 a Zurigo, come una parentesi nell'Europa irretita dalla Grande Guerra, anche il lavorìo col materiale plastico e linguistico del frammento era una risposta, da parte di Kurt Schwitters, al caos della frattura bellica: «La poesia astratta valuta i valori mettendoli a confronto coi valori. Si potrebbe anche dire che valuta 'le parole mettendole a confronto con le parole'. È una cosa che non porta ad alcun senso ma genera un sentimento universale, ed è questo quel che conta»[10].

Anche per quel che riguardava l'attività poetica e narrativa, l'artista-scrittore partiva dalla scomposizione infinitesima, adottando come unità compositiva minima non più la parola – secondo la teoria pro-

___

concepire l'arte: «mentre il Dadaismo si limita a mostrare i contrasti, Merz li appiana, valutandoli nel complesso dell'opera d'arte. Il puro Merz è arte, il puro Dadaismo è negazione dell'arte; entrambi con consapevolezza», in K. Schwitters, *Banalitäten (3)*, LW, 5, p. 148. Tutte le traduzioni da K. Schwitters in questo saggio sono dell'autrice.

9   K. Schwitters, *Kurt Schwitters* (1927), LW, 5, pp. 250-254, qui pp. 252-253. Schwitters nomina il 1917 come data di inizio della sua produzione letteraria, a voler far cominciare la sua attività con la nuova fase artistica, tuttavia i suoi primi componimenti risalgono al 1909.

10   K. Schwitters, *Selbstbestimmungsrecht der Künstler* (1919), LW, 5, p. 38.

mossa all'interno dello *Sturm-Kreis* – ma la singola lettera alfabetica, che nella sua qualità tipografica e sonora andava a definire nuovi equilibri geometrici nella spazialità del testo: «gli elementi compositivi dell'arte poetica sono le lettere, le sillabe, le parole, le frasi. Valutando gli elementi gli uni a confronto con gli altri nasce la poesia. Il senso è essenziale solo laddove anch'esso venga valutato come un fattore»[11].

Il caos e il frammento, la plasticità della lingua, la ritmica dinamicità dello spazio, il ribaltamento carnevalesco di ogni ordine normativo sono alcuni dei temi centrali delle prose di Kurt Schwitters, che evocano apertamente, nelle scelte tematiche e formali, questioni chiave del dibattito letterario-artistico e scientifico dell'epoca.

2. Sui rapporti di grandezza: la «Storia orizzontale»

L'abbandono della tecnica prospettica, che preparava la strada all'Astrattismo, era una questione evidentemente dibattuta nelle cerchie intellettuali e artistiche del primo Novecento e come tale Schwitters ne fa il tema principale di un breve e ironico racconto del 1926 intitolato *Storia orizzontale*. La vicinanza alla letteratura fantastico-scientifica di quest'opera è ancor più evidente nel titolo che ne accompagnò la pubblicazione, nel febbraio del 1928, sullo «Hannoversches Tageblatt» ovvero *Auf Jules Vernes Spuren* [Sulle tracce di Jules Verne].

Nella città di Revon (nome con cui l'autore suole alludere alla città natìa di Hannover) il Professor Wichterig fa una scoperta straordinaria per puro caso, come spesso si tramanda nella storia della scienza:

Il Professor Wichterig aveva fatto scivolare il suo binocolo da teatro nuovo, con tanto di involucro, in un recipiente contenente acido cloridrico. Si trattava di un binocolo davvero eccezionale, in grado, per così dire, di avvicinare l'orizzonte ingrandendolo, mentre, se posizionato davanti agli occhi, esso proiettava gli oggetti più prossimi, per esempio la mano dell'osservatore, a diverse miglia di distanza, così che si avesse un certo distacco dalla propria mano e la si potesse osservare improvvisamente in maniera oggettiva[12].

11   K. Schwitters, *Merz (Für den "Ararat" geschrieben 19. Dezember 1920)*, LW, 5, pp. 74-82, qui p. 77.
12   K. Schwitters, *Horizontale Geschichte*, LW, 2, pp. 260-265, qui pp. 260-261.

Nel suo laboratorio, il Prof. Wichterig sperimenta la straordinaria soluzione ottenuta per scioglimento del binocolo e scopre che è in grado di conferire «grandezza assoluta» agli oggetti che ne vengano imbevuti.

> Per rendere la cosa più chiara, vorrei ricordare che viviamo nel mondo fittizio della prospettiva. Si prendano due bottiglie da litro di medesima grandezza, le si collochi una accanto all'altra sul davanzale, ebbene sembreranno di uguale grandezza. Ma se una delle due bottiglie viene portata fuori in giardino e posta su una panchina, osservando entrambe le bottiglie dall'interno della stanza, quella esterna sembrerà piccola rispetto alla bottiglia grande sul davanzale. Si chiama prospettiva, ma è vertigine, inganno. Non si può dedurre un'assoluta diversità dalle grandezze apparentemente diverse del secondo caso, né uguaglianza dalle grandezze apparentemente uguali del primo[13].

Proseguendo con i suoi esperimenti e prendendo a misura gli oggetti imbevuti della prodigiosa soluzione, Wichterig giunge presto a constatare che la grandezza assoluta esiste fisicamente già in un preciso punto geografico, che potrebbe essere definito il centro del mondo (ovvero il punto di fuga nella rappresentazione che si serva della tecnica della prospettiva centrale): il palco dell'oratore nel *Reichstag* a Berlino, il luogo dove tutto è più grande in assoluto. Ogni cosa si fa molto piccola già alla periferia di Berlino, ancor più piccola in provincia, minuscola a Parigi, tanto che a New York un vero berlinese non riesce più a percepire un grattacielo a occhio nudo.

L'invenzione di Wichterig, scrive Schwitters, ribalta tutte le ipotesi note sulla teoria prospettica e, possiamo aggiungere, ripercorre la storia delle teorie spazio-tempo da Newton a Einstein: se non vivessimo nel mondo della prospettiva apparente, scompariremmo avvicinandoci all'orizzonte, mentre se qualcuno si muovesse dall'orizzonte verso di noi diverrebbe un gigante[14]. E così Wichterig invita le più note menti dell'epoca nel suo laboratorio per dare una dimostrazione; ma non gli riesce di mostrare la grandezza assoluta di una bottiglia poiché, lavando via la soluzione, l'ha resa di nuovo relativa. Nessuno può

13   *Ivi*, p. 261.
14   *Ivi*, p. 262.

apprezzare la sua scoperta, ora però egli sa qual è il 'centro prospetti-co' del mondo ed è altresì consapevole che la prospettiva altro non è che mera illusione.

La dialettica del grande e del piccolo a effetto grottesco e carica-turale, che conferisce a questa prosa il liberatorio acume del riso, af-fonda le sue radici nella «Bedeutungsperspektive» medievale, ovve-ro nella convenzione delle proporzioni gerarchiche, che commisurava le grandezze dei corpi o di parti di esso non alle misu-re reali (quindi in una possibile armonia prospettica) ma in base alla loro importanza simbolica, e non vi è dubbio che l'ironia di Schwit-ters si rivolga alla presunta scala di autorevolezza che, nella mappa politica tedesca dell'epoca, assumono la città di Berlino, centro poli-tico della nazione, e le province, dalla sua Hannover alla Magdebur-go che si ricorda per l'urbanista Bruno Taut[15]. Se Hieronymus Bosch e Arcimboldi sono i principali modelli di riferimento del grottesco ottenuto affiancando oggetti di diversa grandezza – tradizione che l'avanguardia, da Hannah Höch allo stesso Schwitters, andava risco-prendo con i procedimenti del *collage* e del *montage*[16] – in letteratu-ra è obbligato il rimando al cinquecentesco F. Rabelais e allo J. Swift di *Gulliver's Travels* (1726). E come Bachtin scrive di Rabelais, anche nel caso di Schwitters il tono grottesco permetteva un critico e posi-tivo distacco dalla norma[17].

In *Storia orizzontale*, la descrizione della realtà empirica dà origine – come nel caso dell'eroina più nota di Schwitters, Anna Blume, che cammina sulle mani e porta il cappello sui piedi – a un mondo capo-volto[18]. Tralasciando le consuetudini della prospettiva centrale, si rive-lano i reali rapporti di grandezza, ovvero, metaforicamente, quello a cui si attribuisce un'effettiva – e forse futile – importanza. Non è un caso che il protagonista e inventore porti nel nome un'allusiva storpia-tura dell'aggettivo «wichtig» [importante].

15   *Ibidem.*
16   Cfr. H. Möbius, *Montage und Collage. Literatur, bildende Künste, Film, Fo-tografie, Musik, Theater bis 1933*, Fink, München 2003, p. 59 ss.
17   Cfr. M. Bachtin, *L'opera di Rabelais e la cultura popolare. Riso, carnevale e fe-sta nella tradizione medievale e rinascimentale*, trad. it. di M. Romano, Einaudi, Tori-no 1979.
18   K. Schwitters, *An Anna Blume*, LW, 1, pp. 58-59, trad. it. di G.A. Disanto, *A ANNA BELFIORE!*, in Kurt Schwitters, *Augusta Bolte*, cit., pp. 72-73.

In ogni caso, il racconto di Schwitters, che rende atto della partecipazione dell'artista al dibattito estetico contemporaneo sull'Astrattismo ed è occasione di ribellione a ogni tipo di approccio normativo,
come era nello spirito dell'arte Merz, non intende la questione della
prospettiva solo nel senso delle arti figurative, ma anche in senso propriamente letterario. La narrazione infatti è anche formalmente
«orizzontale»[19], poiché l'intreccio prosegue secondo un andamento lineare di elencazione delle vicende e dei diversi punti di vista, senza
mai adottare una precisa focalizzazione; a perdersi sono anche i presupposti della prospettiva in senso narratologico. In ultimo, il termine
«orizzontale» designa la qualità propria dell'orizzonte, simbolo di infinito e della speranza di una riacquisizione di senso da parte di quella realtà frammentata che non poteva essere ricongiunta, con l'impulso uniformante della prospettiva, in uno sguardo d'insieme.

Il taglio di forbici, evocato da Tristan Tzara come metodo per scrivere una poesia dadaista[20] e al quale Schwitters ricorreva per esempio
nel suo capolavoro *A Anna Belfiore!*, appariva, in quegli anni, un'ir-
rompente e provocatoria novità sulla scena dell'estetica compositiva,
ma era in effetti, come il Dada in genere, la logica reazione alla disgre-
gazione della realtà, come veniva percepita dal soggetto negli anni del
Primo conflitto mondiale.

Il frammento è ritrovamento e citazione, come la parola «Merz» e
come il nome «Anna Blume», ripreso, assieme all'intero verso centrale del componimento omonimo, da una scritta su uno steccato cittadino[21]. Il principio di creazione che Schwitters chiama Merz affonda le
sue radici nell'estetica romantica del frammento e dell'ironia, così
come articolata in primo luogo da Friedrich Schlegel e come Schwitters la recepì durante le lezioni del germanista Oskar Walzel all'Accademia di belle arti di Dresda[22].

---

19   Cfr. J. Nantke, *Ordnungsmuster im Werk von Kurt Schwitters. Zwischen
Transgression und Regelhaftigkeit*, de Gruyter, Berlin-Boston 2017, p. 216 ss.

20   Cfr. T. Tzara, *Pour faire un poème dadaïste*, in Id., *Œuvres completes*, Bd. I,
hrsg. von H. Béhar, Flammarion, Paris 1975, p. 382.

21   Per una ricostruzione precisa delle circostanze che portarono alla composizione di *AN ANNA BLUME!* si veda G.A. Disanto, *A.B. alias Kurt Schwitters*, in K.
Schwitters, *Augusta Bolte*, cit., pp. 93-141, in particolare p. 105 ss.

22   Sulle influenze romantiche in Schwitters cfr. Chr. R. Hunter, *Romantic Frag-
ments. Kurt Schwitters' Collages*, Diss., Columbia University 2003 e B. Nobis, *Kurt*

Merz è visione del mondo. La sua natura è l'assoluta disinvoltura, la completa spregiudicatezza. Su ciò si basa la maniera di creare secondo il principio Merz. In nessun attimo della creazione esistono, per l'artista, inibizioni o pregiudizi. In ogni stadio che precede il completamento, l'opera è per l'artista solo materiale per il successivo gradino della creazione. Non si ambisce mai a un determinato scopo, che non sia la logica coerenza del creare in sé. [...] Merz è logica coerenza. Merz significa creare relazioni, auspicabilmente fra tutte le cose del mondo[23].

La spiritualità del Romanticismo da un lato e la scienza dal Seicento all'Ottocento con le invenzioni della tecnica dall'altro avevano ribadito la necessità umana di esperire e vedere il mondo in modo nuovo, da una diversa 'prospettiva' appunto, creando i presupposti teorico-estetici per l'Astrattismo novecentesco.

3. Geometrie della metropoli: *Augusta Bolte*

L'approccio metodologico del presente saggio mantiene intenzionalmente osmotico il passaggio fra arti figurative e letteratura, in primo luogo perché, trattando dell'opera di Kurt Schwitters, sarebbe poco realistico, nonché inesatto, pensare di segnare netti confini fra discipline artistiche, considerato che il più delle volte non è possibile neanche porre con univocità un testo scritto sotto l'egida di un genere letterario; in secondo luogo, perché la nascita dell'arte astratta, che si suole legare alla pubblicazione di *Über das Geistige in der Kunst* di Wassily Kandinsky (1910, pubblicato nel 1912)[24], viene preparata nei secoli precedenti da alcune riflessioni e opere letterarie, in cui si articola già in modo compiuto il pensiero di un'arte non mimetica. Nella sua *Vorgeschichte der abstrakten Kunst*, Otto Stelzer individua il primo esempio di astrazione nell'accurato inserimento di pagine nere e marmorizzate nella prima edizione del *Tristram Shandy* (1760) di Lau-

---

Schwitters und die romantische Ironie. Ein Beitrag zur Deutung des Merz-Kunstbegriffes, VDG Weimar, Kromsdorf 1993.

23   K. Schwitters, *Merz* (1924), LW, 5, p. 187.

24   Cfr. W. Kandinsky, *Lo spirituale nell'arte*, a cura di E. Pontiggia, Bompiani, Milano 1989.

rence Sterne, prosegue poi con altri significativi esempi da J.W. von Goethe, Novalis, J. Paul ed E.T.A. Hoffmann, fino ad A. Stifter[25]. Pochi anni prima della comparsa del saggio di Kandinsky, Wilhelm Worringer introduceva il termine «astrazione» in *Abstraktion und Einfühlung* (1908), intendendo con esso il ricorso alla forma geometrica nell'arte ornamentale e nella rappresentazione delle forme della natura per quell'artista che si sottraeva al caos di una troppo carica esperienza sensoriale. Il concetto di astrazione di Worringer non escludeva del tutto l'intento mimetico (proprio dell'atteggiamento empatico), piuttosto ristabiliva il rapporto fra natura e geometria[26].

Con il suo *Manifeste sur l'art concret* (1930) è l'artista olandese Theo van Doesburg, amico di Kurt Schwitters, a proporre la denominazione di arte «concreta» (ripresa più tardi da Max Bill) per spazzar via ogni intenzione mimetica dall'Astrattismo, rompendo così definitivamente il legame della rappresentazione figurativa col mondo visibile.

Kurt Schwitters subisce l'influenza dell'Astrattismo, anche se non mostrerà mai univocità nella scelta degli stili pittorici né nelle sue teorizzazioni estetiche, che spesso mostrano anche lievi incongruenze[27]. Ancor prima di entrare a far parte del gruppo *Cercle et Carré* [Cerchio e Quadrato], fondato a Parigi nel 1929, è da due direzioni che deriva il confronto estetico di Schwitters con l'astrazione geometrica: da un lato il contatto con il gruppo *De Stijl*, mediato soprattutto dall'amico e collaboratore Theo van Doesburg, dall'altro il confronto col Costruttivismo e Suprematismo russo-ungherese, in particolare con El Lissitzky, Kasimir Malevič e Lásló Moholy-Nagy[28].

---

25   O. Stelzer, *Vorgeschichte der abstrakten Kunst. Denkmodelle und Vor-Bilder*, Piper, München 1964, p. 68 ss.

26   Cfr. W. Worringer, *Astrazione e empatia*, trad. it. di E. De Angeli, Einaudi, Torino 1975. Per una storia dell'Astrattismo si veda C. Blok, *Geschichte der abstrakten Kunst 1900-1960*, DuMont, Köln 1975.

27   Oltre ai testi da cui si sono già citate dichiarazioni programmatiche, cfr. K. Schwitters, *Das Problem der abstrakten Kunst*, LW, 5, pp. 26-33; *i (ein Manifest)*, LW, 5, p. 120; [*Die Bedeutung des Merzgedankens in der Welt*], LW, 5, pp. 133-135; *Konsequente Dichtung*, LW, 5, pp. 190-191.

28   Per un approfondimento si veda G. Wendermann, *Merz im Quadrat. Kurt Schwitters zwischen Dadaismus und Konstruktivismus*, in K. Orchad, I. Schulz (Hrsg.), *Merzgebiete. Kurt Schwitters und seine Freunde*, DuMont, Köln 2006, pp. 98-137.

Va ricordato che nella fertilissima compagine dell'avanguardia europea, Kurt Schwitters è probabilmente l'artista che più di ogni altro sperimenta le teorie estetiche con cui viene a contatto tanto nell'arte pittorica quanto in quella letteraria, senza alcuna difficoltà di mediazione. Così, per esempio, l'introduzione ad *Augusta Bolte* si apre con un quadrato lungo i cui lati sono inserite brevi espressioni verbali. La narrazione continua con le peregrinazioni della protagonista lungo le linee rette delle vie cittadine, con brevi riflessioni all'angolo della strada e nuovi camminamenti alla ricerca della verità, sicché la protagonista sembra oscillare lungo le perpendicolari di un quadro alla Mondrian dipinto a parole.

Augusta Bolte è una prosa del 1922, pubblicata per la prima volta nel 1923 per la casa editrice «Der Sturm». Si tratta di un romanzo/racconto che ironizza sulla canonica teoria della novella citando la specifica terminologia narratologica, ma presenta anche la struttura di una tesi di dottorato con tanto di introduzione, note e giudizio finale. Schwitters la cataloga, inoltre, come *Tran Nr. 30*, cioè una satira contro il popolo dei critici d'arte[29]. *Augusta Bolte* – che riprende, nelle iniziali del nome della protagonista, il mito di Anna Blume – è un'opera che mette in scena la logica della costruzione testuale, una logica che, secondo la poetica Merz, è indotta dal materiale, in questo caso dalla lingua; è per questo che i numerosi calembours, i virtuosi giochi di rime, le insistenti ripetizioni, il ritmo della lingua e, in generale, l'impianto matematico del testo determinano concretamente l'azione del personaggio letterario e l'intera trama dell'opera: «AUGUSTA BOLTE vide passare per la strada all'incirca 10 persone, che camminavano dritto avanti in una sola stessa direzione. Ad Augusta Bolte la cosa sembrò sospetta, a dire il vero molto sospetta. 10 persone che camminavano in una sola stessa direzione. 1, 2, 3, 4, 5, 6, 7, 8, 9, 10. Doveva esser accaduto qualcosa»[30].

La giovane Augusta Bolte – laddove si potrebbe intendere il nome di battesimo come aggettivo e il cognome come esplicita allusione alla prima vittima degli scherzi di *Max und Moritz*, i due birbanti tratteggiati dalla penna del conterraneo di Schwitters, Wilhelm

---

29   Sul rapporto con la critica d'arte si veda G.A. Disanto, *A.B. alias Kurt Schwitters*, cit. e la medesima edizione per il commento al testo.

30   K. Schwitters, *Augusta Bolte*, cit., p. 15.

Busch – vede passare per la strada 10 persone che si muovono in un'unica direzione e deduce che deve essere accaduto qualcosa. Comincia così la caccia all'«evento inaudito», perno della forma novella secondo la teoria goethiana;[31] la tecnica narrativa diventa così materia di racconto, la forma si fa contenuto. Quando l'insieme delle dieci persone si divide in due gruppi da cinque, Augusta, sfidando le leggi della fisica, comincia a inseguire alternativamente entrambi gli insiemi a crescente velocità, oscillando lungo due strade perpendicolari. D'improvviso, una ragazza si stacca dal gruppo e scompare in un edificio, allora Augusta la cerca in tutti gli appartamenti ad ogni piano di vari edifici, finché crede di averla trovata: l'incontro sfocia in violenza e Augusta fugge via. Al termine della vicenda nessun evento inaudito viene disvelato, la protagonista non consegue l'ambito dottorato nella «Facoltà della Vita», ma viene abbandonata da un tassista in una piazza d'armi. A guidare Augusta nelle sue corse, al ritmo concitato dello *slapstick* del cinema anni Venti, sono l'intuito, la volontà e l'ossessione per la logica.

Augusta Bolte nasceva nel segno del «Monstruktivismus»: «Alla critica proporrei piuttosto di scrivere che io sia influenzato da Moholy, Mondrian e Malevič, perché viviamo nell'epoca della M, vedi Merz. Si chiama Monstruttivismo. Alcuni anni fa c'erano 'Kandinsky, Klee, Kokoschka', tutti con la K. Prima ancora c'era Lissitzky con la L. Portiamo avanti l'intero alfabeto degli sviluppi artistici»[32].

L'attenzione di Schwitters per Piet Mondrian si concretizza proprio nel 1923, data di pubblicazione di *Augusta Bolte*: Schwitters invita il collega olandese a redigere un articolo per la sua rivista «Merz» e, nello stesso anno, a lui consacra una delle grotte del *Merzbau*, l'opera architettonica in cui andava trasformando la sua abitazione nella Waldhausenstraße. È soprattutto grazie all'intensa e duratura collaborazione artistica con Theo van Doesburg, caratterizzata da reciproche influenze soprattutto in ambito tipografico e letterario, che Schwitters entra in contatto con le idee del gruppo *De Stijl*, in primo luogo, col principio dinamico dell'esistenza, che trova in Au-

---

31   Cfr. *ivi,* p. 40 e p. 66.

32   K. Schwitters, *Mein Merz und Meine Monstre Merz Muster Messe im Sturm*, LW, 5, pp. 242-244, qui p. 242. Prima pubblicazione: «Der Sturm», XVII (7 ottobre 1926), 7, pp. 106-107.

gusta Bolte la sua dimostrazione letteraria. Van Doesburg, del resto, aveva letto già nel 1913 *Les peintres cubistes* di Apollinaire, in cui si parlava di dimensioni plurime:

> Le teorie sull'esistenza di una quarta dimensione e di numerose altre, oltre alle tre enunciate da Euclide, alla fine del XIX secolo e all'inizio del XX secolo erano molto popolari soprattutto nei circoli di cultori di scienze occulte: il presupposto di queste teorie è che la percezione sensoriale tridimensionale dell'uomo non è altro che la proiezione di un ordinamento superiore in quattro dimensioni, che a sua volta è il riflesso di un ordinamento a cinque, e così via[33].

Con i suoi quadri a graticcio del 1918, Mondrian tentava di eliminare definitivamente dal dipinto l'effetto prospettico e, a questo proposito, differenze di opinione con lo stesso van Doesburg, ma anche con Vilmos Huszár, nascevano all'interno del gruppo circa l'impiego della matematica in arte. E così, se in passato la riuscita di un'opera d'arte si constatava nel confronto diretto con il soggetto ritratto, ovvero in base al principio mimetico, ora «la validità universale di un'opera astratta era verificabile se si prendeva come parametro la matematica»[34]. Il ricorso alla scienza numerica in arte, come dimostra il ruolo che ebbero all'interno del gruppo le idee teosofiche del filosofo Mathieu H.J. Schoenmaekers[35], veniva concepito nel senso mistico-spirituale della dialettica fra «Geist» e «Natur». Se a van Doesburg interessava la possibilità di sistematizzare lo stile artistico attraverso le misurazioni, utili a comporre opere collettive o monumentali e funzionali nelle arti applicate (dalla progettazione di vetrate alla tipografia), Mondrian s'interessò dall'inizio a quella verità superiore che poteva celarsi dietro i rapporti logici (la stessa che sembra cercare Augusta nei suoi ragionamenti).

La matematica giocava un ruolo decisivo sul fronte del Costruttivismo anche in Russia, dove le teorie sulle geometrie non euclidee, recepite per esempio attraverso gli scritti di N.I. Lobačevskij e gli

---

33   C. Blotkamp, *De Stijl. Nascita di un movimento*, trad. it. di G. Errico, Electa, Milano 1989, p. 57.

34   *Ivi*, p. 101.

35   Schoenmaekers era autore di uno studio intitolato *Beginselen der Beeldende Wiskunde* [Principi di matematica plastica], Van Dishoek, Bussum 1916.

studi sulla fisiologia della percezione da Ernst Mach a Wilhelm
Wundt, trovavano ampio riscontro in campo artistico-letterario da
K. Malevič a V. Chlebnikov[36].

Il confronto con il Costruttivismo internazionale, esattamente
come nel caso del Dadaismo, non significò per Schwitters uniformar-
si a una corrente, ma rappresentò un'importante occasione per definire in maniera più precisa i principi dell'arte Merz. All'inizio degli anni
Venti, si può constatare nell'opera figurativa di Schwitters un'immediata esemplificazione delle forme in senso geometrico, cui corrisponde, in letteratura, uno sperimentalismo con le possibilità combinato-
rie della lingua.

4. Invisibilia: il mondo frattale della lingua

Da *Des Luftschiffers Giannozzo Seebuch* [Giornale di bordo dell'a-
eronauta Giannozzo] di Jean Paul al Suprematismo di Malevič (mosso inizialmente dalla fascinazione per l'aeroplano), molte opere letterarie e figurative di diverse epoche presentano una curiosa
'prospettiva': si osserva un paesaggio dall'alto e si scopre che l'aspetto
generale è simile al microscopico dettaglio. Secondo un processo
omologo, la più tarda teorizzazione della geometria frattale enuncia il
principio di «autosomiglianza», secondo cui la forma complessiva assunta da un oggetto in natura si ripresenta, identica, nella forma delle
sue parti.

Il termine «frattale» viene coniato dal matematico Benoît B. Mandelbrot nel saggio *Les objects fractals. Forme, hasard et dimension* del
1975. Per ovvie ragioni non si tratta di una teoria che possa aver avuto influenze nell'ambito della *Moderne*, al contrario è essa ad attingere a quel magma teorico-pratico in cui si fondono, alla ricerca di un
minimo comune denominatore, le riflessioni sull'arte, sulla scienza e
sulla mistica a cavallo fra Ottocento e Novecento. Così scrive Mandelbrot nell'*Introduzione* al libro:

---

36   Cfr. C. Fournier Kiss, *Géométries urbaines chez André Biély et Kasimir
Malévitch*, in Th. Hunkeler, E.A. Kunz (Hrsg.), *Metropolen der Avantgarde – Métro-
poles des avant-gardes*, Peter Lang, Bern 2011, pp. 245-258.

Il concetto di dimensione frattale fa parte di una certa matematica sviluppatasi tra il 1875 e il 1925. In senso più lato, uno degli scopi del presente saggio è di mostrare che la collezione di figure geometriche create a quel tempo, collezione che Vilenkin 1965 [*Stories about Sets*] definisce «Museo d'arte» matematico, e che altri chiamano «Galleria dei mostri», può essere anche visitata come «Palais de la découverte»[37].

Nella sua marcia a crescente velocità, dapprima all'interno di una pianta urbana bidimensionale poi in altezza per i piani e le abitazioni dei palazzi, Augusta Bolte si ritrova in uno spazio in grado di dilatarsi. Pensando alla giusta strategia per inseguire contemporaneamente due persone che si dirigono in direzioni opposte, l'accanimento per la logica di Augusta la porta a scoprire un mondo invisibile all'occhio:

Augusta sapeva che la sua intuizione era giusta, la distanza fra le due case, una di fronte all'altra, si sarebbe fatta sempre più grande e più grande ancora, tanto grande da costringerla a decidere una volta per tutte chi dei due avesse voluto seguire, visto che, pur impegnando ogni sforzo, nell'enorme distanza non sarebbe più riuscita a fare la spola fra le due case. E se pure infine si fosse decisa, quell'uno scelto si sarebbe improvvisamente diviso in due metà. Una metà sarebbe entrata in una stanza e l'altra metà in un'altra. Quale metà avrebbe allora dovuto seguire Augusta? [...] La metà si sarebbe divisa in due quarti, il primo quarto si sarebbe seduto su una sedia, mentre il secondo quarto si sarebbe seduto su un'altra sedia. La distanza fra le sedie sarebbe divenuta sempre più grande, la Sig.na Dott.ssa avrebbe fatto la spola, infine si sarebbe decisa per uno dei due quarti, che si sarebbe diviso allora in 2 ottavi, il primo dei quali si sarebbe seduto su una metà della sedia, il secondo sull'altra metà. La Sig.na Dott.ssa A. Bolte conosceva il sistema e, con esso e attraverso di esso, la scienza. [...] Avrebbe assistito, infine, alla divisione progressiva dell'ottavo in sedicesimo, in trentaduesimo, in sessantaquattresimo, in centoventottesimo, fino all'atomo e temeva che non le sarebbe rimasto alcun appiglio, in previsione della sua tesi di dottorato, per riuscire a sapere quel che era accaduto[38].

---

37   B.B. Mandelbrot, *Gli oggetti frattali. Forma, caso e dimensione*, a cura di R. Pignoni, Einaudi, Torino 1987 e 2000, p. 12.
38   K. Schwitters, *Augusta Bolte*, cit., pp. 29-30.

Se questo passo richiama alla mente gli schemi della geometria frattale è proprio a causa di quel crogiuolo di teorizzazioni scientifico-artistiche citato da Mandelbrot.

Nel numero di aprile del 1919, la rivista «De Stijl» pubblicava una lista di studi che il gruppo riteneva fondamentali e che la redazione offriva in prestito agli abbonati. Si tratta di un centinaio di titoli; oltre ai testi qui già citati di Worringer, Kandinsky, Apollinaire e Schoenmaekers e agli scritti, che possiamo forse considerare scontati o perlomeno attesi, di S. Freud e H. Bergson, spiccano i seguenti: G. Bruno, *Von der Ursache, dem Prinzip und dem Einen*; E. Cohn, *Physikalisches über Raum und Zeit*; H. Poincaré, *Neue Mechanik*; H.K. de Vries, *De vierde dimensie*; G. Wolf, *Mathematik und Malerei*[39].

Sul finire degli anni Dieci, mentre nasceva l'arte Merz, il gruppo *De Stijl* andava sondando le possibilità creative reciproche di matematica e arte, intendendo la prima più che altro come una scienza che andava attinta in senso psicologico-spirituale. La componente mistica, che Schwitters recepiva anche grazie all'amicizia con Hans Arp, assiduo lettore del mistico protestante Jacob Böhme (1575-1624), era essenziale nell'arte Merz[40]; del resto, interpretare la natura attraverso la lente della spiritualità era aspirazione, di matrice romantica, che animò l'Astrattismo da Kandinsky a Mondrian.

Oltre il regno dei «subvisibilia», che era divenuto accessibile con il microscopio e il telescopio,[41] abbandonata la possibilità di una visione armonica mediata delle costruzioni prospettiche, l'artista moderno che volge all'avanguardia ammira il mondo invisibile, intuendo la segreta logica della materia e dell'universo attraverso le forme di una divina geometria.

39   Cfr. «De Stijl», 2 (aprile 1919), 6, pp. 70-72.

40   Cfr. G.-L. Darsow, *Apokalypse als Narrenspiel: Kurt Schwitters und die Mystik*, in S. Bru et al. (Hrsg.), *Europa! Europa? The Avant-Garde, Modernism and the Fate of a Continent*, de Gruyter, Berlin 2009, pp. 328-341.

41   Cfr. Chr. Frey, *The Art of Observing the Small: On the Borders of the «subvisibilia» (from Hooke to Brockes)*, in «Monatshefte», 105 (2013), 3, pp. 376-388.

La vita, il sogno, la crisi.
Le percezioni distorte nell'opera di Unica Zürn
di Elena Agazzi

Una Moderne prolungata

È del tutto evidente che la carriera letteraria e artistica di Unica Zürn (1916-1970) esorbiti dai confini temporali con cui si delimita il periodo di sviluppo e di evoluzione della *literarische Moderne*, che si estende dall'ultimo ventennio del XIX secolo fino al primo dopoguerra, ma che lascia spazio poi ad altre forme di sperimentazione artistica. È però altrettanto innegabile, che l'opera dell'artista, poetessa e scrittrice tedesca affondi le sue radici nel Surrealismo francese e tedesco degli anni '20 e '30[1] e che si corrobori con il 'Surrealismo reale' dei tardi anni Quaranta del secolo scorso, grazie alla sua partecipazione alle attività del *cabaret* della *Badewanne*, che si riuniva presso il *Femina-Bar* di Berlino. L'intento dei suoi partecipanti era quello di riscattare l'anima avanguardistica e liberamente creativa della cultura della *Moderne* dalle censure che la travolsero durante il nazionalsocialismo e di guardare a nuovi orizzonti sperimentali, attingendo in modo convulso, ma suggestivo, dal bacino delle possibilità espressive offerte

---

1   Cfr. A. Vowinckel, *Surrealismus und Kunst 1919 bis 1925. Studien zu Ideengeschichte und Bedeutungswandel des Surrealismus vor Gründung der surrealistischen Bewegung und zu Begriff, Methode und Ikonographie des Surrealismus in der Kunst 1919 bis 1925*, Olms, Hildesheim – Zürich – New York 1989. In tempi recenti sono da segnalare, tra varie pubblicazioni concernenti il Surrealismo letterario in Germania, la pubblicazione del volume miscellaneo dal titolo *"Der Surrealismus in Deutschland (?)"*, hrsg. von K. Schuller und I. Fischer, Interdisziplinäre Studien der Universität Münster, 2017, il precedente *Surrealismus in der deutschsprachigen Literatur*, hrsg. von F. Reents, de Gruyter, Berlin 2009, oltre a uno studio di S. Hanuschek e di M. Dirscherl (Hrsg.), *Alltags-Surrealismus. Literatur, Theater, Film. Neo-Avantgarden*, Edition Text+Kritik, München 2012.

dalla poesia alla pittura, dalla *pièce* teatrale alla composizione musicale, in una società che faticosamente si stava risollevando dal disastro bellico. Come ricorda Paola Gambarota,

> la visione del mondo del Surrealismo si manifestò dunque ai giovani intellettuali e scrittori berlinesi [...] attraverso le vetrine delle gallerie d'arte Bremer, Rosen, Springer; del resto il pittore Heinz Trökes, che insieme a Jeanne Mammen dello stesso gruppo collaborò alle attività del cabaret "Die Badewanne" (1949-1950) nella Nürnberger Straße fu tra i pochi artisti tedeschi del dopoguerra ad incontrare i surrealisti a Parigi ed a partecipare al *jour fixe* in casa Breton, con Péret, Toyen, Ernst e Duchamp. La divulgazione letteraria del movimento francese avvenne, inoltre, attraverso le riviste "Athena!" (1946-1948) e "Das Lot" (1945-1950); il redattore Alain Bosquet pubblicò nel 1950, per le edizioni "Das Lot", anche *Surrealismus 1924-1949. Texte und Kritik*, 1950, la prima antologia del Surrealismo in Germania. [...] I maggiori mediatori della visione surrealista furono i poeti e traduttori [...] Johannes Hübner e Lothar Klünner. [...] Hübner scrisse, inoltre, per la scena *Die Badewanne* (1949), un testo automatico in prosa che, come quelli surrealisti, consegue l'effetto assurdo all'interno di una sintassi regolare, e due brevi pezzi teatrali *Die Wiedergeburt* e *Danksagung* (1949); questi costituirono, con altre poesie in stile associativo, il ciclo delle "commedie magnetiche", con le quali Hübner si richiamava esplicitamente agli *Champs magnétiques* di Breton e Soupault[2].

Non mancavano, tra le rappresentazioni della *Badewanne*, le *Blasphemien,* ovvero delle *performances* dissacratorie che erano dominate dall'umor nero e che trattavano temi difficili, come quello del suicidio[3]. Questa fu la via fatale scelta dalla Zürn per chiudere i conti, all'età di 54 anni, con la propria vita tormentata.

---

2   P. Gambarota, *Surrealismo in Germania. Risposte e contributo dei contemporanei tedeschi*, con una presentazione di A. Destro, Campanotto, Pasian di Prato (UD) 1997, pp. 40-41.

3   Cfr. E. Lenk (Hrsg.), *Die Badewanne. Ein Künstlerkabinett der frühen Nachkriegszeit*, mit einem Nachwort von L. Klünner, Hentrich, Berlin 1991, pp. 34-52. Nella parte dedicata alle *Blasphemien* si trovano questi temi: *Schwarze Messen und die Schatten der Vergangenheit – Prolog – Kaiserquartett – Zur Schulreform – Summa Anatomiae – Die drei Jünglinge im Feuerofen – Pauseneinlagen (Selbstmorde).*

Unica Zürn collabora a questo panorama culturale ma, come osserva giustamente Gambarota, diventa soprattutto la «personificazione del mito surrealista dell'inscindibilità tra poesia ed esistenza»[4]. Afflitta da una grave forma di bipolarismo, a lungo diagnosticata come 'schizofrenia', ha riprodotto in modo ossessivo, nelle opere letterarie come in quelle artistiche, gli episodi più dolorosi della sua vita, essendo incapace di rielaborare il lutto culturale – come cittadina tedesca – e quello personale – come membro di una famiglia lacerata – e ammettendo perciò di non riuscire a concepire se stessa se non come un insieme di schegge di vita[5]. Il suo *es* ha sempre prevalso sul suo *sie*, reprimendo quella femminilità che si è invece consapevolmente sottomessa all'egida del mondo maschile[6] (questa scelta era chiaramente influenzata dall'assenza di una figura paterna presente e stabile). Ha scelto, d'altronde, di rimanere il più possibile legata alle emozioni dell'età infantile ed adolescenziale per cercare riparo dalle minacce del mondo degli adulti.

Nelle *Notizen einer Blutarmen*, mentre si trovava a Ermenonville, cara alla memoria di Rousseau, con Hans Bellmer (1901-1975), l'artista con cui condivise la propria esistenza dal 1953 fino alla morte, Zürn aveva pensato per la prima volta poter mettere un punto fermo a questa fuga dalla realtà, ben lontana – invero – dall'essersi conclusa in quel periodo:

4   *Ivi*, p. 42.

5   È particolarmente interessante quanto scrive Eva-Maria Alves a proposito della follia inscenata dalla Zürn, che naturalmente soffriva di gravi disturbi della personalità: «La follia *immaginata*, tenendo conto della definizione che ne dà la poetessa, non è da intendersi come rappresentazione della follia che esisterebbe senza un riferimento reale e come constatazione senza fondamento. Questa follia immaginata non ha a che fare neppure con una presunzione o con una forma di autocompiacimento di chi è proverbialmente afflitto da manie di grandezza. Unica Zürn prende sul serio le parole, e alla lettera; perciò, per lei, l'immaginarsi qualcosa ha il significato che aveva prima del tempo presente, vale a dire 'imprimersi nell'anima'. È proprio l'immaginazione, la *vis imaginationis*, che illumina le immagini interiori della Zürn […]. In questo modo Zürn rende presente il passato, in modo che diventi imperituro», E.-M. Alves, *Unica Zürn 1916-1970 »ernst ist der Name ICH – es ist Rache«*, in S. Duda, L. F. Pusch (Hrsg.), *WahnsinnsFrauen*, Suhrkamp, Frankfurt am Main 1999, Bd. 3, pp. 201-221, qui p. 202.

6   Nello *Haus der Krankheiten* si legge: «Una volta ancora ne avevo la conferma: io non posso esistere sola nel mondo. Anche a prezzo dell'infelicità ho bisogno di qualcuno che mi accompagni e mi consigli. Nel bene o nel male…». U. Zürn, *La casa delle malattie*, in Ead., *L'uomo nel gelsomino*, trad. it. di S. Bortoli e L. Magliano, La Tartaruga, Milano 1980, pp. 192-214, qui p. 209.

Solo ora, nel momento in cui la vita si conclude, mi afferrano di nuovo i moniti sicuri che sono stati quelli della mia infanzia. È quella nota sensibilità, che si è salvata dalle macerie come un bell'angelo [...] Finalmente ho superato il terribile periodo degli errori e la fase dell'inseguimento dell'infelicità – la mia giovinezza – finalmente ho superato la mia giovinezza. Sto invecchiando. L'età avanzata e l'infanzia incominciano ad assomigliarsi. Non sono mai stata giovane. Sono una bambina vecchia. La maturità non mi afferrerà più prima della morte. Che fortuna immeritata! Ma sarei lieta che non sopraggiungesse un nuovo giorno. Il risvegliarmi tutte le mattine non mi dà alcun piacere[7].

I testi autobiografici

Il gruppo di testi autobiografici di Unica Zürn, di cui fanno parte le *Notizen einer Blutarmen* (Appunti di un'anemica, 1957) e *Das Haus der Krankheiten. Geschichten und Bilder einer Gelbsucht* (La casa delle malattie. Storie e immagini di una patologia itterica, 1958) aprono il sipario sull'oscillazione tra stati di coscienza e visioni oniriche della scrittrice che, pur nell'apparente automatismo delle registrazioni delle proprie percezioni interiori e delle sensazioni esterne occasionali, insiste su alcune costellazioni metaforiche e su alcune proiezioni mentali che rappresentano gli elementi cardinali della sua vita e che prendono forma anche nelle sue produzioni artistiche. Pare quasi che quell'anno così decisivo, il 1957, come scrive in *Notizen einer Blutarmen* alla data del 27 dicembre 1957, abbia prodotto un cortocircuito nella sua coscienza, fino a permetterle di ritrovare nella socialità della vita parigina l'apparente soluzione alla condizione di disagio in cui aveva vissuto fino a quel momento. Creativa, ma principalmente professionale, era stata l'attività giornalistica che aveva svolto prima di giungere a Parigi, reduce dalla separazione dal marito Erich Laupenmühlen, che aveva preso in affido i figli nati dalla loro unione. Gli otto racconti, che aveva redatto per la RIAS (Radio Berlin), e le 132

---

7   U. Zürn, *Notizen einer Blutarmen*, in Ead., *Gesamtausgabe in fünf Bänden*, hrsg. von G. Bose, E. Brinkmann und S. Scholl, Brinkmann & Bose, Berlin 1991, Bd. 4.1 *[Prosa 3]*, pp. 25-42, qui p. 31. Di questo testo esiste anche un'edizione italiana a cura di Eva Maria Thüne: *Due diari. Appunti di un'anemica – La casa delle malattie*, L'Obliquo, Brescia 2008

storie brevi, che aveva composto per alcune testate tedesche, hanno
un carattere fantastico e possono in gran parte essere ascritte al genere dell'*anti-Märchen*, perché inclinano di frequente a far trionfare l'in-
giustizia. Lo *schwarzer Humor* che le domina tradisce l'amarezza che
si lega a un mondo fatto di grandi incertezze e di pochi valori sicuri.
La morte vi fa capolino molto spesso, nella forma di un'inevitabile
constatazione della fine di tutte le cose viventi (*Die Katzen sind tot,
Das Leben war sehr schön*) o come paradossale *escamotage* per poter
andare avanti in tempi di penuria (*Es war der letzte Ausweg*). In altri
casi, creature fantastiche denotano la fervida fantasia artistica di Unica Zürn – come avviene nel racconto *Das Wundertier* – che dà corpo
e forma a ibridi composti da uomini e animali e a creature sinuose dai
grandi occhi aperti sul mondo nei suoi disegni ad inchiostro, negli acquarelli e nei dipinti a olio. Una principessa, avviatasi nel bosco per
una passeggiata, si trova improvvisamente trasformata in una creatura
che, ben lontano da generare orrore in lei, la fa sentire speciale[8].

Come si diceva, dalle *Notizen einer Blutarmen* emergono alcune
fissazioni di Unica Zürn, che vengono presentate in prima persona
come forme di attesa o come registrazioni di imprevisti, collegate in
parte all'importanza che la scrittrice attribuiva ai numeri come elementi fatali della *kabbala* della sua vita. Partendo dal suo segno zodia-
cale, il cancro, Zürn associa alla propria esistenza il numero 69 e alle
cifre che lo compongono: il numero 9 si configura per lei come il segno della vita e il numero 6 come il numero della morte. Immagina il
99 come un 'trattenere il respiro', come un numero destinale:

Il numero del mio destino – il 99 – l'ho scoperto per la prima volta in
questo mese, quasi nel momento stesso in cui mi accingo a scrivere.
Questo numero fatale contribuisce al fatto che mi convinco, in modo

---

8   Petra Höhne ha osservato in un articolo dedicato all'opera della Zürn che
esiste un rapporto di continuità tra le storie scritte per le riviste e i suoi testi letterari:
«I testi in prosa dell'edizione completa delle opere dimostrano in modo *sorprendente*
che le stesse idee e gli stessi motivi sono stati già utilizzati anche nelle storie scritte per
le riviste […] La lettura di questi testi è da principio *irritante*, perché appare così bella, così semplice, così fiabesca, ma anche così *dominata dalla sopravvivenza*», P.
Höhne, *Leben als Kryptogramm*, in «Frankfurter Rundschau», 09/06/1990, ZB.

sempre più deciso, che questo miracolo mi si sta facendo incontro, un miracolo di cui il prossimo passo sarà la morte. Che bel sogno patetico![9]

Il miracolo assume in questo anno 1957 – il migliore di tutti, come scrive – anche i contorni di un unico viso che Zürn ha a lungo vagheggiato e che si manifesta ora come la somma di tutti i volti che ha incontrato nelle occasioni sociali, grazie all'amicizia instaurata con Henri Michaux, con Max Ernst, con Hans Arp e altri sodali della cerchia di Bellmer. L'antica 'Sehnsucht', che è anche desiderio di trovare stabilità e che ha la duplice valenza di 'nostalgia' di un passato migliore e del 'desiderio' di trovare una sintesi dalla quale poter ricominciare a riepilogare il passato, per superarlo definitivamente anche a costo di inseguire la morte, la affida durante il sonno alle maglie minacciose della *Kehrseite* di questo *Wunderbar*, all'immagine mostruosa di creature che a loro volta sono la forma compressa dei traumi sperimentati. Si ricordano spesso, nelle biografie di Unica Zürn, la presenza di una madre dominatrice e distante, il padre *absente*, la violenza sessuale inflittale dal fratello, fino agli aborti subiti, unitamente alla brutale separazione dai suoi figli, dopo il fallimento del matrimonio. Le allucinazioni si scatenano sia nella fase maniacale, sia in quella depressiva. Si potrebbe perciò dire che se i testi menzionati, composti in forma diaristica, sono redatti in prima persona e appartengono di fatto al genere autobiografico, non potendo, dunque, essere ascritti ad una vera sperimentazione del Surrealismo – che lavora sul testo 'messo in scena', l'*Homme-Jasmin* (1971 ed. francese, 1977 ed. tedesca, 1980 ed. italiana), capolavoro in prosa sulla patologia dell'autrice in forma di romanzo, è scritto, invece, in terza persona. Esso dunque deroga alla regola surrealista della simulazione 'di stati mentali abnormi' dai quali viene catturato il soggetto, se si pensa alla *Immaculée conception* (1930) di Breton e di Eluard. Anche *Dunkler Frühling* (1967, pubb. 1969), un racconto terribile, è una storia dell'infanzia di Unica raccontata dall'autrice in modo diretto e allo stesso tempo distante. Costei si sente come privata di un io corporeo e può perciò amaramente assistere da spettatrice alle aggressioni fisiche che le vengono inflitte nell'infanzia e nella giovinezza, sopportando quelle che la coinvolgono in nome dell'arte,

---

9   U. Zürn, *Notizen einer Blutarmen*, cit., p. 27.

quando viene scelta da Bellmer come modella per opere nelle quali le 'bambole' legate e scomposte rappresentano il soggetto ricorrente[10].

La creatura, per metà fanciulla e per metà serpente, che Unica sogna in *Notizen einer Blutarmen*, deve essere resa inoffensiva sottraendole tutti gli strumenti di offesa che possiede: gli occhi, la lingua e il cuore. Tuttavia, come un'idra spaventosa, l'essere continua a incombere paurosamente, avido di vittime. Al risveglio, Unica non è in grado di dire se sia stata lei stessa un'incarnazione della terribile creatura. Le resta il rimpianto che il sogno si sia interrotto prima di risolversi in un esito certo[11]. Nella mente della scrittrice si configura il senso della fine, collegato alla percezione di un anno che volge al termine, anzi, che si è dissolto davanti ai suoi occhi senza poterne afferrare il significato, convinta com'è che, se fosse stata un uomo, avrebbe reso produttive le proprie angosce creando un'opera d'arte, invece di abbandonarsi a un groviglio di malessere.

È fondamentale ricordare che la Zürn aveva esposto le proprie opere fin dal 1953 a Parigi, alla galleria *Le soleil dans la tête*. Come evidenziano i curatori dell'opera completa della scrittrice,

[Unica] dipingeva con la scrittura e costruiva i testi con le immagini: balli di sogno, visi mostruosi, visioni a occhi chiusi, corpi scambiati, ingrandimenti, automatismo senza simulazione. Nasce[va] un'opera di rara bellezza e smarrimento: 9 quadri a olio, una serie di acquarelli, diverse cartoline mobili e 200 disegni[12].

---

10   Bellmer incomincia a occuparsi del soggetto delle bambole a metà degli anni '30 e pubblica successivamente una serie fotografica a tema intitolata *Poupeé. Variations sur le montage d'une mineure articulée* nella rivista «Minotaure», nr. 6 (1935), pp. 30-31, che ottiene subito grande successo. L'idea gli era venuta dai modellini in legno della scuola di Dürer e probabilmente anche, tra l'altro, dalla lettura del romanzo modernista *L'Ève future* (1886) di Auguste de Villiers de l'Isle-Adam, che si concentra su un autonoma femminile e in cui, per la prima volta, compare il termine 'androide': «La Poupée era ciò che si potrebbe chiamare un *anagramma plastico*, in cui tutti gli elementi hanno la facoltà di liberarsi e di muoversi entro lo spazio della rappresentazione, dando luogo a nuovi significati». Cfr. L. Coloni, *L'arte come resistenza. La Poupée di Hans Bellmer*, p. 33 [reperibile al link: http://nuovo.fotoit.it/php/upload/avanguardie_poetiche_12.pdf (ultima consultazione 24.03.2018).

11   U. Zürn, *Notizen einer Blutarmen*, cit., p. 33.

12   Questa citazione, con traduzione di Chiara Mangiarotti, si trova in C. Mangiarotti, *Unica Zürn. Una Unica supplenza*, in C. Mangiarotti, C. Menghi, M. Egge (a

Fin dai tempi della *Badewanne*, Unica ha imparato a transitare fra vari mezzi espressivi e tra vari mezzi artistici, includendo tra le proprie esperienze anche gli anagrammi, che le permettono di partire da un pensiero, scomponendolo anatomicamente in altre frasi o in altri versi che ne descrivono la natura intrinseca o che lo problematizzano. Le immagini, impresse nella mente attraverso suggestioni acustiche o visive, vengono continuamente trasformate, cambiando il punto di vista e riducendo, non di rado, l'angolo prospettico che le registra, all'insistita osservazione di un dettaglio[13].

Das Haus der Krankheiten si annuncia fin dal sottotitolo, *Geschichten und Bilder einer Gelbsucht*, come un'opera composta dal doppio registro del testo e dell'illustrazione, che accompagna la narrazione, ma che ha una funzione evocativa, più che descrittiva. Nei suoi disegni, Zürn materializza le ossessioni e le fantasie che si riferiscono al periodo in cui si trovava internata, come altre volte prima e dopo, in una clinica psichiatrica.

Il testo è introdotto da tre disegni che tracciano, nei primi due casi, la topografia interiore ed esteriore degli spazi proiettivi della coscienza intorno ai quali si sviluppano le annotazioni delle giornate trascorse in clinica. Mentre il primo disegno mostra un convoluto anatomico di volti e occhi e lascia intuire il tratto di un piede, alludendo alla frammentazione dell'identità di chi scrive, il secondo disegno ha il carattere di una planimetria e illustra le coordinate spaziali della clinica che la mente esplora come un insieme di luoghi che si riferiscono a parti del corpo. Entrambi i disegni, l'uno come complesso del corpo della malata e l'altro come struttura clinica che accoglie i soggetti afflitti da varie patologie, presentano la scritta *Das Haus der Krankheiten*. Come si apprende leggendo il resoconto delle giornate, alcuni degli ambienti in cui è strutturata la clinica sono percepiti come minacciosi o sgraditi alla paziente, altri come accoglienti e protettivi: il *Zimmer der Augen*

---

cura di), *Invenzioni nella psicosi. Unica Zürn, Vaslav Nijinsky, Glenn Gould*, Quodlibet, Macerata 2008, pp. 91-163, qui p. 111.

13   In *Petite anatomie de l'incoscient physique ou L'anatomie de l'image* Hans Bellmer scrive: «Nulla risponde alla disperazione. Tutte le fantasie, nere o bianche, riportano a un unico istinto persistente, quello di sfuggire ai contorni dell'Io. Il pensiero senza pensiero ruota intorno al fiammifero, a una parola, intorno al numero 53, il numero delle nostre ultime giornate», H. Bellmer, *Anatomia dell'immagine*, a cura e con un saggio di O. Fatica, con undici disegni dell'autore, Adelphi, Milano 2001, p. 67.

ispira fiducia, perché sulla vista si incentra la possibilità di cogliere il contesto e di registrare i dettagli, mentre il *Raum der Herzen* è insidioso, quanto lo sono i rapporti amorosi di cui non si prevede l'esito finale; il *Saal der Bäuche* e la *Busenstube* sono percepiti come ripugnanti, perché si associano con alcuni fatti traumatici non esplicitati – il disgustoso contatto con il ventre molle della madre o il ricordo della maternità fallita a causa di vari eventi abortivi e della sottrazione dei due figli da parte del marito. Il terzo disegno si collega allusivamente al dialogo tra la paziente e il Dottor Mortimer, che apre il primo capitolo; questo, come gli altri che seguono, è stilato con un riferimento nel titolo ai giorni della settimana (senza data) e con la scelta di un tema dominante. Il titolo indica gli sviluppi dell'esperienza dell'io narrante tra il mercoledì e il venerdì, raccordandosi a un argomento definito: *Ein Meisterschuß* (Un colpo da maestro). Questa è la definizione che Mortimer usa per caratterizzare il fatto che i due «cuori» che si trovano al centro degli occhi della paziente sono stati «sparati fuori» dal suo corpo, lasciandola priva della facoltà di concentrarsi su un obiettivo, ovvero rendendola attonita e apatica. Questo dialogo assurdo trova una sintesi visiva nel terzo disegno di apertura, in cui una carta che mostra un asso di cuori si trova al centro della traiettoria di due occhi singoli, separati tra loro dalla carta da gioco.

Non è difficile intuire come modello per la figura di Mortimer il commerciante di occhiali e di cannocchiali Coppelius/Coppola del *Sandmann* (1816) di E.T.A. Hoffmann e per proprietà transitiva anche un certo *Meisterschütze* che avrebbe colpito entrambi gli occhi di Unica in un colpo solo, ma con due armi; è possibile, d'altronde, riconoscere nella condizione catatonica di Unica la natura rigida e apatica di Olimpia, l'automa del dottor Spalanzani di cui si innamora fino a diventar folle il protagonista della storia hoffmanniana, Nathanael. L'espressione che la Zürn usa per descrivere la causa della malattia della vista diagnosticata dal medico è simile a quella che lo scrittore romantico adopera per tratteggiare le fantasie di Nathanael, che compone versi e opere in prosa per la fidanzata Clara sulla scorta dello choc emotivo seguito all'incontro con Coppelius/Coppola: «Quando già sono all'altare, ecco infine comparire il terribile Coppelius e toccare i leggiadri occhi di Clara; quelli schizzano allora nel petto di Nathanael come scintille di sangue, e ardono, e bruciano [...]»[14].

La vista è per più di un motivo fondamentale per l'esperienza dei surrealisti, come di Bellmer e della Zürn. Come scrive Ottavio Fatica, «Nell'alchimia del riflesso, l'immagine percepita sulla retina si rifisiologizza attraverso l'accoglienza che le riserva il corpo»[15]. Ma la vista è anche un'epifania dello sguardo che viene contesa tra l'occhio perverso di Bellmer e l'occhio persecutore che domina il mondo delle immagini di Unica[16].

Alchimie surrealiste

Chiara Mangiarotti, psicologa, psicoterapeuta e psicoanalista di scuola lacaniana, ha così descritto il rapporto tra Unica Zürn e Hans Bellmer:

> Per Bellmer, un artista che, nella sua opera grafica, cerca di svelare i misteri del corpo della donna e di farne un feticcio nelle sue bambole, Unica occupa il posto di partner-sintomo, il partner che incarna il complemento di godimento necessario, che supporta nel fantasma l'oggetto che lo condensa. Nella coppia Bellmer-Unica la complementarità fantasmatica realizzata dalla struttura non implica una simmetria. A farne le spese, sarà Unica che non potrà operare una scelta, per lei impossibile, tra essere La donna dell'uomo Bellmer e essere l'artista che ha cercato di essere per tutta la vita[17].

---

14   E.T.A. Hoffmann, *L'uomo della sabbia*, in Id., *Notturni*, a cura di M. Galli, L'Orma, Roma 2013 (= Hoffmanniana. L'opera omnia di E.T.A. Hoffmann, vol. I], pp. 3-50, qui p. 27. Ottavio Fatica scrive nella sua postfazione a *Anatomia dell'immagine* di Hans Bellmer: «La Bambola nasce dall'incontro con Olympia, figlia artificiale di Coppelius e dell'*Unheimliches*, dopo una rappresentazione dei *Contes d'Hoffmann* di Offenbach, seguita da Bellmer in compagnia di Ursula, la cugina dei suoi amori d'infanzia», O. Fatica, *La pupilla dei suoi occhi*, in H. Bellmer, *Anatomia dell'immagine*, cit., pp. 77-95, qui p. 83.

15   Ivi, p. 86.

16   C. Mangiarotti, *Unica Zürn. Una Unica supplenza*, cit., p. 143.

17   Ivi, p. 110.

A quattro anni dal suo primo incontro con Unica, nel 1957, Bellmer pubblica *Petite anatomie de l'incoscient physique ou L'anatomie de l'image*, che riceve subito il plauso di molti colleghi dell'ambiente surrealista e un riconoscimento di pubblico. Considerando che gli scritti autobiografici di cui si è parlato mostrano notevoli tracce della dominanza della personalità e delle teorie dell'artista nell'immaginario di Unica, questa dominanza si fa persecutoria con i suoi modelli di crudo erotismo quando, nelle fasi di crisi psicotica durante le quali l'artista viene internata (la prima volta a Wittau, in Germania, nel 1960, in seguito a St. Anne in Francia), costei crede di poter vedere nei corpi contorti delle donne sofferenti la conferma del lucido, addirittura chirurgico, punto di vista di Bellmer sul mondo femminile. Il passo è tratto da *Remarques d'un observateur* (Appunti di un osservatore):

> Silenzio, meditazione, solitudine: una prolungata caccia onirica alla ricerca di un tema più nuovo, guarda, con l'ambigua forza di chi ama con un'insolita presenza negli occhi. Vertigini di fronte alla ricchezza delle varianti. La sua legge fondamentale è la sorpresa e lo choc, l'ossessione di un conoscitore che saggia un nuovo terreno: vorrebbe che non avesse confini, come l'avventura con un'amata [...] Una filiazione del suo celebre «Cefalopode», la donna-testa e gambe priva di braccia... lei ha visto questo mostro a St. Anne: una malata di mente che, durante una crisi erotica si concede a un partner immaginario. Come se Bellmer fosse un profeta; era spaventoso osservare questa malata. Tutto traboccava da lei: le gambe e la schiena inarcate e quella lingua terribile, scene di follia, la tortura e l'estasi: sono disegnate da lui con la sensibilità di un musicista, con precisione di un ingegnere, con la crudezza di un chirurgo[18].

Il riferimento al 'Cefalopode' si collega a un passo della *Petite anatomie* di Bellmer, in cui – una volta assodato che lo 'spirito di contraddizione' si esprime psichicamente e fisicamente nel rapporto tra desiderio e proibizione – il corpo femminile viene paragonato a una frase che si lascia disarticolare e ricomporre in anagrammi; essi assumono un significato diverso dalla frase originaria senza tradire la propria provenienza. Questo corpo che tende a metamorfosi incontrollabili e non è più circoscritto, si rende disponibile ad aprirsi all'altro e ad as-

---

18   U. Zürn, *Gesamtausgabe in fünf Bänden*, cit., Bd. 5 [*Aufzeichnungen*], pp. 161-163, qui p. 163 (trad. ted., pp. 250-251).

similarne la sessualità, divenendo una sorta di ermafrodito. L'anatomia del desiderio che guida queste metamorfosi si riflette tanto sul corpo, quanto sul linguaggio e sull'immagine, così da tradurre la *Körpersprache* in uno *Sprachkörper* e la *Bilderschrift* in *Schriftbilder*[19], con una soluzione chiastica che ricorda gli esperimenti di alchimia di Max Ernst e di altri artisti del Surrealismo. Ernst combinava, ad esempio, illustrazioni tratte dai romanzi a puntate, che comparivano nei periodici del XIX secolo, con immagini ricavate dai trattati di medicina, oppure ibridava corpi umani di sesso maschile e femminile con parti delle strutture architettoniche industriali o con attrezzi da lavoro presenti nelle fucine delle fonderie. Frequente era il suo uso di sovrapporre teste di animali a corpi umani[20].

Non è difficile trovare tracce di questo mondo immaginario nei testi della Zürn. Riferendosi, nel *Mann im Jasmin*, al periodo in cui era ritornata a Berlino dopo aver cercato di interrompere il rapporto con Bellmer in seguito al loro soggiorno ad Ermenonville, in una delle tante visioni dalle quali è rapita la *sie* di cui si racconta l'esperienza al confine tra salute e malattia mentale, si coglie la dimensione fantastica che inquadra l'opera grafica e pittorica di Ernst:

> Quando quelle ali nero-grigie, senza uccelli, le volano troppo dappresso, alza una mano per l'improvvisa paura e le allontana – si ritirano per un attimo verso il fondo della stanza buia, ma ritornano accanto a lei e lei si abitua lentamente a questa strana presenza, finché si accorge che quelle ali sono senza materia e volano attraverso il suo corpo eretto, quasi lei stessa fosse divenuta incorporea. È deliziata e spaventata allo stesso tempo. A ben guardare quelli esseri non hanno nulla di tremendo in sé – sono privi di occhi, di volto, e da loro emana una grande dignità, *un'inquietante serietà*, qualcosa di molto nobile[21].

Quando la Zürn scrive in questo passaggio, a proposito degli uccelli della visione, «es fehlen ihnen die Augen, die Gesichter, und es geht eine große Würde, *ein unheimlicher Ernst*, etwas Nobles von

---

19   Cfr. H. Lutz, *Schriftbilder und Bilderschriften. Zum Verhältnis von Text, Zeichnung und Schrift bei Unica Zürn*, Metzler, Stuttgart-Weimar 2003.

20   Cfr. M. E. Warlick, *Max Ernst and Alchemy. A Magician in Search of Myth*, foreword by F. Rosemont, University of Texas Press, Austin 2001, pp. 105-184.

21   U. Zürn, *L'uomo nel gelsomino*, cit., pp. 41-141, qui p. 56.

Ihnen aus»[22], si richiama senza dubbio, in modo cifrato, alla presenza ispiratrice dell'amico pittore Max Ernst[23]. Non a caso, in seguito, rincuoratasi del fatto che nessun 'ipnotizzatore' la stia condizionando a distanza, come nella scena finale del *Sandmann*, si affaccia guardando per via il mattino seguente e, scorgendo «distintamente un amico di Berlino […] grida il suo nome: ERNST!»[24].

Unica scrive *motu proprio* le vicende interiori che hanno affollato la sua vita, ricostruendone quasi nel dettaglio le pietre miliari più traumatiche, ma sembra aver assimilato allo stesso tempo alcuni modelli deputati della cultura surrealista, arrivando, per paradosso, a incarnare la pazzia della giovane donna, Nadja, raccontata dal maestro del Surrealismo André Breton[25], laddove si assume però in prima persona il ruolo della protocollante dei propri comportamenti anomali, delle proprie visioni ad occhi aperti, delle fantasie che poi si fissano sulla carta in strani disegni polimorfi. Non è perciò più sufficiente, alla luce degli studi che sono stati compiuti sulla sua personalità pubblica e privata negli ultimi vent'anni, ricondurre tutto o gran parte del suo processo creativo al rapporto osmotico con Hans Bellmer; è forse più opportuno pensare all'opera della Zürn come a un omaggio complessivo agli stilemi teorico-formali del Surrealismo e alla sua vita come a un'assunzione della *matrix* psicotica ed erotica, irrazionale e disinibita di questa corrente:

SURRÉALISME [secondo André Breton]: Automatismo psichico puro attraverso il quale ci si propone di esprimere, sia verbalmente, sia con la scrittura, sia in tutt'altra maniera, il funzionamento reale del pensiero.

---

22   U. Zürn, *Der Mann im Jasmin*, in U. Zürn, *Gesamtausgabe in fünf Bänden*, cit., Bd. 4.1 [*Prosa 3*], pp. 135-255, qui p. 152. Il corsivo è nostro.

23   Si pensi ad esempio all'opera di Max Ernst *Die Einkleidung der Braut* (1939), in cui con Surrealismo veristico-illusionistico l'artista applica la tecnica della decalcomania, diluendo il colore che viene pressato sulla superficie della tela, distribuendosi irregolarmente come su una lastra di vetro. La tela mostra una figura dell'uomo-uccello completamente ricoperto di piume fino a celare il volto e a lasciar intravvedere a malapena gli occhi, che avanza con corpo di donna denudato, accanto a un'altra figura femminile (la pittrice surrealista Leonora Carrington) e a un'altra figura di uccello, che brandisce una lancia e che ha gambe maschili.

24   U. Zürn, *L'uomo nel gelsomino*, cit., p. 57.

25   A. Breton, *Nadja*, trad. di G. Falzoni. Pref. di D. Scarpa, Einaudi, Torino 1972.

Dettato del pensiero in assenza di ogni controllo esercitato dalla ragione, al di là di ogni preoccupazione estetica o morale[26].

Helga Lutz ha ampiamente discusso nella sua monografia *Schriftbilder und Bilderschriften*[27] la qualità del rapporto dell'artista Zürn con il Surrealismo ed è giunta alla corretta conclusione che se la sua opera non ha nulla a che vedere con il «*dessin automatique*» di André Masson (1896-1987), perché non risulta da un tracciato continuo della penna a inchiostro, ma si interrompe per poi essere ripresa in mano o abbandonata[28], la sua vocazione al Surrealismo risulta dettata da una suggestione ad acquisire forme di manierismo artistico che rispondono tanto alla sua natura psicotica, quanto dall'ambiente che frequenta a Parigi. Esse assumono coloriture diverse in virtù delle evoluzioni stilistiche degli artisti che sperimentano nuove tecniche formali tra gli anni '50 e gli anni '60 del secolo scorso. Coglie, ad esempio, una certa influenza di Alfred Otto Wolfgang Schulze (1913-1951), in arte Wols[29], che come lei visse per parte della sua vita a Berlino e poi a Parigi e che era da poco morto quanto Unica raggiunse la capitale francese. Non si deve peraltro dimenticare che all'origine della fascinazione per l'evasione dal mondo del razionale e per le distorsioni che calamitano l'attenzione dell'artista c'è la pubblicazione dello psichiatra Hans Prinzhorn, *Bildnerei der Geisteskranken: ein Beitrag zur Psychologie und Psychopathologie der Gestaltung* (1922)[30] che riscosse grande successo tra artisti come Paul Klee, Kubin e il già menzionato Max Ernst:

L'intervento di Prinzhorn mirava essenzialmente a mettere a confronto, senza pregiudizi, la produzione di alcuni malati con le opere più significative della modernità nel campo delle belle arti; invitava a dedicare alle immagini dei folli un'attenzione che fosse il più possibile intuitiva; a mettere sullo stesso piano i risultati di una ricerca formale cosciente e quel che si sarebbe potuto fin troppo facilmente rifiutare per la sua provenienza

---

26   A. Breton, *Manifestes du surréalisme*. Édition complète, Societé Nouvelle des Éditions Pauvert, Paris 1979, p. 35.
27   Cfr. nota 19.
28   H. Lutz, *Schriftbilder und Bilderschriften*, cit., pp.75-84.
29   *Ivi*, p. 84-93.
30   Cfr. H. Prinzhorn, *Bildnerei der Geisteskranken: ein Beitrag zur Psychologie und Psychopathologie der Gestaltung*, Julius Springer Verlag, Berlin 1922.

patologica. Cadevano le barriere e il campo dell'arte (sotto il nome inso-
lito di *Bildnerei*, cioè opera plastica, o quasi: repertorio di immagini) si di-
latava in modo sconvolgente[31].

A cercare di mediare tra una pregiudizievole 'psicobiografia'
dell'artista Zürn, una completa identificazione della sua attività con la
suggestione surrealista e una dipendenza dal complesso pigmalionico
riferito al rapporto con Bellmer è intervenuta in tempi recenti Esra
Plumer, che ha ricostruito in modo analitico le varie fasi della ricezione del suo lavoro anche in base alle mostre personali e collettive che le
sono state tributate[32]. Ha giudicato particolarmente dannoso l'abbandonarsi della critica alla 'mitologia del femminile', così come alle interpretazioni femministe degli anni '80, in primis quella di Luce Irigaray[33], che hanno voluto limitare l'autonomia artistica della Zürn
tramite la diagnosi di una fuga dall'identità soggettiva, riferendosi
all'inscenata metamorfosi del sé corporeo, individuata come forma di
mimetismo eterodiretto.

L'arte della Zürn, in sintesi, non può essere considerata né come un
'effetto collaterale' della sua patologia psichica, né come il risultato di
un rapporto di coppia viziato da pratiche feticistiche, ma può essere
ascritta, per citare l'acuta sintesi di Starobinski, al 'manierismo' dell'arte e della scrittura, che è uno dei sintomi cardinali della schizofrenia:

> Non è tanto la scomposizione (o la dissociazione) che si propone allora
> alla nostra riflessione, ma piuttosto il suo apparente contrario: una com-
> posizione eccessiva, che si fa prendere dal proprio gioco, che si abbando-
> na al piacere del gioco, della distorsione, senza preoccupazione di finali-
> tà esterne. Non il semplice, ma il complicato, l'inutilmente e
> assurdamente complicato[34].

---

31   J. Starobinski, *Prefazione a «L'expression de la folie»*, in a cura di B. Tosatti
(a cura di), *Figure dell'anima. Arte irregolare in Europa*. Catalogo della mostra: Pavia,
Castello Visconteo, 15 gennaio-22 febbraio 1998 / Genova, Palazzo Ducale, 3 mar-
zo-14 aprile 1998, Mazzotta, Milano 1997, pp. 35-42, qui p. 35.

32   Cfr. E. Plumer, *Unica Zürn. Art, Writing and Postwar Surrealism*, I.B. Tau-
ris, London-New York 2016.

33   Cfr. *ivi*, pp. 81-89 al paragrafo *Critical Reception of Zürn in France: Irigaray's «A natal lacuna»* e L. Irigaray, *"Une lacune natale"*, in «Le Nouveau Commerce»,
62/63 (1985), 3, pp. 39-47.

34   J. Starobinski, *Prefazione a «L'expression de la folie»*, cit., p. 39.

Unica gioca continuamente con questo sé elastico, con uno sguardo – ora da miope ora da presbite – rivolto al mondo che la circonda, inscenando la sua consapevolezza circa l'inafferrabilità della verità ultima, ma scandagliando spietatamente il proprio io in cerca di tappe provvisorie, di forme di ristoro che le consentano di risemantizzare la realtà, che tenta ansiosamente di codificare con la sua arte e con la sua scrittura. L'enigma della sessualità, la minaccia percepita di diventare oggetto di un'indagine psichica, il timore dell'incipiente invecchiamento, ma soprattutto il timore dell'inganno e dell'autoinganno: tutti temi che l'artista ha cercato di gestire in autonomia, con un'acribia dispotica verso se stessa, con un inguaribile senso di colpa. Diverso è se ad analizzarne il pensiero e l'opera è uno psicoanalista, un esperto d'arte o un letterato, ma è comune la sensazione che l'unico diritto ad avere l'ultima parola su Unica Zürn sia proprio lei, Unica Zürn.

Saggi

«Das zerbrechliche launische nichtige Wesen».
Sull'inaccessibilità all'espressione nella diaristica di Franz Kafka

di Eriberto Russo

Infragilito da una vita ai margini del proprio Io, vittima e testimone inerme di quella violenta rinuncia alla verbalizzazione che viene identificata come *Sprachkrise* o *Sprachskepsis*[1], Franz Kafka, che viveva tra tre lingue (tedesco, ceco e yiddish, nonché ebraico negli ultimi anni[2]) a un crocevia di culture e dimensioni interiori, non riuscì mai

1   Cfr. G. Schwering,, *Sprachkrise' um 1900? Friedrich Nietzsche und Hugo von Hofmannsthal*, in «Nietzscheforschung», 18 (1) (2012), pp. 59-77 (consultato il 30 Sett. 2018), doi:10.1524/nifo.2011.0005.

2   La questione della lingua di Kafka è soltanto da pochi anni diventata vero e proprio oggetto di riflessione scientifica, nonostante la problematica delle sue identità territoriali e linguistiche abbiano sempre avuto una funzione di sfondo necessario per l'analisi delle sue opere; risulta, infatti, centrale la sua *Sprachbiographie* per poter accedere a taluni spunti interpretativi. Notoriamente nato e cresciuto nella Praga asburgica, Kafka utilizzava in maniera alternata, e a seconda dei contesti comunicativi, il tedesco e il ceco. Come testimoniano gli studi sulla questione linguistica nell'autore, la costruzione della sua *Sprachbiographie* si fa ben individuare all'interno di concetti come isola linguistica e idioletto (tra gli studi fondamentali ricordiamo: H. Politzer, *Problematik und Probleme der Kafka-Forschung*, in «Monatshefte für deutschen Unterricht, deutsche Sprache und Literatur», 42 (1950), pp. 273–280; K. Wagenbach, *Franz Kafka*. Reinbek b. Hambur, 1964; H. Binder (1994): *Entlarvung einer Chimäre: Die deutsche Sprachinsel Prag*, in: Godé, M/Rider, J. Le/Mayer, F. (eds.): *Allemands, Juifs et Tchèques à Prague de 1890 à 1924. / Deutsche, Juden und Tschechen in Prag 1890-1924*, Montpellier (Bibliothèque d'Études Germaniques et Centre- Européennes 1), pp. 183–209). Ulteriori riferimenti: M. Nekula, *Kafka» organische «Sprache: Sprachdiskurs als Kampfdiskurs*, in M. Engel, R. Robertson (eds.), *Kafka, Prague, and the First World War* (Kafka Oxford Studies 2), Königshausen & Neumann, Würzburg 2012, pp. 237-256; M. Nekula, *Le lingue di Kafka e il suo restare senza parole (per* an), in G. Sampaolo (a cura di), *Kafka: ibridismi: Multilinguismo, transposizioni, transgressioni*, Dipartimento di Letterature Comparate dell'Universita degli Studi Roma Tre. Macerata: Quodlibet Studio 2010, pp. 23-60; M. Nekula, *Franz Kafka's Languages. Monolingualism, bilingualism, or multilingualism of a Prague Jew?*

238 Distorsioni percettive nella *Moderne*

propriamente a superare il trauma dell'incapacità di comunicare, incamminandosi progressivamente sulla via del naufragio espressivo.

La necessità di dissimulare e demistificare il suo rapporto con la verbalizzazione delle sue impressioni del mondo e della sua quotidianità trova uno spazio eletto nella dimensione della scrittura privata, o meglio, della scrittura diaristica. Accanto alla sua imponente produzione letteraria *stricto sensu* individuiamo, infatti, i suoi diari, scritti tra il 1910 e il 1923. Questi ultimi accompagnano l'autore nel suo travaglio esistenziale e vengono in aiuto per chiarire alcune questioni, altrimenti irrisolvibili, legate alla sua produzione letteraria. L'aspetto che più sorprende della produzione diaristica dell'autore praghese è che essa risulta a volte ben più complessa delle sue opere di fantasia, in quanto a temi trattati e strutture interne. A sostegno di questa tesi va ricordata la complessa distinzione tra le due fasi della sua scrittura diaristica: da una parte abbiamo, infatti, una prima parte che trova la sua datazione tra il 1910 e il 1916 e una seconda parte che va dal 1917 all'anno della morte, il 1923.

I diari scritti tra il 1910 e il 1916 sono quelli più ricchi: è un periodo durante il quale il diario funge da vero e proprio compagno di viaggio dell'autore, pur registrando momenti di silenzio poiché «lässt sich konstatieren, dass die Intensität der Tagebuchführung nicht konstant bleibt, sondern zwischen Phasen enorm hohen Schreibpensums und Phasen nahezu völligen Verstummens der Schrift schwankt»[3]. Non è, però, soltanto il flusso dei pensieri ad arrestare il proprio movimento, bensì una più profonda e irrazionale spinta al mutismo. La parola *stumm* compare, infatti, ben presto nei diari di Kafka, come testimonia una riflessione datata 16 ottobre 1911: «Ich spiele gegen Schluß ein wenig mit sehr behaglichem Gefühl, so schaue ich mit etwas langgezogenem Gesicht und verkleinerten Augen stumm im Zimmer herum, als verfolgte ich etwas Angedeutetes ins Unsagbare»[4]. Lo scena-

in: M. Nekula, V. Bauer, A. Greule (Hrsg.), *Deutsch in multilingualen Stadtzentren Mittel- und Osteuropas. Um die Jahrhundertwende vom 19. zum 20. Jahrhundert.* Praesens Verlag, Wien 2008, pp. 15-44.; M. Nekula, *Franz Kafkas Sprachen und Sprachlosigkeit,* in «brücken» 15 (2007), pp. 99-130.

3   P. Theisson, *Die Tagebücher,* in M. Engel, B. Auerochs (Hrsg.), *Kafka Handbuch. Leben – Werk – Wirkung,* Springer Verlag, Stuttgart 2010, pp. 378 – 390, qui p. 378.

4   F. Kafka, *Tagebücher 1909-1923,* S. Fischer Verlag, Frankfurt am Main 1997, p. 52: «Verso la fine mi metto un po' a giocare col suo sentimento molto tran-

rio in cui compare l'aggettivo *stumm*, talvolta inteso come muto, altre volte come stupito o stupefatto, è quello di una giornata ordinaria, scandita però da un particolare evento connesso al padre: tutto il personale dell'attività di famiglia aveva rassegnato le dimissioni; Franz, giunta la notizia, si reca a casa di un impiegato importante, che viene identificato con una semplice F seguita da un punto (contrazione tipica dello stile kafkiano) e che aveva invitato tutti i suoi colleghi a seguirlo in una nuova azienda. L'incontro con l'impiegato e con la moglie di questi costituisce uno spunto importante di riflessione. L'azione di convincimento a ritornare nell'attività di famiglia viene descritta dettagliamente nella sua fallimentarità, sino a scontrarsi con la graniticità del suo interlocutore. «Bin aber nicht unglücklich, als ich sehe, daß es wenig Wirkung hat, und ich, statt von ihm in einem neuen Tone angesprochen zu werden, von neuem anfangen muß, in ihn hineinzureden.[…]»[5]. Si palesano, a questo punto, una certa reticenza e un disinteresse di fondo, che hanno come esito una speranza disillusa che trova nell'esausta accettazione, da parte dell'altro, di un incontro con il padre di Franz, una giusta sintesi. La descrizione di questo evento ci dà la possibilità di guardare al diario in una maniera differente. Esso non ha soltanto una funzione di registrazione di fatti, bensì diventa uno strumento grazie al quale i fatti ordinari, anche quelli meno interessanti, diventano straordinari poiché entrano in contatto con la composita interiorità di chi li descrive. Questo dialogo necessario tra interiorità ed esteriorità, tra l'ordinarietà dei fatti quotidiani e i modi in cui questi possono essere percepiti e recepiti, si configura come uno spazio in cui l'individuo che scrive riesce a fuggire da se stesso, pur tenendosi saldo sulla terra. «Ich werde das Tagebuch nicht mehr verlassen. Hier muss ich mich festhalten, denn nur hier kann ich es»[6]. Con queste, ormai celebri, parole l'autore descriveva, il 16 dicembre 1910, il legame con il suo nuovo modo di parlare: la scrittura

---

quillo e mi guardo intorno con aria stupefatta, stringendo le palpebre come chi persegue una cosa accennata fino all'indicibile» (F. Kafka, *Diari 1910-1923*, Vol. I, trad. it. di E. Pocar, Mondadori, Milano 1959, p. 91).

5   *Ibidem*: «Ma non mi sento infelice quando vedo che ciò fa poco effetto, e, anziché essere da lui interpellato con altro tono, devo ricominciare da capo a convincerlo» (F. Kafka, *Diari 1910-1923*, cit., vol. I, cit. p. 91).

6   *Ivi*, p. 80: «Non abbandonerò più il diario. Qui mi devo aggrappare, perché solo qui posso farlo» (*ivi*, p. 5).

privata. La scelta della forma diaristica come destinataria e custode delle proprie riflessioni va a inserirsi in un quadro eterogeneo, definito da una forte tendenza all' intermediarietà[7]. Il diario è, infatti, una zona di passaggio, o meglio, una zona franca in cui chi scrive è da solo e si confronta soltanto con se stesso: viene a mancare una forma dialogica intesa come interlocuzione e dunque partecipazione di due parlanti a un atto comunicativo ed emerge una forma di dialogo solipsistico che, in Kafka, spesso si avvicina a una dimensione che da un parlare tra sé e sé si approssima pericolosamente, appunto, a una forma di uno *Stummsein*.

L'episodio che Kafka annota nel suo diario il 16 ottobre 1911 costituisce un importante punto di partenza per la presente riflessione, in quanto emerge chiaramente un disinteresse alla comunicazione, che porta irrimediabilmente a uno *Schwanken* di tutto ciò che è dicibile e scrivibile. Tuttavia, all'inazione e alla noia cui tende la quotidianità dell'autore si contrappone un sentimento contrastante nei confronti di uno *Schreibdruck* da cui è impossibile fuggire, anche perché affrontarlo significherebbe, principalmente, fermarsi a riflettere sul proprio Io e sul proprio *Dasein*.

Ich habe vieles in diesen Tagen über mich nicht aufgeschrieben, teils aus Faulheit (ich schlafe jetzt so viel und fest bei Tag, ich habe während des Schlafes ein größeres Gewicht), teils aber auch aus Angst, meine Selbsterkenntnis zu verraten. Diese Angst ist berechtigt, denn endgültig durch Aufschreiben fixiert dürfte eine Selbsterkenntnis nur dann werden, wenn dies in größter Vollständigkeit bis in alle nebensächlichen Konsequenzen hinein sowie mit gänzlicher Wahrhaftigkeit geschehen könnte. Denn geschieht dies nicht – und ich bin dessen jedenfalls nicht fähig –, dann ersetzt das Aufgeschriebene nach eigener Absicht und mit der Übermacht des Fixierten das bloß allgemein Gefühlte nur in der Weise, daß das richtige Gefühl schwindet, während die Wertlosigkeit des Notierten zu spät erkannt wird.[8]

---

7   Cfr. P. Theisson, *op. cit.*, p. 380.
8   F. Kafka, *op. cit.*, p. 88: «In questi giorni non ho scritto molto di me, un po' per pigrizia (adesso dormo molto e sodo di giorno, durante il sonno peso di più) un po' per il timore di rivelare la scoperta di me stesso. È un timore giustificato perché una scoperta di sé dovrebbe essere fissata definitivamente per iscritto solo quando lo si possa fare con la massima completezza, fino in tutte le conseguenze secondarie, e con

In questa intima considerazione, datata 12 gennaio 1911 e scritta a cinque giorni di distanza dalla precedente annotazione, l'autore ammette la propria latente viltà nel confessare al diario, e quindi alla sua interiorità più profonda e rivelatrice, di aver scoperto se stesso. Tale scoperta, che vede in tedesco l'utilizzo del termine *Selbsterkenntnis*, intendibile come la possibilità di avere accesso alle forme più profonde della propria identità, non viene accolta con positività, bensì con timori e paure perché l'idea stessa della conoscenza profonda porta con sé una *gänzliche Wahrhaftigkeit,* che propone una dimensione che va oltre la stabilità e la fissità dell'Io, cui l'autore aspira senz'altro ma che considera, tuttavia, irraggiungibile. L'impossibilità di accedere alle zone più remote della sua identità, o meglio, l'incapacità di avviare un processo di *Erkenntnis* che si possa considerare 'concluso' invalida anche lo spazio della scrittura. L'indebolimento progressivo di ciò che viene scritto è inevitabile quando ci si confronta con temi così complicati, in quanto, come afferma l'autore, se non si è sicuri che ciò che viene scritto corrisponde a una verità stabile, è meglio tacere. In caso contrario, si correrebbe il rischio di perdere di vista quelle poche impressioni, poiché si ravviserebbe in ritardo l'inutilità di ciò che viene annotato, mettendo in crisi quelle poche convinzioni che sarebbero servite a giungere all'agognata *Selbsterkenntnis.*

La scrittura diaristica ha, pertanto, la capacità di alterare se stessa e i suoi contenuti, generando spazi che diventano 'altro' da sé, in cui è possibile osservare come i compositi «scenari interiori»[9] si inseriscano in un circolo dialogico con la narrazione privata. È proprio a quest'ultimo aggettivo, *privato*, che volgiamo lo sguardo quando consideriamo la dimensione più profonda della scrittura diaristica. Leggendo i diari di Kafka emerge, infatti, una questione, che si muove principalmente sul campo della diegesi e che si configura come una riflessione necessaria derivante da domande come: esiste una differenza tra il Kafka che scrive il diario e quello che emerge poi dalle parole del dia-

perfetta sincerità. Se ciò non è (e io non ne sono capace), lo scritto sostituisce, secondo la propria intenzione e con la prepotenza delle cose fissate, ciò che è sentito solo in generale, in modo che la giusta sensazione dilegua, mentre ci si accorge troppo tardi che gli appunti non hanno valore» (F. Kafka, *Diari 1910-1923*, cit., vol. I, p. 30).

9   Cit. M. Freschi, *Introduzione a Kafka*, Laterza, Roma-Bari 1993[2], p. 19.

ri?, il che equivale a chiedersi quanti Io partecipano alla narrazione privata intesa sia come atto narrativo sia come risultato della narrazione? Riflettendo sulla natura complessa della personalità di Kafka e prendendo le mosse dalle domande poste, si apre la strada a una duplice distinzione: da un lato si ha, infatti, un Io-scrivente e dall'altro un Io chiamato, per chiarezza d'intenti, Io-diaristico, intendendo con 'Io-scrivente' la totalità della persona che attua l'azione dello scrivere e con 'Io-diaristico' un rilucere dell'Io-scrivente attraverso il diario. Se l'Io-diaristico e l'Io-scrivente coincidono con la figura di Kafka, non è possibile affermare che l'Io-scrivente corrisponda totalmente all'Io-diaristico e viceversa[10].

In altre parole, le attività ricettive ed ermeneutiche dei diari kafkiani si fondano su una dicotomia nel termine 'Kafka', poiché quest'ultimo indica, a questo punto della nostra analisi, il Kafka persona, realmente esistito, e il Kafka che ci rimane cristallizzato nella forma diaristica[11]. Analizzando, però, il rapporto interiorità ed esteriorità scopriamo un ulteriore aspetto non meno importante, ovvero il fatto che l'esteriorità, o meglio l'essere un'entità comunicativa che si apre all'*Altro*, si profila come la condizione imprescindibile del diario. Quest'ultimo, in quanto testo scritto, non può essere altro che uno scritto per 'altro', perché l'essenza stessa della scrittura presuppone un lettore che possa fruirne. Al contrario, l'Io della persona Kafka, che sembrava rinchiuso in sé, ha operato un moto esternalizzante per creare quest'opera: è, anzi, lui stesso a trasfigurarsi nella scrittura[12].

L'inaccessibilità all'espressione

Scrivere di sé tramite la forma dell'annotazione dei pensieri è uno dei modi più immediati e meno pericolosi per mettersi in scena e raccontarsi: la natura monologica della scrittura diaristica permette

10   Cfr. M. Schmitz-Emans, *Franz Kafka: Epochen, Werk, Wirkung*, C.H. Beck Verlag, München 2010.

11   *Ivi*, p. 72.

12   Cfr. M. Jurgensen, *Das fiktionale Ich. Untersuchungen zum Tagebuch*, Franke Verlag, Bern 1979; A. Gräser, *Das literarische Tagebuch. Studien über Elemente des Tagebuchs als Kunstform*, West-Ost Verlag, Saarbrücken 1955; R. Görner, *Das Tagebuch*, Artemis & Winkler Verlag, München und Zürich 1989.

una certa flessibilità testuale, che nella scrittura creativa viene meno per rispondere a esigenze stilistiche o tematiche[13]. Nonostante ciò, non bisogna sottovalutare la potenza espressiva della dimensione diaristica. In un'annotazione del 29 settembre 1911, Kafka a tal proposito, scrive:

> Goethes Tagebücher. Ein Mensch, der kein Tagebuch hat, ist einem Tagebuch gegenüber in einer falschen Position. Wenn er zum Beispiel in Goethes Tagebüchern liest:»11. 1. 1797. Den ganzen Tag zu Hause mit verschiedenen Anordnungen beschäftigt«, so scheint es ihm, er selbst hätte noch niemals an einem Tag so wenig gemacht.[14]

Chi non sa cosa significa annotare i propri pensieri su un diario, potrebbe fare l'errore di valutare negativamente, o come una perdita di tempo, l'attività diaristica. Kafka redarguisce dal considerare il diario come un passatempo; una presa di posizione, la sua, che troverà conferma nell'annotazione conclusiva del 15 ottobre del 1914, quando scrive «das Tagebuch ein wenig durchblättert. Eine Art Ahnung der Organisation eines solchen Lebens bekommen»[15]. Il diario diventa, in questo senso, un modo per tenere le fila della propria vita ed è, probabilmente, anche grazie allo stesso che Kafka riesce ad avere un flebile senso di cosa sia la vita poiché, nel disordine del quotidiano, i pensieri scritti nel diario si cristallizzano e diventano ricordi costantemente accessibili, che l'autore può, pertanto, ripercorrere muovendosi tra le pagine.

Oltre a configurarsi come una forma scrittoria che ambisce a dipanare le controversie interiori legate alla ricerca dell'ipseità, la diaristica di Kafka è connotata anche da una rappresentazione trasfigurata della dimensione del quotidiano. Quest'ultima attraversa, infatti, i limiti verbali e paraverbali per generare un altrove in cui ciò che si configura come quotidiano si mette in moto e si stratifi-

---

13   Cfr. P. Theisson, *op.cit.*, pp. 378 ss.
14   F. Kafka, *op.cit.*, p. 24: «Diari di Goethe. Un uomo che non ha un diario si trova, di fronte a un diario, in una posizione sbagliata. Quando, ad esempio, legge nei diari di Goethe: '11.1.1797. Occupato tutto il giorno in casa a ordinare varie cose', gli sembra di non aver mai fatto tanto poco in una giornata». (Cit. F. Kafka, *Diari 1910-1923*, cit., vol. I, p. 59).
15   *Ibidem*.

ca, fino a giungere nello spazio del 'letterario'[16]. Se il testo letterario, però, possiede un potenziale sociologico ed editoriale, quello
diaristico non nasce e non intende configurarsi come sociologica-
mente fruibile all'esterno.

Il fatto che le annotazioni di Kafka siano state paragonate, per temi
e stili, ai suoi lavori letterari *tout court*, non destabilizza quelli che
sono gli intenti autoriali: Kafka scriveva per se stesso, o meglio, per
mettersi in dialogo con se stesso e, attraverso quel cercarsi così tortuo-
so, arrivare alla scrittura.

> Endlich nach fünf Monaten meines Lebens, in denen ich nichts konnte
> womit ich zufrieden gewesen wäre und die mir keine Macht ersetzen
> wird, trotzdem alle dazu verpflichtet wären, komme ich auf den Einfall
> wieder einmal mich anzusprechen. Darauf antwortete ich noch immer,
> wenn ich mich wirklich fragte, hier war noch immer etwas aus mir her-
> auszuschlagen, aus diesem Strohhaufen, der ich seit fünf Monaten bin
> und dessen Schicksal es zu sein scheint, im Sommer angezündet zu wer-
> den und zu verbrennen, rascher als der Zuschauer mit den Augen blin-
> zelt[17].

Chiuso nella sua solitudine linguistica pacata eppur ribelle, l'autore ci comunica un importante avvenimento: dopo cinque mesi è riuscito, finalmente, a rimettersi in dialogo con se stesso. Sorprende e sal-
ta immediatamente all'occhio la struttura riflessiva *mich anzusprechen*,
laddove un'apertura a un *mich* mistificato si accompagna a una costruzione infinitiva che prolunga, nello spazio e nel tempo, la capacità
dialettica di formularsi e plasmarsi nella comunicazione. In questo
scontrarsi e ritrovarsi nella parola, Kafka si paragona a uno *Strohhaufen* destinato a bruciare vertiginosamente, allo stesso modo della sua
capacità di scrivere e parlare. Con questa rappresentazione simbolica

---

16   Cfr. S. von Ginski, *Imaginationsprozesse. Verfahren phantastischen Erzählen
in Franz Kafkas Frühwerk,* De Gruyter Verlag, Berlin 2004, p. 178.
17   F. Kafka, *op.cit.*, p. 5: «Finalmente, dopo cinque anni in cui non potei scrivere niente di cui potessi essere contento e che nessun potere mi rifonderà, benché
tutti vi sarebbero obbligati, mi viene l'idea di rivolgere un'altra volta la parola a me
stesso. Ho pur sempre risposto quando m'interrogavo sul serio, c'era sempre qualcosa da cavare da me, da questo mucchio di paglia che sono da cinque mesi, e che, a
quanto pare, è destinato a essere acceso d'estate e a bruciare più rapidamente di un
batter d'occhio» (Cit. F. Kafka, *Diari 1910-1923*, cit., vol. I, p. 5).

del destino tragico cui l'autore si autocondanna tramite l'efficace metafora dello *Strohhaufen*, si giunge a una forma di immobilizzazione del pensiero. Quest'ultimo, infatti, pur provando a muoversi, deve rimodularsi in base alla propria volontà reale di volersi parlare e di rappresentare se stesso in dialogo con l'esterno.

La conversazione cui Kafka si dedica non ha un interlocutore diretto se non quell'Io cristallizzato cui ci siamo riferiti in precedenza. Siamo, pertanto, di fronte a una forma di monologo dialogizzato che si modella sull'idea della comunicazione orale, senza uscire mai dalla propria dimensione scritta. Il tono di confessione che si sottende a un'annotazione diaristica si defila fino a neutralizzarsi e a presentarsi come una commistione comunicativa: un'oralità, appunto, scrittoria, determinata dall'assenza delle caratteristiche essenziali della comunicazione orale e da una forma oralizzata della comunicazione scritta.

In questa impossibilità di definire la scrittura e l'oralità nelle loro forme pure, troviamo abbozzata una prima forma di quella *Sprachverlust* che da impossibilità di espressione giungerà alla proclamazione della *Nichtigkeit* del proprio Io.

Mein Zustand ist nicht Unglück, aber er ist auch nicht Glück, nicht Gleichgültigkeit nicht Schwäche, nicht Ermüdung, nicht anderes Interesse, also was ist er denn? Daß ich das nicht weiß hängt wohl mit meiner Unfähigkeit zu schreiben zusammen. Und diese glaube ich zu verstehn, ohne ihren Grund zu kennen. Alle Dinge nämlich die mir einfallen, fallen mir nicht von der Wurzel aus ein, sondern erst irgendwo gegen ihre Mitte[18].

Dalle periferie del disagio identitario si snoda una delle riflessioni più lucide e umanamente feroci di Franz Kafka sulla propria condizione nel mondo. Facendo muovere l'elucubrazione sul terreno della polisemia della parola *Glück*, che indica sia la felicità che la

---

18   F. Kafka, *op. cit.*, p. 5: «Il mio stato non è infelicità ma non è nemmeno felicità, non indifferenza, non debolezza, non spossatezza, non interessamento diverso, che cos'è dunque? Se non lo so dipende, credo, dalla mia incapacità di scrivere. E questa credo di capirla senza conoscerne il fondamento. Infatti tutte le idee che mi vengono non mi vengono dalla loro radice, ma soltanto da qualche punto verso la metà.» (F. Kafka, *Diari 1910-1923*, Vol. I, p. 6).

fortuna, l'autore del diario si stacca dal proprio Io e procede osservandosi quasi da lontano, generando un nuovo occhio incorporeo che agisce in una duplice direzione: da una parte esso scruta se stesso e dall'altra scruta il corpo e l'anima martoriati di Kafka, cercando di aiutare l'uomo Kafka a individuare delle ragioni alla sensazione cronica e indefinibile di sospensione che l'Io-diaristico ha confessato. In un susseguirsi di rifrazioni speculari che portano Kafka a eliminare la possibilità che la sua condizione possa prestarsi a una definizione ingannevole e sommaria come l'*Unglück*, egli affida alla domanda retorica «also was ist er denn?» il compito di introdurre quella che è la sua personale risposta. Attribuendo la colpa di tutto all'incapacità di scrivere, Kafka prende le distanze dal tono intimo adottato in precedenza, in cui emergeva la sua fragilità di individuo, e si inscena, impersonando un soggetto tormentato dall'impossibilità di accedere alla propria scrittura. Si innesca, tramite quest'affermazione di inaccessibilità, un processo reticolare che dalla dimensione individuale – quella nella quale e dalla quale ci si interroga sulla natura della condizione in cui versa l'autore – conduce a una dimensione che gravita intorno all' immagine della *Unzugänglichkeit.* È quest'ultimo un motivo ricorrente nella produzione narrativa di Kafka, che, come il *Kreisel* che il filosofo dell'aforisma kafkiano non riesce a bloccare senza arrestarne il movimento, l'autore ha sempre tematizzato e, tuttavia, rifuggito. All'inaccessibilità sensoriale e percettiva si affianca quella linguistica, che, in quanto elemento senza il quale diventa inattuabile la creazione artistica, si traduce in una *desperatio* senza esiti, che precipita in un inanellamento di movimenti interni ed esterni profondamente impenetrabili.

Agli spazi profondi e irraggiungibili Kafka dedica la sezione finale della sua breve riflessione. Ci troviamo nuovamente di fronte a una forma di inaccessibilità, che si mostra, questa volta, nell'immagine della *Wurzel.* La capacità di comprendere l'incapacità di scrivere, senza poter disporre della piena intelligibilità di tale *Unfähigkeit,* porta l'autore a evidenziare un importante aspetto: i pensieri non sembrano, infatti, generarsi partendo dalle loro fondamenta, bensì in un luogo più o meno definibile nelle prossimità mediane della stessa.

« [...] dann auf dem Rückweg Maxens Klagen über mein Stummsein, dann die Selbstmordlust, dann die Schwester vom Elternabend zurückgekommen, unfähig das geringste zu berichten. Bis 10 im Bett, schlaflos, Leid und Leid»[19]. L'annotazione del 15 febbraio del 1914 rappresenta un importante passaggio. Se, in precedenza, l'infelicità e la sfortuna sembravano discendere da un'inaccessibilità allo spazio della scrittura, Kafka descrive ora un commento dall'esterno, rappresentato da Max Brod. L'Io diaristico si pone in una condizione di ascolto rassegnato e ravvede nell'osservazione di Brod le caratteristiche di un lamento. L'immediatezza comunicativa viene esaltata dalla presenza di due composti, *Stummsein* e *Selbstmordlust*, e il *Klagen*, recuperato alla fine dell'annotazione tramite la ripetizione del termine *Leid*, unito dalla congiunzione *und*, che rievoca un'ancestrale dimensione biblica.

Il 18 settembre del 1917 il diario presenta una sola frase: «alles zerreißen»[20]. In questa frase carica di tensioni, Kafka emerge nella sua volontà di reagire e distruggere tutto, o forse, il suo personale tempio di Gerusalemme. Come quest'ultimo, luogo sacro e sacrificale più volte distrutto, Kafka dichiara la necessità di distrugger(si).

Il giorno successivo, il 19 settembre, Kafka scrive:

Es ist das Alter der Wunde, mehr als ihre Tiefe und Wucherung, das ihre Schmerzhaftigkeit ausmacht. Immer wieder im gleichen Wundkanal aufgerissen werden, die zahllose operierte Wunde wieder in Behandlung genommen sehn, das ist das Arge. Das zerbrechliche launische nichtige Wesen [...][21].

La traslazione semantica di termini ed espressioni come *Tiefe, Wucherung, Schmerzhaftigkeit, Wundkanal, in Behandlung genommen sehen*, utilizzati nella loro qualità di espressioni specialistiche, crea un ponte tra l'esperienza umana, e quindi la malattia, l'inaccessibilità espressiva e la scrittura. Sfuggire alla parola quotidiana per sostituirla

---

19   F. Kafka, *op.cit.*, p. 400: «[...] poi ritornando a casa, lamentele di Max per il mio mutismo e per la mia voglia di suicidio, ritornata poi mia sorella dalla riunione coi genitori, incapace di raccontare alcunché. Fino alle 10 a letto, insonne, dolore e dolore» (F. Kafka, *Diari 1910-1923*, cit., vol. II, p. 22).

20   F. Kafka, *op. cit.*, p. 519: «Lacerare ogni cosa» (F. Kafka, *Diari 1910-1923*, cit., vol. II, p. 181).

21   *Ibidem*: «L'età della ferita, più della sua profondità e del suo propagarsi, ne costituisce la dolorosità. Essere continuamente squarciato nel medesimo canale della ferita, veder nuovamente medicata la ferità già operata infinite volte, è questo il guaio. L'essere fragile, lunatico, nullo» (F. Kafka, *Diari 1910-1923*, cit., vol. II, p. 182).

con il tecnicismo sembra essere un modo per divincolarsi dal legame alla purezza della scrittura. La forza immaginativa cede il passo alla prosaicità di una quotidianità fatta di malattia e sangue. E se è vero che la letteratura riesce a sospendere la morte, come dimostrano gli studi di Blanchot su Kafka[22], è anche vero che la malattia, sia essa fisica o spirituale, non può non emergere nello spazio intimo della scrittura diaristica.

Non è dunque un caso che uno scrittore cagionevole utilizzi una serie di metafore mediche per esprimere un disagio. Quest'ultimo è tuttavia evidente e si mostra all'esterno come una ferita profonda e piena di escrescenze che si riapre e si rimargina senza sosta. È una mano esterna a curare e a operare: Kafka lo rimarca utilizzando il verbo *sehen* subito dopo l'espressione *in Behandlung genommen,* quasi a volersi deresponsabilizzare e a istituirsi come spettatore immobile del proprio declino.

La frase finale della citazione riecheggia quasi come un motto e un invito a riflettere sulla sostanza dell'Io. Quello stesso Io che abbiamo a più riprese descritto come scisso e multiforme trova ora una propria definizione nella paradigmatica osservazione di Kafka: «das zerbrechliche launische nichtige Wesen». Tra i due aggettivi connotati da una tendenza alla negatività troneggia *launisch*, che se da una parte viene inglobato nel senso complessivo di crollo, dall'altra apre la strada a un altrove in cui l'Io è mutevole eppure schiacciato dalla fragilità e dalla nullità della propria morfologia.

Conclusioni

La scrittura diaristica kafkiana, alla luce delle riflessioni del presente contributo, si configura come un modo per esprimere ed esternare un conflitto interiore, che si profila da una parte come incapacità di accedere alle fonti primarie dell'espressione e dall'altra come un vero e proprio scarto conoscitivo, ovvero un'incapacità di descrivere il proprio Io e le proprie esperienze con la stabilità di chi è riuscito a giungere a una completa *Selbsterkenntnis*. Il solo riuscire a definire l'i-

---

22   Cfr. M. Blanchot, *Da Kafka a Kafka*, trad. it di R. Ferrara, D. Grange Fiori, G. Patrizi, L. Prato Caruso, G. Urso, G. Zanobetti, Feltrinelli, Milano 1983.

dea di una *Selbsterkenntnis* provoca uno spostamento dell'attenzione: Kafka non riesce a fare i conti con l'impossibilità di poter scrivere di essersi scoperto senza vivere con il timore di banalizzare le conseguenze di una tale espressione.

Dopo aver analizzato delle riflessioni kafkiane inerenti all'impossibilità di riconoscere e scoprire se stesso, il presente contributo passa in rassegna alcuni dei più significativi passaggi diaristici dell'autore, in cui l'inaccessibilità alla *Selbsterkenntnis* si traduce in una dimensione in cui domina l'incapacità di accedere all'espressione, e quindi al dialogo con l'esterno. L'espressione diventa, pertanto, un macigno che, se da un canto costituisce un bisogno che risponde allo *Schreibdruck*, dall'altro definisce i contorni di una dimensione che non gli sembrerà mai totalmente familiare.

Opera e *Lied* nella *Montagna magica* di Thomas Mann

di Roberto Russi

1. Forse nessun altro scrittore del Novecento è stato così immerso nella musica come Thomas Mann. Dall'educazione giovanile (suona il violino) ai primi racconti, dai saggi sull'arte e sulla politica ai grandi romanzi, dalla consuetudine dell'ascolto all'amicizia con musicisti e musicologi, tutta la vita e l'opera di Mann sono scandite da una passione totalizzante per la musica, tale da spingerlo addirittura a dichiararsi «un musicista trasferito alla letteratura»[1]. E certamente nessun altro scrittore tedesco, dopo Hoffmann, ha riflettuto tanto a lungo, con vastità di competenze unita a profondità di pensiero, sull'uso della musica nella letteratura, stimolato dalle aporie e dal contraddittorio dualismo che sembrano caratterizzare l'arte dei suoni in ogni momento della sua storia: la qualità insieme sensibile e soprasensibile, la compresenza di «rigore e sogno, moralità e magia, ragione e sentimento, giorno e notte», arrovellandosi da sempre «sull'enigma della sua essenza»[2]. Dualismo e aporie che sono anche la cifra costante del pensiero e della poetica di Mann; è quindi naturale incontrare nella sua opera ogni tipo di riferimento alla musica, dall'accenno a margine alla più profonda tematizzazione.

La musica – sostiene Mann – è, per eccellenza, il momento della *Innerlichkeit*, e proprio la vocazione dell'anima tedesca a interrogarsi nel profondo ha permesso di ottenere importanti conquiste nel campo del pensiero e dell'arte. Tuttavia, in questa stessa virtù si cela minaccioso il suo contrario lato oscuro e – in nuce, come suo frutto radicale – anche la fine della civiltà (incarnata per Mann nell'avvento

1 Cit. in G. Di Stefano, *La vita come musica. Il mito romantico del musicista nella letteratura tedesca*, Marsilio, Venezia 1991, p. 175, da Th. Mann, *Briefe*, III, hrsg von E. Man, Fischer, Frankfurt am Main 1961-65, p. 581.

2 Cit. in *ibidem*, da Th. Mann, *Die Sendung der Musik*, in Id., *Rede und Antwort*, Fischer, Frankfurt am Main 1984, p. 413.

del Nazismo). Già a partire da Hoffmann l'anelito all'assoluto musicale sembra nascondere, nella sua indeterminatezza fascinosa, quella drammatica ambivalenza che tanto spesso si incontra nelle pagine degli scrittori romantici: la musica può essere immagine e soglia di un ordine superiore, al di fuori del mondo, ma anche incontrollabile risveglio di oscure potenze demoniache; in ogni caso, chi è posseduto da queste forze fosche non sembra più capace di ritrovare un equilibrio, né in sé, né fuori di sé[3].

Ma da dove arriva questa coscienza divisa? L'artista romantico sta finalmente conquistando la propria libertà all'interno dell'ordine sociale costituito (che poi è sempre più quello borghese), ma a quale prezzo? Probabilmente il Taugenichts[4] di Joseph von Eichendorff è l'unico esempio letterario di musicante buono a nulla e vagabondo, che vive in totale armonia con la natura e l'essere. Per il resto, si tratta per lo più di asceti, esclusi, introversi se non addirittura folli, attraverso i quali la letteratura senz'altro erige la musica a paradigma di qualcosa che è più universale, ma insieme si interroga sul ruolo dell'artista in una comunità i cui meccanismi sociali tendono ad accentuare la separazione tra mondo esterno e sfera dell'interiorità: ciò che nelle *Betrachtungen eines Unpolitischen* (1918) Mann spesso chiama 'vita' e 'spirito'. A cosa serve dunque l'arte? E l'artista? Soprattutto la musica: oltre a regalare qualche momento di svago edificante al borghese laborioso, qual è il suo ruolo sociale produttivo? Sembra impossibile liberarsi delle aporie: sia che i princìpi vengano considerati inconciliabili (come in Schopenhauer la *volontà* e la *rappresentazione*); sia che si tenti di integrarli l'uno nell'altro (Apollo e Dioniso in Nietzsche: con risvolti nell'arte, nella politica e nel sociale)[5]; sia infine che il ritorno all'unità originaria preannunci il

---

3   Cfr. *ivi*, pp. 246-247.

4   Protagonista del romanzo *Aus dem Leben eines Taugenichts* (1826), a cui Mann dedica alcune belle pagine delle *Betrachtungen eines Unpolitischen*, all'inizio del capitolo *Von der Tugend*.

5   Cfr. R. Russi, *Le voci di Dioniso. Il dionisismo novecentesco e le trasposizioni musicali delle "Baccanti"*, EDT-De Sono, Torino 2009, pp. 1-24. È soprattutto a partire da Nietzsche, che la musica diviene una questione estetica e filosofica dominante, accentuando il suo doppio carattere: da una parte, promessa di unità, sul piano psichico, estetico, politico; dall'altra, specie dopo la rottura del filosofo con Wagner, pericoloso agente della decadenza. Inoltre, proprio sull'onda di questo fascino am-

desiderio di redenzione dell'umanità, e la restituzione all'arte – alla musica soprattutto – del suo ruolo sacro primitivo (come nel *Gesamtkunstwerk* wagneriano)[6]. Ecco dunque che la musica, proprio per le sue qualità intrinseche, diventa un elemento essenziale del serrato, e non privo esso stesso di ambiguità, dibattuto tra la *Kultur* e la *Zivilisation*. Ecco, ancora, la tormentata posizione di Mann, che da una parte sembra rifiutare il ruolo dell'artista come educatore e politico, insieme a quello dell'esteta[7]; dall'altra però rivendica per lo stesso artista uno statuto speciale, il compito di tenere deste le coscienze, ed evoca la componente mitica e religiosa dell'arte[8], sia pure per giustificare l'attaccamento alla sostanza della società borghese e all'immagine di un artista che comunque la rappresenta[9]. Sullo sfondo la consapevolezza sempre maggiore che esiste un sinistro nesso tra arte e barbarie, fino a ipotizzare che l'una possa diventare il rovescio dell'altra. È infatti lo stesso cammino di emancipazione dell'arte (esemplificato nella musica) che cela in sé una carica ideologica perturbante, capace di ritorcere l'ansia di assoluto nel mistico vagheggiamento dell'unione tra *Führer* e *Volk*, o il sogno di liberazione in un miraggio di dominio[10]. Il potere che la musica può avere nel fondere e plasmare un popolo è del resto sottolineato anche dal cancelliere Bismarck, in un discorso del 1892, nell'enfasi attribuita

biguo e pieno di mistero che emana dalla persona e dall'opera, lo stesso Wagner assurge in breve a figura principe della letteratura europea tra la fine dell'Ottocento e l'inizio del Novecento.

6   Mann avrà con Wagner un complesso rapporto di amore/odio, che si svilupperà in modo continuo lungo tutto l'arco della sua opera, cfr. T. Picard, *Procès de la musique et de la civilisation dans le Doktor Faustus de Thomas Mann*, in M.H. Quéval (édité par), *Doktor Faustus de Thomas Mann*, Editions du Temps, Nantes 2003, p. 147.

7   Si pensi all'invettiva, perfino grottesca nella sua violenza, contro d'Annunzio, lo scrittore che per Mann è opulento, politico, retore, demagogo e guerrafondaio, cfr. Th. Mann, *Betrachtungen eines Unpolitischen*, Fischer, Berlin 1918, trad. it. di M. Marianelli e M. Ingenmey, *Considerazioni di un impolitico*, Adelphi, Milano 2005³, pp. 573-574.

8   Cfr. *ivi*, pp. 535-580.

9   Cfr. G. Schiavoni, *Thomas Mann e la musica di Leverkühn*, in «Nuova Corrente», 75 (1978), pp. 29-41.

10   Cfr. G. Di Stefano, *La vita come musica*, cit., p. 245.

al ruolo che la scienza, l'arte, e soprattutto la musica tedesca, hanno avuto nell'unificazione della Germania[11].

2. Ancora nelle *Betrachtungen eines Unpolitischen* (1918), "libro di guerra" conservatore, antidemocratico, per molti versi imbarazzante e sgradevole[12], ma anche «il libro-chiave di tutto Mann […] zibaldone di ideologia, di odio e di amore»[13], Mann dedica ampio spazio e accenti appassionati all'opera *Palestrina* (1917) di Hans Pfitzner, che ha per tema la necessità di conservare il senso del passato all'interno dei mutamenti inevitabili imposti dalla storia, e narra la vicenda del musicista che «diventa il "salvatore della musica" con un gesto insieme creativo e conservatore»[14]. Mann vede in Pfitzner una sorta di *alter ego*, per la comune consapevolezza di essere gli epigoni di un'epoca ormai al tramonto: l'epoca romantica: «La sua simpatia non va al nuovo ma all'antico, non al futuro ma al passato, non alla vita ma… Non so quale ritrosia mi trattenga dal concludere la frase con la parola che è formula e definizione di fondo di ogni romanticismo»[15]. Lo scrittore qui allude naturalmente anche alla propria *Sympathie mit dem Tode* che, come nel *Palestrina*, esprime l'amore per un'ombra: il genio ispiratore racchiuso non nella vita, che mette di fronte alla contingenza, e spinge a consumare l'energia nell'ebbrezza dell'attimo, a disperderla; ma custodito nella morte, che stimola all'immaginazione, alla *Sehnsucht*, all'anelito verso un ricongiungimento impossibile, che accende la fantasia e l'ispirazione. Palestrina – e Mann con lui – «non è un principio ma una fine […], lo sguardo della malinconia, lo sguardo all'indietro […] amore volto all'indietro o piuttosto verso il basso, verso il mondo delle ombre», e la sua particolare maniera di produrre è «quella del pessimismo, della rassegnazione, della nostalgia, la maniera dei

11   Cfr. H. R. Vaget, *"Politically Suspect". Music on the Magic Mountain*, in Id. (ed.), *Thomas Mann's "The Magic Mountain". A Case Book*, Oxford University Press, Oxford-New York, p. 134.

12   Cfr. E. Alessiato, *Arte e politica nelle Considerazioni di un Impolitico di Thomas Mann*, in «Scienza & Politica», 43 (2010), p. 73.

13   M. Freschi, *Thomas Mann*, Il Mulino, Bologna 2015, p. 89.

14   Th. Mann, *Betrachtungen*, cit., p. 423. Secondo la tradizione, che è quasi una leggenda, Giovanni Pierluigi detto Palestrina avrebbe preservato l'autonomia della musica liturgica, avversata dal Concilio di Trento, componendo una messa polifonica (la *Missa Papae Marcelli*), capace di sposare le richieste della Controriforma senza rinunciare alla libertà e alle conquiste maturate nella sua storia dal linguaggio musicale.

15   *Ivi*, p. 424.

romantici»[16]. *Sympathie mit dem Tode* è per Mann la formula di ogni romanticismo, e insieme la sua parola finale, non è progresso né virtù ma – come nel caso di Palestrina, ultimo rappresentante di un'epoca e tuttavia compositore originale – è pur sempre una «simpatia creatrice»[17] che riguarda, prima di tutto, il problema del rapporto col passato, e più in generale col tempo[18]: si tratta di intessere un dialogo proficuo con il passato[19], e la musica si offre, ancora una volta, come mediatrice ideale[20].

La *Sympathie mit dem Tode* torna come punto di volta dello *Zauberberg*, forse l'opera più ermetica e complessa di Mann, in cui anche la musica gioca un ruolo importante. Innanzitutto c'è naturalmente Wagner, che influisce soprattutto sulla struttura del romanzo. Da una parte, infatti, lo scrittore si rivolge alla metafisica del tempo espressa nel *Parsifal* (1882): «Du siehst, mein Sohn, zum Raum wird hier die Zeit»[21], secondo quel procedimento di fitte relazioni reciproche fra tempo e spazio tanto caro alla poetica di Mann[22]; dall'altra, continua il gioco delle reminiscenze interne, delle espressioni ricorrenti e dei richiami tematici e testuali già sperimentato nel *Tristan* (1903), e che si ispira liberamente al sistema wagneriano dei *Leitmotive*. Nel tempo sospeso del sanatorio Mann tenta di intrecciare un dialogo tra ciò che è propriamente tedesco e ciò che non lo è, tra *Kultur* e *Zivilisation*,

16   *Ivi*, p. 425.

17   *Ivi*, p. 427. Ennesimo tassello della «dialettica tutta manniana tra la fascinosa attrazione della morte e l'affettuoso amore per la vita» (M. Freschi, *Thomas Mann*, cit., p. 111).

18   È lo stesso problema che si pone Proust. Rispetto a Mann il punto di partenza e quello di arrivo sono completamente differenti; ciò che forse li accomuna è l'uso letterario dell'immagine musicale come strumento di conoscenza e modello per la costruzione narrativa.

19   E Mann, interessato alle sorti della *Kultur* tedesca, scorge «nel mondo romantico e in quello *nazionale* una sola e comune forza ideale» (Th. Mann, *Betrachtungen*, cit., p. 428).

20   Anche perché la musica rappresenta – per Mann – il volto più autentico della *Kultur* tedesca: «l'arte impolitica per eccellenza contrapposta orgogliosamente alla politica e alla democrazia portate avanti dalla *Zivilisation* trionfante negli altri paesi europei» (G. Di Stefano, *La vita come musica*, cit., pp. 180-181).

21   Con queste parole Gurnemanz si rivolge a Parsifal nel primo atto dell'opera.

22   Cfr. E. Wickerson, *The Architecture of Narrative Time. Thomas Mann and the Problems of Modern Narrative*, Oxford University Press, Oxford-New York 2017, pp. 21-22.

musica e letteratura; insomma, ancora una volta ci troviamo di fronte all'intero repertorio delle ambivalenze manniane in cerca di unità e, insieme, al tentativo di autosuperamento (*Selbstüberwindung*) della tradizione romantica. E chi si accinge all'impresa non è un musicista, ma un ascoltatore, un ascoltatore particolarmente ricettivo: Hans Castorp, l'ingegnere, il borghese rispettabile, aperto però alle curiosità dello spirito. Nel sanatorio di Berghof, in cui risiede a lungo, vivrà il suo romanzo di formazione confrontandosi con due opposti e ambigui personaggi: l'umanista democratico Settembrini (interprete della *Zivilisation*), e il teocratico conservatore Naphta, ai quali si contrappone l'enigmatica Clawdia Chauchat, una donna sensuale che incarna il lato perturbante della natura dionisiaca. Il vero confronto con la *Sympathie mit dem Tode* e il suo superamento, però, non gli verrà dall'esempio dei suoi educatori, ma da un intimo desiderio di investigare e dall'esperienza, che culminerà appunto in un ascolto musicale.

3. La parte del settimo capitolo (siamo quasi alla fine del romanzo) intitolata "Dovizia di armonie" si apre con la notizia dell'acquisto, da parte della direzione del sanatorio, di un grammofono, descritto con una certa enfasi come «una cornucopia che dispensava all'anima un profluvio di lieti e gravi godimenti artistici»[23]; subito dopo, nel discorso di circostanza del consigliere Behrens, viene definito addirittura: «La fedeltà alla musica in forma moderna e meccanica. L'anima tedesca up to date»[24]. Assieme allo straordinario strumento della tecnica[25] ci sono anche moltissimi dischi, che offrono un esaustivo panorama sulla storia della musica di ogni epoca, stile e provenienza. Castorp è subito «compenetrato dal nettissimo presagio di una nuova passione, di un nuovo incantamento, di un fardello d'amore»[26], e in breve diviene il più assiduo fruitore delle melodie dispensate dal grammofono, che di solito ascolta nella notte. La magica e seducente notte romantica, che attraverso il canto dell'Orfeo meccanico, custode della vita e

---

23   Th. Mann, *Der Zauberberg*, Fischer, Berlin 1924, trad. it. di R. Colorni, *La montagna magica*, a cura di L. Crescenzi, I Meridiani, Mondadori, Milano 2011, p. 948.

24   *Ivi*, pp. 949-950.

25   Perfino anacronistico nella sua modernità rispetto all'epoca in cui il romanzo è ambientato, cfr. S. Bub, *Phonograph und Grammophon bei Thomas Mann und Michel Leiris*, in «KulturPoetik», 8, 1 (2008), p. 63.

26   Th. Mann, *Der Zauberberg*, trad. it., cit., p. 953.

della morte, e l'incontro con le molte anime della musica, condurrà Castorp lungo la sua personale *Winterreise*.

Tra tutti i dischi, ce ne sono alcuni che vengono ascoltati più spesso e assumono una funzione esplicitamente simbolica: ricordano alcuni momenti dell'esperienza di Castorp sulla montagna magica, ne sanciscono la presa di coscienza e il superamento. Il primo brano è il finale dell'*Aida* (1871) di Verdi[27]. Il destino di amore e morte che unisce Aida e Radames fa sentire a Castorp tutto il potere trascendente della musica: «La vittoriosa idealità della musica, dell'arte, dell'animo umano, l'alto e irrefutabile abbellimento che essi concedono all'orribile volgarità delle cose reali»[28]. Anche qui c'è un *Liebestod*, un ricongiungimento dell'amore nella morte come nel wagneriano *Tristan und Isolde* (1865), ma questo sembra fare a meno della carica erotica e passionale, per sciogliersi in un puro atto contemplativo, nella bellezza consolatrice del canto che contiene una promessa di eternità. Non a caso – mi sembra – Mann sottolinea che l'anima del solitario ascoltatore notturno viene conquistata nel profondo «per via delle circostanze, ma anche per la loro espressione musicale»[29] che affascinano nel profondo dell'anima il solitario ascoltatore notturno. Il rapporto tra le *circostanze* (la sorte oggettiva e terribile degli amanti), e l'*espressione musicale* che quelle dissolve e trasfigura, può infatti indicare simbolicamente per Castorp il primo passo verso una riconciliazione dei princìpi contrapposti di vita e spirito; una *Verklärung* dell'esistenza realizzabile, ancora secondo il pensiero di Schopenhauer, nella caratteristica capacità di sublimare che appartiene solo all'arte. Inoltre, col tempo, nelle riflessioni di Mann, Giuseppe Verdi incarnerà sempre più il modello di una possibile sintesi tra *Kultur* e *Zivilisation*[30].

---

27   Cantata in italiano, specifica Mann, e non è una precisazione inutile, era infatti prassi abbastanza comune eseguire e incidere opere in lingue diverse dall'originale, secondo la disponibilità degli interpreti. In questo caso, però, tutte le prime storiche incisioni dell'*Aida* (1906/1907, 1909/1910, 1912, 1919) sono state realizzate a Milano in lingua italiana.

28   Th. Mann, *Der Zauberberg*, trad. it., cit., p. 962.

29   *Ivi*, p. 961.

30   Cfr. E. Galvan, *"Verdi, una sorgente primigenia, risulta talvolta tedesco, a paragone di Puccini". Riflessioni su Thomas Mann e Giuseppe Verdi*, in M. Engelhardt, P. Petrobelli, A. Venturelli (a cura di), *Verdi e la cultura tedesca – La cultura tedesca e Verdi*, Istituto Nazionale di Studi Verdiani, Parma 2003, pp. 178-179.

Il secondo tassello di questa *Bildung* musicale è costituito da un brano sinfonico: «un idillio raffinato»[31], il narratore ne tace il titolo, ma possiamo indovinare che si tratta del *Prélude à l'après-midi d'un Faune* (1895) di Claude Debussy. La sua pacifica atmosfera (Mann sembra non voler tenere in nessuna considerazione le ambiguità per nulla conciliate della scrittura debussiana) è particolarmente adatta a «irretire l'anima in una trama di sogno»[32], e dunque Castorp abbandona la sua fantasia a un torpore pieno di immagini: egli stesso è un fauno spensierato, immerso nella natura in una magica pienezza «per un attimo fugace che però, nel suo perfetto e gioioso appagamento, recava in sé l'eternità»[33]. L'attimo fuggevole coinvolge l'eternità, nel mondo sognato da Castorp sull'onda della musica regnava infatti:

> l'oblio, la beata immobilità, l'innocenza di un mondo senza tempo: era la dissolutezza in perfetta buona coscienza, apoteosi ideale di un'assoluta negazione dell'imperativo occidentale della vita attiva, e il senso di pace che scaturiva da tutto questo rendeva quel disco più caro di tanti altri al musicante notturno[34].

Il tempo si fa spazio ancora una volta, rimane sospeso nell'innocenza del momento eterno, lontano dall'*imperativo occidentale di essere attivi*. Castorp si ritrova ancora di fronte l'incantata trasformazione del tempo che avvolge la montagna, così lontana dall'incessante affaccendarsi della pianura borghese. All'inizio del romanzo Settembrini aveva messo in guardia il giovane, dichiarandola "politicamente sospetta", proprio dal pericolo insito nella musica, dalla sua indifferenza e irresponsabilità, che invitano alla fuga dal reale agendo come una droga[35]. Ma in questo idillio sinfonico Mann non sente nulla di oppiaceo, né di demoniaco. La suggestione sonora evoca piuttosto il perfetto stato di solitudine creativa dello spirito (il fauno suona un flauto di legno, che diventa la voce stessa della natura), particolarmente affine all'animo dell'artista. È un'altra tappa del viaggio di Castorp, la *Ver-*

---

31 Th. Mann, *Der Zauberberg*, trad. it., cit., p. 962.
32 *Ivi*, p. 963.
33 *Ivi*, p. 964.
34 *Ibidem*.
35 *Ivi*, pp. 164-166.

klärung, che Schopenhauer immagina, finalmente compiuta; anch'essa però dovrà essere superata, in quanto troppo lontana dall'uomo.

Con il terzo pezzo si torna all'opera: la *Carmen* (1875) di Georges Bizet, e la simbologia si fa più scoperta. Siamo nel secondo atto, un segnale militare richiama José ai suoi doveri; il soldato deve andare, ma Carmen non vuole capire, nella zingara c'era infatti «un odio, un antagonismo primordiale rispetto al principio che [...] s'imponeva richiamando il piccolo soldato innamorato, mentre la suprema, innata e sovrapersonale ambizione che lei nutriva era di trionfare su quel principio»[36]. Quello che Castorp ascolta è l'appello del mondo (con le sue responsabilità e i suoi doveri), che però subisce il profondo fascino di una vita nella sua primigenia forma selvaggia, così lontana dagli ideali borghesi eppure così irresistibile[37]. José è Castorp, Carmen è Clawdia, la forza dionisiaca del mito che induce il giovane a uno slancio erotico e passionale. Al momento dell'incontro, durante la festa notturna di carnevale[38], l'arrivo della donna trasforma lo *Zauberberg* in una sorta di *Venusberg*, dove il potere mitologico e ambiguo di Clawdia-*Venus* trascina Castorp in un autentico vortice wagneriano. Tra loro i due parlano in francese, che per Castorp significa «parler sans parler, [...] sans responsabilité, ou comme nous parlons en rêve»[39]. In queste nuove coordinate dello spazio e del tempo, anche la sua allucinata dichiarazione d'amore è ancora fortemente allusiva a Wagner, con quel «je t'ai aimée de tout temps, car tu es le Toi de ma vie, mon rêve, mon sort, mon envie, mon éternel desir [...]. Le corps, l'amour, la mort, ces trois ne font qu'un»[40], che richiama alla memoria le atmosfere visionarie del *Tristan und Isolde*. Negli ascolti notturni al grammofono, invece, il posto di Wagner è stato preso da Bizet, mentre a Schopenhauer comincia a sovrapporsi Nietzsche[41],

---

36   *Ivi*, p. 966.

37   Cfr. C. Bolzan, *La seduzione mortale. Simboli e tematiche musicali nella Montagna incantata di Thomas Mann*, in «Diastema», 10 (1995), p. 23.

38   Nella parte conclusiva del quinto capitolo intitolata significativamente *Walpurgisnacht*, che richiama anche un altro nume tutelare del romanzo, il Goethe del *Faust* e del *Wilhelm Meister*.

39   Th. Mann, *Der Zauberberg*, trad. it., cit., p. 497.

40   *Ivi*, p. 504.

41   In *Der Fall Wagner* (1888) Nietzsche propone proprio la *Carmen* come alternativa mediterranea al wagnerismo. Nel Goethe und Schiller Archiv di Weimar

attraverso un'opera che gioca con la profondità del mondo senza esserne mai divorata, mettendo in scena il dionisiaco sotto gli auspici
dell'apollineo. Lo spirito che afferma la vita nella mediazione dell'arte, lo sguardo di Carmen/Clawdia, che ha fatto perdere José/Ca-
storp, mostrandogli però anche un altro possibile rapporto con la
vita: come cantano prima la zingara, poi il coro, nel finale del secondo atto: «Offen die Welt – nicht Sorgen drucken; / unbegrenzt dein
Vaterland! / Nur dein Wille gilt als höchste Macht»[42]; per Castorp
un'altra tappa della *Selbstüberwindung*.

Il quarto brano è ancora tratto da un'opera francese, e ancora una
volta Mann ne tace il titolo: è l'*Invocation* di Valentin dal secondo
atto del *Faust* (1859) di Charles Gounod[43]. Castorp è profondamente commosso da quest'ascolto, perché identifica il personaggio che
sta per essere ucciso in battaglia con il cugino Joachim, anch'egli soldato, morto da poco di tisi al Berghof. Valentin promette, anche dal
cielo, di vegliare sulla sorella Marguerite, questo pensiero colpisce
molto la fantasia di Castorp, che immagina il cugino – Mann però
non ce lo dice esplicitamente – guardarlo dal mondo dei morti dove
adesso dimora[44]. L'aria di Valentin ritorna, poco più avanti nel ro-

---

(Signatur GSA 71/392) è conservato uno spartito per canto e pianoforte della *Carmen*
con numerose annotazioni di pugno del filosofo. Lo spartito, pubblicato da Choudens
a Parigi nel 1877, ma acquistato a Milano, contiene curiosamente il testo nella versione ritmica italiana di Achille de Lauzières e la traduzione tedesca di D. Louis, pseudonimo di Julius Hopp (cfr. M. Lorenz, *Die Metaphysik-Kritik in Nietzsches Carmen-Rezeption*, Königshausen & Neumann, Würzburg 2005, pp. 16-18).

42   Th. Mann, *Der Zauberberg*, Fischer, Frankfurt/M. 2004, p. 893. Nel libretto francese si legge: «Le ciel ouvert! la vie errante, / pour pays l'univers, pour loi sa
volonté»; Castorp ascolta probabilmente la prima registrazione discografica della
Carmen, realizzata nel 1908 e cantata in tedesco. Mann cita dal libretto utilizzando
proprio la traduzione di Hopp. Senza forzare troppo la lettura del testo si può notare
la curiosa simultaneità di due parole chiave del lessico nietzschiano, anche nell'ambito del pensiero sull'arte: *Wille* e *Macht*. E per Nietzsche la Carmen danzante di quella
stessa scena è proprio autentica espressione del *Wille zur Macht* (cfr. M. Lorenz, *Die
Metaphysik-Kritik in Nietzsches Carmen-Rezeption*, cit., pp. 84-85).

43   Anche questo brano è cantato in tedesco nella traduzione di J. Behr, e anche in questo caso la prima incisione dell'opera, realizzata nel 1908, è in tedesco.
L'edizione dell'aria che però probabilmente Mann ha sotto mano è quella del barito-
no Joseph Schwarz del 1919 (cfr. V. Mertens, *Groß ist das Geheimnis. Thomas Mann
und die Musik*, Militzke Verlag, Leipzig 2006, p. 271).

44   Th. Mann, *Der Zauberberg*, trad. it., cit., p. 968.

manzo, durante una seduta spiritica a cui Castorp prende parte. La voce baritonale a cui era stato immedesimato evoca Joachim, tuttavia Castorp rimane molto scosso dallo sguardo che il cugino gli rivolge, e abbandona in fretta la stanza[45]. È questo un altro momento di confronto con la *Sympathie mit dem Tode*. Castorp era molto legato a Joachim e lo ricorda con nostalgia, a tal punto da richiamarlo a sé con l'immaginazione attraverso la preghiera musicale di Valentin. Quando però è il canto dello stesso Orfeo meccanico a evocare l'ombra del cugino, l'emozione è troppo forte: Castorp non riesce a parlargli, ma può solo chiedergli perdono. Il giovane si rende conto di essersi spinto troppo oltre in una inclinazione che, attraverso l'ascolto di un altro piccolo pezzo di musica, ha nel frattempo compiuto la sua esperienza più importante.

4. L'ultimo brano è forse il favorito. Non è italiano né francese, ma tipicamente tedesco: *Der Lindenbaum*, il quinto *Lied*[46] del ciclo *Winterreise* (1827) di Franz Schubert, su testi di Wilhelm Müller[47]. La storia del *Lied* come genere musicale si confonde con la storia della nazione tedesca, raccoglie in sé la comune spiritualità di un popolo e la proiezione dell'idea stessa di identità nazionale, sia da un punto di vista politico sia culturale[48]. *Der Lindenbaum* è, sotto questo aspetto, davvero esemplare, poiché i suoi connotati sono tali da poter essere considerato un autentico prototipo del *Lied* romantico. Vi si ritrova, infatti, un'ispirazione di stampo schiettamente popolare, accanto alla mano sicura del compositore, che crea un capolavoro di straordinaria quanto apparente semplicità. Mann, lasciandosi alle spalle Wagner, ritorna alle origini e considera questo *Lied* come il più autentico pro-

45   *Ivi*, pp. 641-643.

46   *Lied* è parola prettamente germanica e intraducibile. *Romanza* o *Canzone* (parola che ho comunque scelto per il titolo di questo articolo) non ne rendono per nulla la specificità. Dal punto di vista del testo si tratta di "poesia per musica", nella sua accezione più nobile.

47   L'esecuzione, sia pure anacronistica rispetto alla vicenda del romanzo, è quella incisa nel 1923 dal tenore Richard Tauber, di cui Mann parla in una lettera a Agnes E. Meyer del 1943, e ancora più esplicitamente in una lettera a Robert Bolster del 1949, cfr. Ch. Vratz, *Die Partitur als Wortgefüge Sprachliches Musizieren in literarischen Texten zwischen Romantik und Gegenwart*, Königshausen & Neumann, Würzburg 2002, pp. 181-182.

48   Cfr. R. Di Benedetto, *Romanticismo e scuole nazionali nell'Ottocento*, EDT, Torino 2012, p. 55.

dotto di quella *Sympathie mit dem Tode* che rappresenta l'essenza stessa della cultura romantica, di cui lo scrittore si considera un ultimo
portavoce. Il *Lindenbaum* è dunque simbolo di un mondo a Mann
fortemente connaturato, e la *quête* del suo *semplice* e *simpatico* eroe
consiste proprio nell'acquisire il necessario senso critico per affrontare quel mondo e contrapporgli i dubbi della coscienza. La *Sympathie
mit dem Tode* è un vincolo con il passato, è il mondo del *Lied*, il Romanticismo, la stessa storia della Germania; un passato che Mann
condivide pienamente, ma che contiene il senso di un'identità messa
in crisi dalle trasformazioni sociali e politiche dell'Europa contemporanea. Questo *Lied* simboleggia anche l'escursione di Castorp sulla
neve[49], lo smarrirsi nella tormenta e la visione (apollinea e dionisiaca
insieme) dell'utopia di un'umanità nuova, di una *Sympathie mit dem
Leben* conquistabile attraverso la cognizione di un amore per il mondo, la fuga dalle insidie del lato oscuro irrazionale, e la vittoria su se
stessi: «L'uomo è signore delle antitesi, queste esistono grazie a lui, e
dunque è più nobile di loro»[50]. È forte qui in Mann l'influsso di
Nietzsche, di una emancipazione dal mondo romantico-wagneriano
realizzata attraverso una *Selbstüberwindung* dall'interno di quello
stesso mondo[51]. Compresa tra la via a un nuovo Umanesimo (che
Mann vede indicata da Goethe) e le insidie del Romanticismo, la *Selbstüberwindung*, che il romanzo invoca come l'unica vera possibilità di
riconciliare gli opposti, non va dunque intesa come il ripudio di un'intera *Kultur* in nome della *Zivilisation* (è la proposta di Settembrini),
ma come presa di coscienza dolorosa e problematica di una generale
crisi dei valori[52]. Mann è sostanzialmente un conservatore, ma anche
un ascoltatore ricettivo allo stesso modo del suo personaggio, che in-
tuisce, nel sogno durante la sua *Winterreise*, e poi comprende, nell'a-
scolto della *Winterreise* schubertiana che racchiude in sé tutto lo spirito germanico, l'immagine di un'umanità più bella fondata
sull'equilibrio tra la profondità e la superficie o, nelle parole di
Nietzsche, tra l'ebbrezza dionisiaca e l'equilibrio apollineo.

---

49   Narrata nella parte del sesto capitolo che si intitola appunto "Neve".
50   Th. Mann, *Der Zauberberg*, trad. it., cit., p. 733.
51   Cfr. C. Bolzan, *La seduzione mortale*, cit., pp. 24-25; G. Di Stefano, *La vita
come musica*, cit., p. 185.
52   Cfr. C. Bolzan, *La seduzione mortale*, cit., p. 28.

Il punto di volta della *quête* di Castorp, e insieme la sua meta, è proprio nel confronto con quella civiltà romantica, incarnata da Mann nel piccolo *Lied* schubertiano: tesa sull'abisso dell'esistenza e persa in un continuo vagabondare che possa sciogliere l'assillante interrogativo sul senso della scissione, che anela al giorno, ma è sedotta dal richiamo della notte. In questa tappa del suo percorso Mann pensa che, all'apparente impossibilità per l'uomo occidentale di ricomporre questo profondo dualismo[53], possa essere opposto il gioco consapevole con la *Sympathie mit dem Tode* e con il suo frutto ideale che: «puro ristoro dell'animo, gustato al momento giusto, diffondeva nell'ingiusto attimo seguente marciume e rovina nell'umanità che lo assaporava»[54].

Il *Lindenbaum* rappresenta dunque l'intreccio tutto romantico di morte e vita, già così sentito nelle opere di Wackenroder e Hoffmann. È il racconto di una fuga notturna, nella neve, in cui la natura come entità perturbante, l'immagine del desiderio e la *Sehnsucht* svolgono un ruolo centrale. Il tempo del *Lied* è quello della memoria: «Nun bin ich manche Stende / Entfernt von jenem Ort»[55] [vv. 21-22], e il tiglio rappresenta l'anello di congiunzione tra passato e presente: da una parte infatti garantisce il piacere del ricordo: «Ich träumt' in seinem Schatten / So manchen süssen Traum» [vv. 3-4], dall'altra invece attrae a sé con la promessa di un messaggio da consegnare: «Und seine Zweige rauschten, / Als riefen sie mir zu» [vv. 13-14]. Ma si tratta di un messaggio ambiguo: «Komm her zu mir, Geselle, / Hier find'st du deine Ruh'!» [vv. 15-16], perché la voce del tiglio è accompagnata dallo scatenarsi delle forze della natura: «Die kalten Winde bliesen / Mir grad' in's Angesicht» [vv. 17-18], che richiamano perfettamente la tempesta di neve nel bosco in cui Castorp si è smarrito. L'offerta di pacificazione è dunque ingannevole: sono forze infere quelle che cercano di sottrarre il viandante al suo cammino, è la seduzione della *Sympathie mit dem Tode* che lo risucchia a sé. L'unico modo per sfuggire a questa rappresentazione mitica del demoniaco, è di opporle un altro *topos* mitico, quello di un Orfeo moderno che non si volge indietro, e

53   Hermann Hesse si rivolgerà infatti alle filosofie e al pensiero religioso orientali.
54   Th. Mann, *Der Zauberberg*, trad. it., cit., p. 973.
55   W. Müller, *Der Lindenbaum*, cit. in C. Lo Presti, *Franz Schubert. Il viandante e gli Inferi. Trasformazioni del mito nel Lied schubertiano*, Le Lettere, Torino 1995, p. 256.

pur non ritrovando la pace sceglie comunque la *Sympathie mit dem Leben*: «Der Hut flog mir vom Kopfe, / Ich wendete mich nicht [vv. 19-20]. Il *Wanderer* si trova a lottare per la vita, che nel seguito del suo viaggio interrogherà attraverso il suo spirito, per riceverne i segni e leggere nella loro continua ambiguità: «Und immer hör' ich's rauschen: / du fändest Ruhe dort!» [vv. 23-24][56]. La sua sarà allora una *quête* conoscitiva (come quella di Castorp) attraverso la *Selbstüberwindung* della *Sympathie mit dem Tode* in *Sympathie mit dem Leben*, nell'intreccio indissolubile di morte e vita; anche Castorp sceglierà di seguire i segni e di interrogarsi sul senso del suo viaggio. Nel pensiero di Mann, il *Lied* incarna la sintesi suprema tra pulsione della volontà e solarità della forma: vita e spirito riconciliati nell'arte. Dal punto di vista musicale *Der Lindenbaum* testimonia del confronto con le aporie, e del tentativo di ottenerne una sintesi, anche attraverso la capacità connettiva delle formule di *Bewegung* utilizzate nella parte pianistica, tipica caratteristica dello stile schubertiano. In questo modo infatti, Schubert tiene insieme il senso della continuità narrativa, e conserva l'unità di base con leggere trasformazioni delle figure principali, realizzando un senso di permanenza nella variazione facilmente percepibile all'ascolto[57].

Infine, la struttura ternaria del *Lied*, la ripetizione insistita della linea del canto, e il ritorno ciclico delle stesse figure, identiche o variate, nella parte pianistica, favoriscono nell'ascoltatore notturno e ricettivo una composita percezione del tempo. Infatti da una parte, nell'immobilità sospesa della montagna magica la musica contribuisce a combattere l'assuefazione, a dare un ordine al divenire attraverso le sue suddivisioni, a svegliare il tempo, e l'ascoltatore al senso del tempo[58], dall'altra, mediante il gioco interno delle relazioni tra i vari elementi, mantiene aperto col passato un dialogo continuo e attuale. Ed è proprio questa capacità di interagire col tempo che Mann assegna anche alla letteratura quando la voce narrante afferma: «Il tempo è l'e-

---

56   Cfr. *ivi*, pp. 156-159.

57   Schubert è il primo che fa dell'immobilità e della permanenza nella variazione un valore compositivo, e soprattutto nella liederistica il pianoforte si esprime di solito secondo formule e modelli ricorrenti, spesso con piccole varianti, particolarmente adatti a organizzare e condurre il discorso narrativo.

58   Cfr. Th. Mann, *Der Zauberberg*, trad. it., cit., p. 166.

lemento del racconto»[59] allo stesso modo in cui lo è della vita e della musica[60]. Il racconto, la vita e la musica – continua Mann – per mostrarsi hanno infatti bisogno del tempo. Ma l'arte che più di ogni altra può interagire col tempo e restituircene un'immagine più completa e fedele, anche per la sua capacità di integrare in sé l'immagine della musica, è proprio la letteratura.

Nel confrontarsi con le aporie della modernità, dietro al tentativo di conciliare vita e spirito, dentro il rapporto ambiguo tra *Kultur* romantica e *Zivilisation*, Mann tende sempre a difendere il primato dell'arte[61] come interprete dell'uomo e del mondo, e l'identità dell'artista messa in crisi da una società che sembra continuamente rimettere in discussione l'utilità stessa di tale ruolo[62]. In questo sforzo non mancano i passi falsi e le contraddizioni, che lasciano molti problemi insoluti e dubbi irrisolti. Ma per contro, nel grande affresco della civiltà al crepuscolo, che Mann rappresenta con il suo pensiero e la sua opera di scrittore, la musica si lega indissolubilmente all'eterna domanda sullo scopo dell'arte. E forse l'immagine di Hans Castorp che esce dal romanzo andando incontro alla guerra mentre rievoca a mezza voce la melodia del piccolo *Lied* schubertiano, lì dove il tiglio sembra stia per confidare qualcosa al viaggiatore: «Und sei-ne Zweige rau-uschten / Als rie-fen sie mir zu…»[63] forse, il senso di quell'immagine così ambigua e perturbante è davvero contenuto nel tempo di una canzone.

59   *Ivi*, p. 801.
60   La parte iniziale del settimo capitolo, intitolata "Passeggiata sulla spiaggia", è dedicata a una lunga riflessione sull'uso del tempo in musica e in letteratura.
61   Cfr. M. Freschi, *Thomas Mann*, cit., p. 99.
62   Anche se ciò comporta una concezione ancora fortemente elitaria e fondamentalmente conservatrice dell'arte e dell'artista.
63   Th. Mann, *Der Zauberberg*, trad. it., cit., p. 1069.

Recensioni

Arturo Larcati – Klemens Renoldner – Martina Wörgötter (a cura di), *Stefan Zweig. Handbuch*, De Gruyter, Berlin-Boston, 2018, 1004 pp., 199.95 Euro.

Negli anni Venti e Trenta del secolo scorso Stefan Zweig (Vienna 1881- Petrópolis 1942) divenne uno degli autori di lingua tedesca più letti e tradotti al mondo. Mentre gli scritti di Franz Kafka restavano invenduti in un periodo di crisi economica mondiale, le opere di Zweig, quali la raccolta di saggi *Drei Meister* (1920) e il primo ciclo di novelle psicologiche *Amok* (1922), le miniature storiche *Sternstunden der Menschheit* (1927) e le biografie storiche, come la vita del dispotico politico *Joseph Fouché* (1929) ottennero un inaspettato successo delle vendite, se, persino l'autore, nella sua autobiografia *Die Welt von Gestern* (1942) parlò di *un ospite che non avevo mai atteso: il successo.* Thomas Mann, che pure non di rado castigò lo scrittore viennese con la ferula del moralista, riconobbe la sua *fama leggendaria*, una *gloria letteraria* – disse – *che giungeva nei più riposti angoli della terra.* Tuttavia, dopo la seconda guerra mondiale, la fortuna letteraria di Zweig subì un'inversione di rotta, per motivi ideologici legati prima alla situazione politica austriaca postbellica, poi al dissenso generato dal suo suicidio negli intellettuali emigrati del Terzo Reich, che lo resero sul mercato editoriale internazionale un *unbrauchbarer Toter* (Zelewitz, 803). Zweig è stato riscoperto nel 1981, in occasione del centenario della sua nascita, celebrato dall'editore S. Fischer con una nuova edizione dei *Gesammelte Werke in Einzelbänden*, arricchiti di articoli, saggi e discorsi inediti, attestandosi in cima alla classifica degli autori più venduti, dopo Thomas Mann e Arthur Schnitzler (Höfle,

804). Nel cinquantesimo anniversario della morte si è riaperto il dibattito sullo scrittore con una serie di conferenze internazionali e mostre che hanno preso l'avvio da Salisburgo, sua patria elettiva dopo la Grande Guerra tra il 1919 e il 1934, e si sono poi moltiplicate in tutta Europa e oltre oceano, dando spunto a nuove pubblicazioni monografiche e a cataloghi che ricollocano Zweig nella galassia dei rappresentanti della *Wiener Moderne*. Dall'inizio del 2000 l'opera di Zweig sta rivivendo una sensazionale riscoperta, un imponente fenomeno editoriale che in Italia e all'estero è confermato da un inarrestabile numero di ristampe e nuove traduzioni, favorito anche dalla scadenza dei diritti d'autore nel febbraio 2012. Nel 2017 la casa editrice viennese Zsolnay ha avviato un'edizione commentata delle opere in prosa, che sarà a disposizione degli studiosi nel 2022, e ha curato la piattaforma Zweigdigital del Literaturarchiv Salzburg. Dal 2008 lo Stefan Zweig Zentrum Salzburg, diretto da Klemens Renoldner, promuove la ricerca zweighiana nell'ambito di aspetti sistematici e biografici, documenti, testi finora trascurati o sconosciuti dell'autore e dà impulso a nuovi orizzonti di studio mediante un costante monitoraggio della recezione internazionale. Oggi l'istituto salisburghese offre un importante contributo al rinascimento zweighiano con il nuovo *Stefan Zweig Handbuch*, curato da tre esperti della Zweig-Forschung, Klemens Renoldner, Arturo Larcati – prossimo Direttore dello Stefan Zweig Center – e Martina Wörgötter. Il volume, già presentato a Salisburgo, al Brecht Haus di Berlino e alla German Studies Association di Pittsburgh, consta di oltre mille pagine, in cui sessantasette studiosi di diverse nazionalità hanno documentato gli esiti delle loro indagini in spazi ancora inesplorati dell'universo zweighiano. Lo *Handbuch* – spiega Larcati – è nato nell' ambizioso intento di fornire ai germanisti in un unico testo compatto il più completo e originale contributo scientifico della Zweig-Forschung, che scaturisce da sette anni di ricerche e studi negli archivi di Fredonia, Marbach, Gerusalemme e Salisburgo per portare alla luce nuovi materiali e illuminare aspetti inconsueti della personalità dello scrittore, che, se a giusta ragione è stato riconosciuto come insuperato maestro della novella, va apprezzato altresì come eccelso biografo di grandi personaggi della storia e della cultura europea, come autore di fitti carteggi con scrittori e intellettuali, come traduttore dal francese e dall'italiano (Baudelaire, Verlaine, Verhaeren, Rolland, Pirandello), come critico letterario, come curatore di classici quali Balzac. Il manuale zweighiano si presenta un'opera di agevole consultazione scientifica fondata su un rigoroso impianto metodologico nella sua articolazione in sette capitoli tematici, corredati da una corposa appendice comprendente l'indice delle opere, della letteratura critica e dei film, il registro delle persone e degli autori. La prima parte, *Biografie* (1-42), – così come avrebbe fatto Zweig – è dedicata al ritratto dello scrittore con l'intento di aprire scenari diversi della sua vita e del suo carattere, talvolta da lui stesso lasciati nell'ombra: gli eventi dell'infanzia e dell'adolescenza che influenzarono la sua psiche e il suo essere, in specie, il difficile rapporto con la madre, che affiora drammaticamente nella raccolta di novelle *Erstes Erlebnis* (1911), in particolare nel racconto *Brennendes Geheimnis* (1911); gli anni della *Bohème* e degli albori poetici troppo spesso sottovalutati; il rapporto conflittuale con Hugo von Hofmannstahl; la grande svolta pacifista già durante la prima guerra mondiale, che in questa sede viene relativizzata. La seconda parte, *Literarische und kulturhistorische Voraussetzungen* (43-86) inserisce Zweig nel contesto culturale della *Wiener Moderne* e dello *Jung Wien* – sebbene l'autore sia da considerare come una figura epigonale del circolo poetico inaugurato da Hermann Bahr – ricostruendo le relazioni dello scrittore con i maggiori esponenti della *koinè* intellettuale viennese, da Bahr stesso, a Hofmannstahl, Rilke, Schnitzler, Karl Kraus, che non gli risparmiò i suoi velenosi strali. Particolarmente interessanti si rivelano il paragrafo sulla psicologia e sul singolare sodalizio scientifico-letterario con Sigmund Freud e il paragrafo sulla letteratura dell'esilio, che costituisce il vero lascito spirituale dello scrittore suicida. La terza parte, *Das Werk* (103-618), forma il cuore del volume, nella sua estesa e dettagliata illustrazione delle opere liriche, drammaturgiche, degli scritti in prosa, della pubblicistica e saggistica, dei diari, dei discorsi internazionali tra le due guerre, degli esperimenti cinematografici e delle traduzioni filmiche delle novelle rappresenta uno *Handbuch* nello *Handbuch*. I curatori e gli studiosi hanno sentito in questo caso l'esigenza di recuperare testi dimenticati – circa centocinquanta liriche e alcuni drammi – e di lasciar emergere il pensiero politico ed estetico di Zweig mediante i suoi lavori biografici, in cui raffigurò, immedesimandovisi, la tipologia dello spirito europeo, e inoltre i carteggi, i viaggi internazionali per divulgare la cultura della pace. Per la prima volta ogni opera è stata analizzata singolarmente, collocata nella sua storia editoriale e nella sua alterna fortuna fino al 2018, che svela ancora macchie bianche sulla carta geografica della critica e del pubblico di Zweig, amato in Francia, in Italia, in Cina, in Israele, in Brasile e in genere in America Latina e nel mondo anglosassone, ma ancora ignorato in Giappone e trascurato in Africa, nonostante le numerose traduzioni. Lo *Handbuch* rappresenta un'eccellente base di dati per la futura ricerca germanistica e prospetta al contempo nuove visioni del "mondo" zweighiano. Infatti, nella quarta e quinta parte, *Literatur, Kunst und Kultur* (625-702) e *Geschichte, Politik und Gesellschaft* (709-773), vengono affrontati insoliti aspetti sistematici dell'opera e della *Weltanschauung* dello scrittore, per esempio lo stile e la simbologia. Sotto la voce *Utopia* viene proposta una nuova lettura di *Die Welt von Gestern*, in cui si intende dimostrare che Zweig non fu il nostalgico autore di un'utopia regressiva, bensì fu un figlio del suo tempo e del suo declinante impero, uno scrittore visionario che sognò mondi esotici in cui trapiantare i semi fertili della tramontata civiltà europea (si pensi al *Parallelbuch Brasilien. Ein Land der Zukunft*, 1941), seguendo le orme di Theodor Herzka (*Freiland. Ein Zukunftsbild*, 1890) e del suo mentore Theodor Herzl (*Altneuland*, 1902). I capitoli sesto e settimo, *Rezeption* (783-806) e *Editionsgeschichte* (814-846) testimoniano di un interesse crescente e diffuso verso l'opera e la personalità di Stefan Zweig. Invidiato per la dilagante popolarità in momenti critici della storia mondiale, esiliato dall'Europa come *persona non grata*, ingenerosamente denigrato come autore di bestseller o di melense opere di consumo, Zweig ispira ai nostri giorni pellicole cinematografiche e serie televisive per la sua raffinata capacità psicanalitica di scandagliare e rappresentare l'animo umano. Forse la recente notorietà di Zweig presso il grande pubblico mediante pellicole quali *The Grand Budapest Hotel* di Wes Anderson (2014) e *Vor der Morgenröte di* Maria Schrader (2016) ha spinto i curatori a rinunziare a una narrazione iconica della vita dello scrittore e a rivelare con un approccio multiprospettico concentrato esclusivamente sulla sua scrittura nuove sfaccettature del volto di un autore in parte ancora misterioso.

Paola Paumgardhen

Abstracts

Francesco Rossi, «Traum» e «Gesicht» in *Giorni e opere* di Stefan George

Days and Deeds (*Tage und Taten*) embodies an ambivalence that is typical for the practice of putting the modern Poetic Self in relation to its present form. This contribution aims to analyse this unique short prose collection by Stefan George in the general framework of the vision devices which are peculiar to German *Moderne* and their perceptive paradigms, with particular reference to oneiric symbolism and physiognomy. This allows to reconsider the question of the modernity of George's poetics with regard to the shaping of perception and its distortions. The key concepts that here lead to the understanding of the collection as a whole are *Traum*, i.e. dream, and *Gesicht*, which in George's poetic idiom means "face", "vision" and also "view".

Maurizio Pirro, Soggettività e ibridazioni percettive nella scrittura di Richard Dehmel

Richard Dehmel stands out within the 'fin de siècle' cultural plurality for his radical symbolism, animated by the sharpness of the poet's perception. To Dehmel the typical symbolistic principle, according to which every object mirrors and refracts the others in a relation of correspondence with no continuity, does not require subjectivity to get lost in a multitude of divergent, incompatible impressions, as it happens in Mach and in some of Bahr's, Schnitzler's and Hofmannsthal's critical writing. Dehmel projects the power to semantise reality onto the sensitive ability of the aesthetic individual. Such power draws from the premise that the symbol is the most suitable device to represent totality aesthetically with the aid of the fruitful associative connections it creates. This essay aims at summing up Dehmel's theoretical writing on the matter, as well as to investigate how the aspiration to synesthetic empowering of the poetical word takes shape in a systematic hybridization between the sensorial fields.

Alessandro Fambrini, Sabba elettrici. Corpo, mente e visione nel fantastico tedesco del primo Novecento
The revival of the *Schauerroman* in the 1910s is marked by a mixture of elements resulting, on one hand, from the 19th century romantic, irrational and occultist-esoteric traditions and, on the other one, from positivistic culture and concepts, i.e. the scientific and technological innovations and the psychical and psychological analytical investigations at the beginning of the century. In the works of authors like Hanns Heinz Ewers, (1871-1943), Karl Hans Strobl (1877-1946), or the group who edited *Der Orchideengarten* (1918-1921), fantastic impulses gathered and prompted 'deceptive' visions of reality. The goal of such writers was to grasp the sensation of other realms of reality where to get in touch beyond the common perception of the world, through an enhancement of artificial, chemical, alchemical or technological nature, and whereby the Modern and the Premodern conflated into each other. This contribution aims at analyzing Strobl's 1900s and 1910s works as well as some short stories by other authors of the same period.

Lorella Bosco, Vibrazioni, superfici, linee, forme: la riflessione sulle arti nel primo Hugo Ball
The paper investigates Hugo Ball's aesthetic reflection on Modern art in his early essayistic works, starting from his reception of Futurist paintings (*Die Reise nach Dresden*, 1913) and Kandinsky (the lecture held in 1917) over his engagement with Wedekinds (1914) and Rudolf von Labans theatrical breakthroughs. By exceeding the conventional categories of vision and perception, and introducing the issue of energy and 'presence', Modern art undermines the linear understanding of time and the traditional notion of space and spatiality.

Isabella Ferron, «Das Ich als Brennpunkt»? Distorsione e percezione nell'arte di Oskar Kokoschka
The present paper aims at investigating the role that perceptual distortion had in Oskar Kokoschka's (1886-1980) drama and painting. He was

considered one of the most representative expressionist artists but his use of such device has a different meaning in the representation of reality. As it emerges from the analysis of his first drama *Mörder, Hoffnung der Frauen* (*Murderer, Hope of Women*) and his picture *Windsbraut* (*The Bride of Wind*), he uses distortions and deformations to re-signify reality. In this process a big role is played by the sight and the human body.

Isolde Schiffermüller, Le distorsioni del volto. I ritratti nei diari di Franz Kafka
Peter von Matt opens and closes his *Literaturgeschichte des menschlichen Gesichts* (1983) with portraits taken from Franz Kafka's diary which bear witness to a radical crisis of perception. These portraits, mainly found in the annotations of the years 1910-1912, represent one of the main impulses of Kafka's writing in which a facial detail can become the symbol for an age. This paper aims at analyzing the perceptive distortions which characterize Kafka's annotations, focusing in particular on the concept of *Entstellung*, which has a central role in Walter Benjamin's poetics.

Marco Castellari, Distorsioni cerebrali. *Ithaka* di Gottfried Benn come esperimento drammatico
Starting from the discussion of the premiere of *Ithaka* (Landestheater Darmstadt 1967) and its context, the paper contends that the piece, written by Gottfried Benn half a century earlier, cannot be merely read as an essayistic dialogue about scientific debates of the late 19th and early 20th centuries, as an autobiographic showdown behind the mask of Dr. Rönne or even as a sombre anticipation of Nazism. In fact, a close reading of the text and its multi-layered, masterly dramatic construction shows the avant-gardist openness of *Ithaka*, which can be considered as a theatrical experiment: the author tests on fictitious characters affected by 'cerebral distortions', reflecting disparate tendencies of the *fin-de-siècle* epistemology and philosophy, and observes the consequences of such a collision up to its tragic ending.

Stefania Sbarra, Il personaggio di Rönne in *Gehirne* di Gottfried Benn: un passeggiatore solo a spasso per la città invisibile
Dr. Werff Rönne, the protagonist of Gottfried Benn's novella cycle *Gehirne* (1916), is a sort of solitary walker in occupied Brussels during

World War I. Described by Helmut Lethen as the «eye of the hurricane», Brussels is hardly mentioned in Benn's prose and the metropolitan dimension of the setting seems to be marginalized as well. Rönne is from the beginning of the cycle intellectually bankrupt, which prevents him from being a "blasé" *à la* Simmel, while Brussels is rather the stage of a «mise-en scene of the protagonist's psychic state» (Huyssen). Focussing on the intersections between science, philosophy and poetics in some of Benn's early works (*Gespräch, Unter der Großhirnrinde*) thematically connected to Rönne's development, this paper shows how the delimited urban space in *Gehirne* is only the first step towards the aesthetic experience of the dissolution of the limits (*Entgrenzung*) in the project of a 'new syntax'.

Micaela Latini, Le forme dello spirito. La poetica artistica di Franz Marc e il destino animale
This paper intends to investigate, within the coordinates of the expressionist movement *Der blaue Reiter*, Franz Marc's art (1880-1916) in a constant and significant comparison between the visual and theoretical dimensions of his work (see also his correspondence with Else Lasker-Schüler, as well as his war writings). In line with Kandinsky's position, Franz Marc believes each shape possesses its own 'content-force'. Far from being objective content, each shape is rather left to be identified with a capability of acting as a psychological stimulus. This content is not captured by the normal eye, but by a 'second sight'. It connects *Umwelt* and *Innenwelt*, which is closer to the heart of nature. Unlike abstract art, however, Marc utilizes shapes in the form of the *Nervenkunst*, whose metaphor is the animal, *i.e.* the undisputed protagonist of his art.

Raul Calzoni, Distorsioni percettive in *Die Ermordung einer Butterblume* di Alfred Döblin
The paper investigates Alfred Döblin's medical studies with respect to his first writings belonging to the so-called *Frühexpressionsmus*. By analyzing Döblin's theoretical reflections proposed in his *Berliner Programm* (1913), the paper focuses on its relapses on the short-prose *Die Ermordung einer Butterblume* (completed in 1905, but published in 1910 in the Journal «Der Sturm» and in 1913 in a collection of short-stories named after it). In the attempt to demonstrate that in this

narration Döblin exploited his medical and psychoanalytical studies on neurosis and the Korsakoff's syndrome, the paper explores the role played by the gaze in *Die Ermordung einer Butterblume* and the meaning of the hallucinations experienced by its protagonist within the «Döblinismus», i.e. an epistemological, critical and literary method peculiar to the author.

Giulia A. Disanto, La lingua, il caos e il mondo degli oggetti frattali. Su alcune prose di Kurt Schwitters
The paper focuses on the reciprocal influences between visual arts and literature from the end of the 19th century up to the 1930s, notably with regard to geometric abstraction. Considering the statement of «the end of scientific perspective» (F. Novotny), Abstract Art and the Constructivism as well as Concrete Art and poetry, this essay examines the question of geometry and perspective within the scope of art and literature, thereby analysing two works of prose by Kurt Schwitters (1887-1948), *Auguste Bolte* (1922) and *Horizontale Geschichte* (1926), as well as some of his aesthetic works. Schwitters pushes the experimentation with geometric abstraction to the extreme, oriented by the Romantic Movement and the technical and scientific discoveries from the 17th to the 19th century. He takes an interest in the invisible logics within matters which will be the subject of the so-called «fractal geometry» in the second half of the 20th century. The way Schwitters deals with these issues and uses them as material for his literary works is a very interesting case study.

Elena Agazzi, La vita, il sogno, la crisi. Le percezioni distorte nell'opera di Unica Zürn
Over the last few years many studies have been carried out on the presence of a surrealist movement in the first half of 20th-century Germany. Publications to be mentioned here are, among few others, *Der Surrealismus in Deutschland (?)* edited by Karina Schuller and Isabel Fischer (2016), *Surrealismus in der deutschsprachigen Literatur* edited by Friederike Reents (2009), as well as *Alltags-Surrealismus. Literatur, Theater, Film* edited by Sven Hanuschek and Margit Dirscherl (2012). Unica Zürn (1916-1970) represents a particular case within this scenario: her psychophysical discomfort, in fact, ended up

enhancing the formal suggestions derived from the French and German Surrealism, which is also due to her tormented relationship with Hans Bellmer (1902-1975), one of the protagonists of the Parisian Surrealism. The paper aims to investigate Zürn's autobiographical writings – such as *Das Haus der Krankheiten* – along with others like *Der Mann im Jasmin* and *Dunkler Frühling*. Despite their distance to the self, indeed, they contribute to sketch her life. By taking into account her drawings and paintings as well, the paper also analyses how the practice of a writing that records mental and physical upheavals, alongside the use of the anagram and the intersections between words and illustrations, have assumed the value of a therapeutic self-control over the most acute crises, acting at the same time as a cultural testament that prefigures the tragic outcome of her existence.